シリーズ
総合政策学をひらく
Exploring New Horizons in Policy Management

総合政策学の
方法論的展開

慶應義塾大学総合政策学部

シリーズ「総合政策学をひらく」刊行にあたって

　未来を考える。そのための学問を展開してきた慶應義塾大学湘南藤沢キャンパス（以下 SFC）において、総合政策学部は、未来を切りひらくための政策を考えることを学部の教育と研究の中心に置いてきた。政策を「人間が何らかの行動をするために選択し、決断すること」と捉え（加藤 1989）、また「人間の行動が社会であり、その社会を分析する科学は、総合的判断に立脚しなければ成り立たない」という認識のもとに、総合政策学という学問が存在している（加藤・中村 1994）。この総合政策学という学問が生まれ、SFC に総合政策学部が設置されてから 30 年あまりが経過した。

　いま私たちが生活する社会は、大きく変動している。社会が共有してきた価値や利益は流動し、社会が了解してきた規範や制度といったゲームのルールは動揺している。これまで当然のこととされてきた前提の多くは変化している。グローバル化と相互依存の深化は、国際社会の平和と繁栄を保証すると見做されてきたが、現実の国際社会は異なる姿を示している。自由民主主義は、社会が追求する政治体制の既定値であって、これが後退することはないと考えられてきた。しかし自由民主主義の退潮、権威主義の台頭という認識が広まっている。情報通信技術の進歩は、自由民主主義の深化につながると理解されてきたが、それは権威主義の強化に貢献する側面もあることが分かってきた。

　社会が共有していると信じる利益や価値は、時間の経過とともに変化する。社会の秩序は流動する。社会問題の多くは、従来型の解決方法に常に懐疑的であり、常に新たな発想を要求している。

　SFC は、総合政策学を、現実社会の問題、すなわち政策問題を実践的に解決する取り組みをつうじて知の蓄積を図ろうとする、「実践知の学問」と定義している（國領 2008）。そうであるがゆえに総合政策学は、常にあるべき自らの姿を問い続けるべきもの、と理解してきた。「社会が変わり続ける限

り、総合政策学の知見は常に古くなりつつあり、更新され続けなくてはならない。社会に間断なく問題が生まれ続ける限り、これだけ学んでおけば良いという固定化された知識では不十分である」と（土屋 2021）。

そもそも社会の問題は、必ずしも、特定の学問領域に立ち現れるわけではない。問題を解くための有効な政策的判断を導くためには、複数の学問分野からの視点が必要である。学問には、それぞれ固有の研究対象としての領域がある。経済活動を対象とする経済学、法律を扱う法学、政治現象を分析する政治学がある。これに対して総合政策学は、既存の学問領域とは異なる性格を持つ。既存の学問を discipline oriented の学問と捉えるのであれば、総合政策学という学問は issue oriented の学問といえる。より正確にいえば、総合政策学は、discipline oriented の学問を前提としながらも、社会問題の解決の方向性と具体的な解決手段である政策を検討し、その実践のあり方を模索する issue oriented の学問である。

総合政策学が、個々の先端的な学問領域に通暁しつつも、それを総合的に捉え直して、問題解決のために学際領域に踏み込もうとする学問と理解される理由はここにある。総合政策学が魅力的であるのは、秩序の流動と社会問題の変化を的確に捉え、問題の変化に適応する学問を構築しようとする考え方を備えているからである。

SFC と総合政策学部は、その開設から 30 年あまり、総合政策学のあるべき姿を繰り返し自問してきた。その最も包括的な取り組みが、学部の創設から 10 年を機に刊行された、シリーズ「総合政策学の最先端」（全4巻）である[1]。同シリーズは、総合政策学を「大きな変革を経験しつつある人間社会の動向を的確に理解するための視点としての方法ないし研究領域」と定義した（小島・岡部 2003）。そしてシリーズを刊行するための基盤となった研究プロジェクトが、「文部科学省平成 15 年度 21 世紀 COE プログラム『日本・アジアにおける総合政策学先導拠点』」であった。ここで総合政策学は「実践知の学問」と簡潔に定義された。研究プロジェクトの軌跡と成果は、慶應義塾大学学術情報リポジトリ（KOARA）に納められている（総合政策学ワーキングペーパーシリーズ 2003）。

そしてこのたび総合政策学部は、SFC 創設 30 年を区切りとして、シリー

ズ「総合政策学をひらく」を刊行する。シリーズ「総合政策学をひらく」は、これまでの総合政策学の歩みを振り返り、現在の総合政策学の姿を確認し、これからの姿を展望する試みである。SFC で修学することを選択した学生たちが 30 年先の世界を切りひらく学問を示そう、という試みである。本シリーズは、『流動する世界秩序とグローバルガバナンス』、『言語文化とコミュニケーション』、『社会イノベーションの方法と実践』、『公共政策と変わる法制度』、『総合政策学の方法論的展開』の 5 つの巻によって構成されている。各巻のねらいは、それぞれの「はじめに」および「序章」が詳細に論じている。

　本シリーズの編集委員会は、2021 年 8 月に立ち上がった[2]。2019 年 12 月にはじまった新型コロナウイルス感染症の世界的な感染爆発、そして 2022 年 2 月のロシアによるウクライナ侵攻は、人間社会に大きな衝撃をあたえ、秩序の流動を強く促している。所収された各論文の筆者は、30 年後の世界に生きる学生たちの姿を思いながら執筆したに違いない。

　本シリーズの刊行は、湘南藤沢キャンパス教職員、慶應義塾大学出版会の編集担当者による共働の成果である。関係するすべての方と本シリーズの刊行を慶びたい。刊行にあたっては、慶應義塾大学からさまざまなご支援をいただいた。伊藤公平塾長、土屋大洋常任理事に感謝したい。

2023 年 1 月

総合政策学部長　加茂具樹

1)　岡部光明編『総合政策学の最先端 I　市場・リスク・持続可能性』慶應義塾大学出版会、2003 年。金子郁容編『総合政策学の最先端 II　インターネット社会・組織革新・SFC 教育』慶應義塾大学出版会、2003 年。梅垣理郎編『総合政策学の最先端 III　多様化・紛争・統合』慶應義塾大学出版会、2003 年。香川敏幸・小島朋之編『総合政策学の最先端 IV　新世代研究者による挑戦』慶應義塾大学出版会、2003 年。
2)　編集委員会は、加茂具樹総合政策学部長・教授、神保謙総合政策学部教授、廣瀬陽子総合政策学部教授、宮代康丈総合政策学部准教授、山本薫総合政策学部専任講師、琴坂将広総合政策学部准教授、宮垣元総合政策学部教授、新保史生総合政策学部教授、和田龍磨総合政策学部教授、桑原武夫総合政策学部教授、清水唯一朗総合政策学部教授によって組織された。

参考文献

加藤寛（1989）、「未来は君たちのものです　慶應義塾 SFC を志望する諸君へ」『慶應義塾大学湘南藤沢キャンパス　総合政策学部　環境情報学部　（1990 年 4 月開設）』慶應義塾湘南藤沢新学部開設準備室。

加藤寛・中村まづる（1994）『総合政策学への招待』有斐閣。

小島朋之・岡部光明（2003）「総合政策学とは何か」『総合政策学の最先端』慶應義塾大学出版会。

「平成 15 年度　文部科学省 21 世紀 COE プログラム研究拠点形成補助金『日本・アジアにおける総合政策学先導拠点』研究成果」（総合政策学ワーキングペーパーシリーズ 2003）https://koara.lib.keio.ac.jp/xoonips/modules/xoonips/listitem.php?index_id=77910

國領二郎（2006）「巻頭の辞」、大江守之・岡部光明・梅垣理郎『総合政策学　問題発見・解決の方法と実践』慶應義塾大学出版会。

國領二郎（2008）「政策 COR の軌跡と意義」『KEIO SFC JOURNAL』第 8 巻第 I 号、7-19 頁。

土屋大洋（2021）「巻頭言　特集　古くて新しい総合政策学のすすめ」『KEIO SFC JOURNAL』第 21 巻第 I 号、4-5 頁。

目　次

はじめに

　総合政策学に方法はあるのだろうか。本書の編者を打診されたおりに、その迷いを持ったことは隠しようもない。しかし、現にこのキャンパスでは今日も新しい研究が生まれ、多くの研究者がつぎつぎと育っている。新しいものを生み出す土壌があることは間違いない。

　そうした文化を育んできた要素はひとつではない。進取の気風があり、挑戦する背中を押し、半学半教を実践していく。そうすることで、教員や院生だけでなく、学部生までを主体とした研究活動が教育活動とシームレスに進められている。

　方法にフォーカスすれば、このキャンパスでは既存の分野を積極的に掛け合わせる、分野の掛け算が求められることが特筆される。学生は異なる教員による研究会に複数参加して、自らの新しい分野を切り拓いていく。教員も着任前から親しんできた専門だけに拠ることは許されず、そこから新たな分野を創造していくことを求められる。

　着任当初は、そんな理想を掲げても、現実には二兎を追えば一兎を得ずとなるのではないかと思っていた。しかし、そんな心配をよそに、同僚たちはぐいぐいと新しい分野へと地平を広げていた。彼ら彼女らからは、それぞれの分野を半分ずつ、つまり 0.5×0.5 ではダメだ、少なくとも常人以上、1.1×1.1 で進む必要があるのだと背中を押された。

　もっとも、課題もあった。学生を見ていると、分野の掛け算にはたどり着

けるものの、方法を見つけ出すことに苦労しているケースが多い。分野が合う教員が、学生の関心に適した方法を持っているとは限らない。

それでも学生たちは方法を求めて先行研究を探し、自分に合った方法を見つけようともがいている。そうした方法を扱う講義やワークショップがあればよいが、そうもいかない。多くの方法はそれぞれの研究会のなかで閉じたかたちで共有されているのが実情であった。

考えてみれば、各研究会で用いられている方法を知るための情報もない。ウェブページに掲載されている教員一覧には専門分野は記されているが、それぞれが用いている方法は記されていない。これでは学生が方法から教員や研究会を選ぶことはできない。

同じ問題は教員にもいえる。キャンパスが立ち上がったばかりのころは、教員がおしゃべりする時間も多く、深い相互理解があった（という）。その後30年を経て教員も入れ替わり、現在ではみな多忙を極めている。お互いの専門分野は知っているが、それぞれがどのような方法で研究を進めているのかはよくわかっていないのが実情だ。お互いの専門が近い学部であれば生じない問題だろうが、SFCの総合政策学は、これを乗り越えないといけない。

それならば、それぞれの教員が専門とする方法を示し、互いに論じれば、それが総合政策学の方法となるのではないだろうか。そうした思いから本書は歩み始めた。

まず、総合政策学系の教員60名にそれぞれが用いている方法を教えてもらった。1週間を経ずに全員から回答があり、総合政策学部で用いられている方法の一覧ができた。この一覧は新入生向けのゲートウェイ科目「総合政策学」で共有され、学生たちが分野の掛け算に合わせて、方法の足し算を行う基盤となった。

そうした多彩な教員のなかから、本書では特に方法について考えてきた10名の同僚に執筆を依頼して、総合政策学をめぐる方法のこれまでとこれからを見通す一冊とすることをめざした。執筆にあたっては、以下に挙げた本書の趣旨に沿いつつ、それぞれが感じ、考え、書きたいことをかたちにすることを大前提とした。

総合政策学の方法には様々な立場があり、人びとの認識、社会事象の把握、政策の評価、概念の構築などのそれぞれにおいて、多様な研究手法が優劣なく併存している。これらは、それぞれの領域において洗練され、あるいは手法間の相互作用や刺激の中で、一層の進化があり、また適用範囲も拡げてきている。さらに、こうした過程から新たな方法が生まれたり、それが私たちの認識や現実に働きかけたりすることもある。手法そのものが社会や関係を構築するという発想も、実践を志向する学問としては重要なことだろう。

　こうした手法の精緻化、革新と創造は、いかにリアリティに迫れるのかという共通する一点に向かっており、本書ではその先端的取り組みを紹介する。政策評価における量的分析の拡がり、社会事象や政策実践の意味内容や相互作用プロセスに迫る質的調査の新たな可能性、そして、方法そのものが社会や認識に働きかける新しい手法の可能性を提示する。

　かくして実に個性のある10篇が集まった。第1章から第3章は総合政策学の方法を捉えようとする。第1章「実践知の学問の方法論」（國領二郎）は、学部長、担当常任理事として、実践を通じた知の体系化に取り組んできた筆者が、総合政策学を設計科学として位置づけ、その歩みと意義を論じる。総合政策学の導入として読んでいただきたい章である。

　つづく第2章「新しい方法、新しい学問、そして、未来をつくる」（井庭崇）は、ナチュラルにクリエイティブに生きる「創造社会」の実現に向けてパターン・ランゲージの開拓に取り組んできた成果を踏まえ、新しい学問をつくる挑戦を振り返る。分野そのものを生み出そうという、意欲とメッセージにあふれている。

　第3章「数学と総合政策学」（金沢篤）は数学者である筆者が鋭く総合政策学に切り込む。物事の本質を抽象化する（広い意味での）数理的思考法を、複雑な現実社会のなかで覆い隠されている構造を捉え、政策をより大局的な視点でより自由に考えるための基盤として提示する。総合政策学部における

数学の意義を明確に伝えてくれる。

　第4章から第6章は、方法に対する構えと実践の関係を論じる論稿が並ぶ。第4章「フィールドワークの学と術」（加藤文俊・諏訪正樹・石川初）は、総合政策学にも欠かせないフィールドワークの方法を論じる。現場を見出し、向き合い、観察・記録・記述する「術」と、その記録を基に、ひとびとの生き様や自身の主体的経験を学問的に語る「学」への模索が示される。三者による長年の共同研究の成果である。

　フィールドからさらに心理現象の分析、人間関係の理解に分け入っていくと中立性の問題に突き当たる。第5章「中立性神話」（森さち子）は、精神分析における中立性をめぐる動向を示したうえで、自らの臨床的知見を引きながら教育現場への活用の方法を論じる。分別と謙虚さを重視する生きた中立性の大切さを私たちに伝えてくれる。

　第6章「分野横断型研究の方法論」（篠原舟吾）は、課題解決への貢献を目指すには学問分野を超えた研究方法論の発展が欠かせないとして、定性的事例分析、定量的社会実験、両者を融合させた混合手法を用いた研究の可能性を探る。そのうえで、総合政策学の方法論とは分野を超えて常に新しい方法論を探求することとの展望を示している。

　第7章以降の4つの論文は、具体的に個別の方法を深めていく。第7章「歴史社会学の方法論」（小熊英二）は、副題に「社会科学に歴史は必要か」という問いを立てる。そのうえで科学と歴史の立場を「歴史は因果推論の実験場」「歴史の法則性」「歴史は現代の他者」という三つに整理し、未来への不安感と社会科学の予見可能性に対する懐疑が歴史研究を必要とさせると論じる。

　第8章「「開かれたオーラルヒストリー」の実践と方法」（清水唯一朗）では、筆者がSFCで取り組んできた「聴く」を用いた研究とプロジェクトの進め方を具体的に紹介する。SFC生たちが持つ「マイプロジェクト」を実践するための方法として、オーラルヒストリーをはじめとする「聴く」方法を用いる可能性と留意点が示される。

　第9章「働くことを通じたウェルビーイングの推進」（島津明人）は、産業保健心理学を学問的基盤とする著者が実証研究と実践活動をつなげていく。

定量データによる実証研究をもとに、介入手法やマニュアルの開発といった実践を経て、ガイドラインの開発などの政策提言にまで至る体系的な流れをつかむことができる。

　最後の第 10 章（藤田護）は、「「よく生きる（ブエンビビール）」という理念を問い直す」と題して、開発や発展を先住民の見地から捉えなおすところから始まった理論や思想の展開が、人類学という枠を越えて政策論に影響し始めている状況を伝える。異なる言葉と思考のあり方の対話と政策の関係を論じられることは、言語と政策を重視してきた SFC の総合政策学の醍醐味だろう。

　この魅力的な 10 篇がどう読まれるだろうか。そこからどのような総合政策学の方法が立ち上がるだろうか。当初はそのまま読者の判断に委ねることも考えたが、私たち自身がそれでは満足できなかった。そのため、初稿の脱稿後に著者で集まり、方法を論じる座談会「総合政策学の方法をめぐって」を行った。

　本書の冒頭にこの座談会を置いたことで、少なくともその現在地を感じ取っていただけるのではないかと思う。これまでの「転回」と、これからの「展開」として。

桑原武夫・清水唯一朗

座談会
総合政策学の方法をめぐって

参加者
桑原　武夫（編者、司会、マーケティング）
清水唯一朗（編者、日本政治外交史）
井庭　　崇（創造実践学）
小熊　英二（歴史社会学）
金沢　　篤（数学）
國領　二郎（経営情報システム）
篠原　舟吾（行動行政学）
島津　明人（心理学）
諏訪　正樹（認知科学）
藤田　　護（言語人類学）

2022 年 10 月 16 日（日）10：30〜12：00、Zoom によるオンライン開催

桑原武夫　みなさん、お集まりいただきましてありがとうございます。

　これから、SFC から総合政策学のブックプロジェクト全 5 巻を出版するにあたり、私たちが執筆した『総合政策学の方法論的展開』について座談会を開始します。

　SFC でさまざまな分野の教員が集まって活動していることは広く知られているところでしょう。それぞれ分野ごとに手法や考え方は異なりますが、現場でどう解決しているのかは明らかではありません。そのあたりを伝えられるような議論ができればと思います。

　いただいた原稿の中で、篠原さんが「分野ごとに手法や考え方はいろいろと異なっているけれども、共有するためには何かの理解がなければならない。それが出合うような場というのは、まさにそれらをつなぐ役割を持っている」と書いてくださっています［第 6 章］。だとすれば、SFC はまさにその現場であります。そのあたり、篠原さんに口火を切っていただければと思います。

■方法論による社会科学の分断

篠原舟吾　口火を切る大役をいただき恐縮です。私は SFC に来てまだ 1 年半なので、これだけ多くの方と直接お話しするのは初めてだと思います。

　みなさんの原稿を読んでいて、小熊さんが「歴史は社会科学か」という話を書かれていたのを面白く感じました［第 7 章］。社会科学の目標は、「どうしたら社会全体が良くなるか」、あるいは「幸福とは何か」というところが共通していると思います。それが方法論によって分断されている状況は、よくないと思っています。

　とはいえ、分野ごとに特徴がある以上、異なる厳密な手続きを共有しない限りは、分野を越えて幸福な、あるいはよい社会というのは目指せません。それぞれの分野で発展している詳細な手続きを越えて、どうやって理解を深めるのかが本当に重要です。それなしには社会科学全体として発展もしていきませんし、進んでもいけません。例えば、私自身は証拠を提出することを目的とした研究者ですが、より多くの読者にそういうものを理解してもらい

たい方法論を取っている他の先生方とは少し違うと思います。

　今回の座談会を通して、社会科学全体に貢献する目標がありながら、なぜそれぞれの学者や研究者が方法論を通じて分かれてしまっているのか。そして、その知識をどう集積して、これから社会に出ていく学生に伝えるのかということを話せたらいいと思っています。

桑原　いま篠原さんがおっしゃった「分かれてしまっている」、「分断されてしまっている」というのは、世間一般といいますか、今の世の中がそうなっているというご認識だと思います。では、SFC の現場では果たして分断されてしまっているのでしょうか。それとも、うまくやっているのでしょうか。

諏訪正樹　少なからず起こっているでしょうね。（方法論の分断なんて本来は起こっちゃいけないことなんだけれど、なぜ起こるのかというと）方法論ありきで研究が進むという傾向が結構あるからではないかと考えています。何のための方法論かということをよくよく考えたら、さっきウェルビーイング・社会をよくするためという話も出たけれど、それが研究目的であるならばその目的をちゃんと満たすための研究のやりかたであるべきだと思うのです。

　自分が研究している研究対象の、自分が明らかにしたい性質とか、自分だけが気づいている何かについて、さて、これをちゃんと研究の形で世に示そうと思うとき、どういう方法でデータを取って、どういう方法で分析して、どういう方法で伝えるかは、研究対象と目的に合わせてその都度自分で編み出すべきだと思います（中谷宇吉郎は『科学の方法』（1958）の「定性的と定量的」という章で同様の主張をしている）。研究対象の肝の性質にしかと向きあって（第4章では「現場にいかに向きあうか」がフィールドの肝であると論じている）、それを一番うまく表すやり方を編み出し、用いるべきだと思います。

　方法論が先にありきで、「こういう方法で私はずっとやってきたから、研究対象 A に対しても B に対しても C に対してもこの方法で行くのだ」というのは適切ではない。私は方法論ありきではなくて、研究対象の本質的な性質を明らかにするために最適な方法を自分で選ぶことが必要だと思って研究しています（伝えようとしたことの追記：研究対象にしかと向きあうという価値観を共有すれば、分断は起こらないはずである）。

桑原　研究者は自分が育ってきた研究の方法が正しいと教え込まれていて、

自分と違うものはなかなか認められないところがありますよね。最初に篠原さんが話してくれた世間一般で起こっている分断は、多かれ少なかれSFCにもあるという現状は認めざるをえないでしょう。いろいろ起こってしまいがちですね。

■方法論ありきの研究の弊害

島津明人　諏訪さんと同じようなことを感じる時があります。私もまだSFCは4年目なので十分に把握していないところがありますが、私のバックグラウンドは心理学で、その中でももともとは臨床心理学を専門としていました。臨床心理学は、メンタルヘルスが少し不調になった方をどのように支えていくかということを目標としていますが、そのための技法はいろいろあるんですよね。主に無意識のところを対象とするようなものから、主に行動を対象にしようというものまでがありますが、場合によってはお互いに対立することもありました。

　ただ、本当にメンタルヘルスの不調な方をしっかりと支えることができる人というのは、自分の持っているテクニックをその相手に応じてうまく使い分けていくことができると言えます。

　行動療法というのがありますが、これは、目に見える行動を対象としています。標準的なマニュアルのようなものがあって、「それに準拠していけば、ある程度は良くなりますが、それに合わない人はちょっと対象にできない」というもので、言ってみれば「メーカーのロジック」に左右されやすい傾向です。

　ただ、臨床心理学というのはやはり、目の前の困っている人をどのように支えるか、助けるかというものなので、それには「メーカーのロジック」ではなくて、「ユーザーのロジック」が必要です。つまりその人に合わせて、自分の持っている知識やテクニックをどのように適用していくかというところが大事だと思います。やはり自分が育ってきた環境や習得した技法というものには限界があるので、自分には相手にできないと思ったら素直にそれを認めて、得意とする別の人にきちんと紹介してつないでいくということが必

要だと思うんですね。

　これらは臨床心理学での例えですけれども、おそらく SFC でも同じようなことがあるんじゃないかと思います。つまり、課題となる現象や、どんな社会を作りたいかということがあって、それぞれのアプローチがあるのではないかと。ただ、自分が見ている範囲には限界があるので、それを認めて、自分だけで解決できないならばほかの人につないで、連携していくことが大切なのではと思います。

■一つの方法を洗練させる

井庭崇　今、諏訪さんと島津さんがおっしゃっていた、目的に対して方法を選ばないといけない、そして、方法ありきではよくないというのはそのとおりだと思います。そして、「よりよく生きる」や「よりよい社会をつくっていく」ということが研究の大きな目標であり、そのためのアプローチや方法にはいろいろなものがあるという点は僕も同感です。

　その上で、研究の発展のフェーズ、つまりある段階やある側面では、方法そのものを新しくつくったり洗練させていったりするということも必要であり、そのような方法に対するプロフェッションを極めるということも重要だと思います。

　例えば、僕はここ 20 年ほど「パターン・ランゲージ」の研究に取り組んできましたが、そのなかでは、その作成方法や活用方法を徹底的に研究し、実践のなかで洗練させていくということもしてきました［第 2 章］。研究の過程では、方法自体が研究対象になるということがありえます。そういう研究のなかで、僕らの方法もほぼ確立し、自分の研究室のメンバーだけでなく、学外や海外の研究者・実務家たちもその方法を用いるようになってきました。そういう意味で、これまで取り組んできた方法の研究が一段落し、そろそろ次へと軸足を移していくタイミングになっています。方法そのものが未開発・未知ではなくなり、形づくられ、不明な部分も解明されたので、もはや研究の対象にはならないというわけです。

　僕だけでなく、例えば、諏訪さんの場合ですと、「一人称研究」というア

プローチやそのための方法を開発し、実践し、高めていくということをされています。清水さんや小熊さんの場合は、オーラルヒストリーや歴史社会学の方法を徹底的に探究する、実践しながら鍛えていく——そういうことも、研究において重要な一側面だと思うんです。そうした研究を通して、ようやく、目的に対して選びうる方法になっていくのです。

　だから、「方法を固定していつもそれしかしない、それでできることしか見ない」ということはよくないことだと思いますが、ある方法を研究し、その方法でいろいろなことに取り組んでいくことは一概に否定されるべきではないと思うのです。SFC では、みなさんがそういった、方法の開発や洗練もやられているのが面白いなと、僕は思っています。目的に対して方法を選ぶということが重要である一方、そういうときに選びうるような方法自体を新しくつくったりアップグレードしたりしていくことも重要なのだと思います。

桑原　「メーカーのロジック」というのは、われわれマーケティングの世界でよく言われる「プロダクトアウトの発想ではなく、マーケットインの発想が大事だ」というのがあります。作る側は自分のよさを押しつけますが、そうではなくて、サービスを受ける側に配慮することが大事だということですね。

諏訪　清水さんが専門にしているインタビューは、まさにそうじゃないですか。インタビュアーが最初から「こういうことを聞きたい」というリストを持っていて、それを順番に繰り出していくようなインタビューは、聞いていて本当に面白くない。ちゃんとしたインタビューというのは、相手が言ったことをどう拾うかというものですよね。「ああ、これ拾いたいな」と思ったことからどんどん話が展開していって、いつの間にか自分が用意していたリストなんか完全に忘れているみたいな。そういうインタビューのほうがたぶん深いことをいっぱい聞ける。

　清水さんと僕は、もうだいぶ前になりますけれど、一緒にインタビューの研究をやったことがあって、一緒に論文も書いています［「オーラル・ヒストリーメソッドの再検討—発話シークエンスによる対話分析」(2014)]。そのとき清水さんが「相手の温度のあることばを拾う」とおっしゃっていて、非常に印象に残っています。

僕はインタビューの専門家ではないけど、でも認知科学の専門家としては、インタビューをやるとしたら当然そうなるよねと思うのです。「ああ、清水さんはそれをそういう言葉で表現しているんだ、うまい表現だな」と思います。そうそう、相手の「温度のあることば」を敏感に察知して拾って、自分の持っている何か（島津さんのいう「引き出し」）でその話を広げていく。

　ということは、どれだけ「相手の温度」なるものを察することができるか、その辺にインタビュアーとしての力量が問われるんだろうなと。「方法論ありき」というのと「リストを用意して持っている」というのは多分同じ話で、「そんなんじゃ、うまいインタビューはできないよね」ということは、清水さんと一緒に研究をしたときにも感じたことですね。

清水唯一朗　「温度のあることば」に通じる、ニーズに合わせて方法を選んでいくことが、SFC でどれぐらいできているかということを考えてみたいですね。

　今回、この本を作るにあたって、新入生向けのゲートウェイ科目「総合政策学」で SFC の方法論について講義する機会をいただきました。そこでは、「分野の掛け算と方法の足し算」という説明をしました。複数の分野をかけあわせるだけでなく、必要な方法を足していく。SFC はそういうことができるから、面白みがあり、実践ができるのだよねという話をしました。

　学生がそうした学びをするためには、専門分野だけでなく、教員がどのような方法を持っているかという情報が必要です。そのため、総合政策系の教員全員にご自身や研究会（ゼミ）で扱われている方法を伺いました。そうしたら、みなさん、一つじゃないんですよね。五つ、六つと出てきたので驚くと同時に、うれしくなりました。先ほど島津さんがおっしゃられた、対象や状況に合わせて方法を選ぶことが実践されているのだと感じています。

■学問体系発展の研究か、「対象オリエンテッド」の研究か

小熊英二　みなさんの論文を読んでいると、「学問体系の発展」を重視されている方と、「対象に即して方法や学問体系を採用していく、あるいは開発していく」という志向の方がいらっしゃるように感じました。後者の方が多

いようには思いましたが、この点が議論の分かれ目なのかなと思います。

　私の理解で言うと、ソーシャルサイエンスとしての体系性の発展を突き詰めていくのだとすれば、数学でやるような演繹的な推論を突き詰めていかないといけません。いくら帰納を積み上げてもそれは確たる証明にはならない、という立場をとることになると思います。

　しかし、演繹的な推論をするためには、前提が共有されていないと体系性は作れません。「直角は互いに等しい」といった前提を共有していないと、ユークリッド幾何学は成り立たないように、です。

　社会科学の場合は、前提として何かを共有するとすれば、目的や対象を統一するか、方法論を統一するか、ということになるのではないでしょうか。そしていずれもなかなか難しい問題点があります。

　たとえば「社会を善くしていこう」という目的を共有していても、じつは目的となる「善きあり方 well-being」が一致していないことが多い。藤田さんも書いていたように［第 10 章］、幸福の観念は言語圏によって違います。開発経済学などでも、目的とするべき「幸福 well-being」の定義がなかなか一致しません。

　これは篠原さんの専門である行政学にも言えるのではないでしょうか。たとえば自治体の「善きあり方 well-being」を、「自治体が税収に見合ったサービスを適切に提供すること」と NPM（New Public Management）ふうに定義すれば、それに即した政策がありえます。でも、住民のほうは「善き自治体」をそのようには考えておらず、「自治体首長が自分たちの思いを反映してくれているのが『善き自治体』だ」というふうに、正統性にこだわって考えているかもしれません。そうなったら、NPM の前提で問題解決型の研究をやっても、住民の望みとは異なる政策に帰結してしまうかもしれません。

　それに対して、目的は統一しないで、調査の方法論を統一し、価値中立的に調査だけを行うという立場もありえます。つまり研究者は、特定の調査の方法論にもとづいたデータを蓄積する役目に徹するべきであって、そのデータをどう使うかは住民なり首長なりに任せる、という立場です。この場合は、調査の方法論を研究者の共有する前提として統一することで、目的の不統一を許容するわけです。

それに対し、対象は特定のものに限定して、調査方法は柔軟にしよう、という立場もありえます。たとえば「地域研究」は、特定の国や言語圏を対象にしているけれども、調査方法や学問体系は「何でもあり」ともいえます。こういう「対象オリエンテッド」の立場なら、固定的な学問体系の方法論にこだわる必要はない。また、ある企業の附属研究所で「この企業の発展のため」という対象の統一、あるいは「ゆるい目的の統一」があれば、技術開発をやる人もいれば、経営学や心理学をやる人がいても、協力してやっていけるでしょう。

　しかし、対象が同じではない、目的もあえて統一しない、方法論も不統一でかまわないとなると、体系として積みあがって発展していくのは難しい。そもそも、研究者どうしの対話も成り立ちにくい。SFCのように、学際的な人々が集まって「学部」を成している場合には、そういう問題は出てきやすいのではないでしょうか。「経済学部」とか「文学部」のように、学問体系や体系に「ゆるい統一」を作っているわけではないですから。

　ここはなかなか難しいジレンマだと思うのです。学部で「対象オリエンテッド」にするためには、対象を絞って共有する必要もあるのかもしれません。対象は不統一でよいのであれば、学問体系か方法論が統一されていないと、積み上がっていきにくい。研究者によって対象も学問体系も異なり、対象にあてはめる学問体系や方法論も随時にそのときに応じてとなると、学生にはいろいろ履修しても体系として積み重なっていかないという印象を与えるかもしれません。

■学問領域の違いによる分断

藤田護　最初の篠原さんのコメントに戻ってみます。SFCで働いている教員がどういう分断に直面しているのかというのは、それぞれの研究者としての立ち位置、実践者としての立ち位置によっても違うだろうと思うんです。

　社会科学に近いところにいるとしても、例えば私は地域研究の中でもラテンアメリカ研究とかアンデス研究というところに身を置いています。そこは、研究している人が少ないということもあるかもしれないですし、ほかの分野

だったら分業するところをそんな余裕はない。それはわれわれに、かなり幅広い領域とテーマをカバーすることと、そのときそのときでどこにフォーカスして自分の理論を組み立てるかということを使い分け、あるいは組み合わせていくことを要求してくるところがあります。このように必然的に、自分が身を置いている学問領域の中でいろいろなことを組み合わせて、境目を越えていくことが要求されるような分野もあると思うんです。

　同時に、地域研究の中では、社会科学に近い人たちと人文系に近い人たちとの間には立場の相違やある種の分断がある。あるいは、地域研究を専門にしている人たちと、より社会科学の方法論的にガッチリしたことをやっている人たちとの間に、ある種の優越意識あるいは分断みたいなものが存在するというように、より広いところでそういうことに直面することもあるように思うんです。

■演繹法の学問としての数学・言語としての数学

藤田　私、金沢さんに「方法論をどう考えていますか」というのをお聞きしたいんです。われわれも、というか私は基本的には「われわれは人の話を本当には聞けていないのではないか」とか、「人が考えたことの持っている可能性を十分に引き出せていないのではないか」ということから、既存の前提を疑って、あまり先行する取り組みがないところに手を伸ばしていくということがあります。

　ただ、どうしてもそのためには言葉を使う。私の場合、最近は南米アンデスのアイマラ語と、アイヌ語という言葉を使っていますが、そこではひたすら記録をテキスト／テクストというかたちにして、皆がアクセスできるようにしたものを積み上げていく、という大変地道な作業をします。そういう土台整備や貢献の上で、はじめて「研究」として何かを考えて発表する、私のような研究をしている人はそこから逃れられないところがあるんです。

　金沢さんは数学という一つの言葉を専門とされていて、今回の原稿［第3章］の中でも、「数学でないと表現できない事柄がある」ということを書いていらっしゃる。そこから見ると、私たちの方法論をめぐる議論はどう見え

るんだろうなと。

金沢篤　難しい話を振られてちょっと考えています。小熊さんの話とも関係すると思うんですが、方法論といってもいろいろな側面がありますよね。例えば厳密性という側面から見てみますと、数学がやはり一番厳密だと私は考えます。また多くの分野では、議論に帰納法を用いますが、どの程度の論理性・厳密性を要求するのかというのは分野ごとに違います。方法論の多様性というこの本の主題から少しずれるかもしれませんが、数学は方法論として演繹法を突き詰めた学問です。それがある意味数学のよさであって、それを失うと数学として成立しないかなと。多様性の一つとして、厳密性を突き詰めた学問が一つくらいあってもいいのかな、と思っています。

　例えば、多くの人から見るとほぼ同じかもしれませんが、数学と理論物理はだいぶ違う学問です。物理の人たちは厳密性を少し差し置いているところがあります。方法論として数学と距離をとることによって自由度を手に入れています。彼らはとても自由に考えることができて、そこはわれわれに見えていない点だと思います。方法を変えることによって自由度を手に入れると言いますか。一方で、数学は論理性だけ守れば十分であり、現実世界に縛られない別の自由度を持つ点が面白いと思っています。

　藤田さんの質問に戻りますと、数学には学問としての役割と言語・道具としての役割があると思います。例えば統計で数学を使うように、みなさんの方法論を助けているところがあります。だから、ちょっと言語的な側面ももっています。

　ただ、言語といっても、日本語や英語とは少し違います。日本語と英語は日常生活を記述するためにわれわれが作った言語であって、客観的に見えるようで、実はかなり主観的です。

　一方で数学は、ガリレオ・ガリレイが「宇宙という書物は数学の言葉で書かれている」と言っているように、非常に客観的な言語です。日常生活から離れたことをわれわれは想像できません。それは何と言ったらいいんでしょうか、ミクロなものとかマクロなものとかがあって、量子論や相対論という話になりますが、それは積極的に自分たちが見ようと思わない限り見えないものであって、普段意識しないことですよね。そういうことをきちんと記述

するためには、日本語や英語は本質的に表現力が足りていません。

井庭　金沢さんの数学の二つの役割の話に関して、「道具として数学を使う」
と、「数学の研究をする」の違いに着目するのは重要だと思います。

　十数年前に、在外研究で過ごしたボストン／ケンブリッジの本屋さんで、
『How Mathematicians Think: Using Ambiguity, Contradiction, and Paradox to Create
Mathematics』［William Byers, Princeton University Press, 2007］という本に出会っ
て読んだことがあります。カナダの数学者が書いた本です。その本では、数
学は最終的には厳密な論理的な体系にはなるけれども、その厳密で論理的な
体系をつくっているときはかなり混沌としていて、多義性やアナロジーを駆
使したりして非論理的な段階を踏むのだという話が論じられていました。厳
密で論理的な体系は、厳密で論理的な思考によって生み出されるのではなく、
混沌とした創造の結果、生まれるのだというわけです。それはすごく面白い
なと思ったし、僕らの日頃の研究活動で起きていることとすごく重なると思
いました。

　この話は冒頭の、「方法を使う」ということと「方法をつくる」という話
にも重なると思います。数学を方法として用いるということと、数学という
方法をつくるということ。両方の面で積み上がり方がありますね。

■学問体系の中のパラダイム転換

小熊　私の理解で言うと、数学は論理体系として整っていて、隅々まで理解
できなくてはいけないものだと思うんです。だけど物理学というのは、意味
のわからない方程式であっても、その方程式で現象が記述できてしまうので
あれば、それでいい。つまり論理体系の完成度よりも現実の記述に寄り添っ
たのが物理学であり、いうなれば「対象オリエンテッド」であって、それが
数学との違いかなと理解しているんですけれども、それでよろしいでしょう
か。

金沢　その理解で正しいと思います。何を正しいと思うかというのもやはり
分野ごとに違うと思うんですね。同じ物理でもミクロをやっている人もいれ
ばマクロをやっている人もいます。現実というのはいろいろなノイズが入っ

てくるので、自分の興味がある対象に関して、どのレベルで正しいと思うのかは分野ごとに違います。ニュートン力学と相対論の相違のようなもので、光の速さくらいのことを考えなければ、ニュートン力学は正しいわけです。そういう「正しさ」というのも研究者それぞれなので、相互理解するためにはそこを意識しないといけないと思っています。

小熊　おっしゃる通りニュートン力学や電磁気学は、日常世界の現象については「正しい」といっていい。しかし、それでは説明できない現象が観測されてしまったから、量子力学とか相対性理論が出てきたと私は理解しています。

　トーマス・クーンの著作に即して言うと、「体系性に即してひたすら体系性の発展を図っていく」というのがいわゆるノーマルサイエンス、「通常科学」と日本語で訳されているものです。それに対してパラダイム転換と呼ばれるものは、クーンはそうはっきり書いていないと思いますが、その体系性の中では説明がつかない対象が出てきて、体系性の転換が強いられることが一つのきっかけになっているというふうに私は理解しています。

金沢　そうですね。おそらくその辺りが現在、理論物理が行き詰まっている原因です。何も新しい現象が出てこないと、新しい研究ができなくなってしまうわけです。

小熊　そうみたいですね。哲学の領域では、カントから発達した認識論で19世紀までの物理学が発展したあと、20世紀の物理学と並行して、もう少し違う現象の捉え方をしようとしたところで現象学という考え方が出てきました。そしてそれが後のパターン・ランゲージや臨床心理学につながっていった、と私は理解しています。私の理解では、これも体系性の発展よりは、既存の体系ではとらえ切れない対象に対応しようとした、いうなれば「対象オリエンテッド」な転換だったと思います。SFCに集まっている先生方は、対象に即して方法論を柔軟に構える「対象オリエンテッド」のアプローチをとるか、あるいはいま述べたような認識論の転換後の学問に共感する方が多いので、既存の社会科学の方法論にあきたらない方が多いのかなとは思っているんですけれども――。

金沢　まったくそのとおりだと思います。

■学問体系の方法論的洗練という世界的潮流

小熊 ただ、一方で、現在の学問的国際的潮流は必ずしもそうではありません。60年代から90年代ぐらいまでは「パラダイムの転換」とか、構築主義や現象学のほうに親近感を示す人が多かった印象があります。しかし2000年代以降からはどちらかというと古典的な認識論にもとづく方法論を洗練させて、学問体系を発展させていく方向に流行がシフトしたように思います。その背景は、数値化されたデータ処理が容易になったこともあると思いますが、既存の学問体系に対する貢献をはっきりさせて業績を積まないとアカデミアでの就職ができなくなってしまった、というシビアな問題もあったと思います。この20年間ぐらい、特にアメリカはそうですが、日本にもそういう潮流が及んでいます。

　そういうなかで、私は、もしかしたらSFCの中でも世代による見方の違いというのが出てきているかもしれないと思っています。SFCは90年に設立されましたが、そのさいに集まった方々は、既存の学問体系で確立された調査方法に沿って着実に業績を積み上げるというよりは、「対象オリエンテッド」や「問題オリエンテッド」であったり、そもそも「問題を発見していくところから始める」という志向の方が多かった。しかし国際的にも学問の情勢が変わり、若手の就職状況が厳しくなっているいま、そのあり方は少々苦しい位置になってきているのかなと思わなくもありません。

篠原 小熊さんがおっしゃるとおり、私は学問体系という中でいわゆる統計的なものがすごく強まった社会科学をアメリカで学んできました。私自身は国際雑誌に出した論文の業績があったため、ここにいることは間違いありません。私は獨協大学出身ですから、日本の基準で考えるとたぶんここに来ることはできなかったと思います。

　ある意味、学問体系で国際的に共有されているルールの下では、私がどこの出身であろうと関係なく論文を評価してもらえて、その結果ここに来ることができました。実は最初、国家公務員時代にある地方国立大学で行政学を学ぼうとして博士課程に応募したんですけど、落とされた。数学的と言うか、演繹的な、いわゆる共通のルールと体系の中であれば、頑張ればなんとかな

るという部分もありました。

　もちろん、「対象オリエンテッド」で学問をする昔の世界がありつつも、若手からすると、それが学歴とかそういうものを超えて、いわゆる権威という人たちに対抗する唯一の手段になりうるという部分もあります。もちろん私自身は小熊さんや清水さんの本も読ませていただいていますし、日本の学界の部分を否定するつもりはまったくないんですけれども、私がこの世界に来るにはそれしかなかったです。35歳のノンキャリ公務員が、公務員を辞めてこの世界で上がっていくためにはそれしかなかったという部分もあったりします。

　社会科学は当然数学的な部分だけではないですし、数だけで表せない部分ではありますが、体系的に位置付けられた共通ルールみたいなものにちゃんと沿ってやると、ある程度公平性があります。このようによい部分もあると思います。

井庭　先ほど、小熊さんからトーマス・クーンの話がありました。この点については SFC にいるみなさんそれぞれにいろいろな考え方があると思いますが、僕自身は、既成のパラダイムのなかで、クーンの言う「"パズル解き"のようにきちきちっと研究を進めていく」というよりも、「今のパラダイムでは王道の研究としては認められなくても、次のパラダイムにつながるかもしれない新しい視点やアプローチで研究する」ということに惹かれていて、そういうことをやっていきたいと常々思っています。そうであるからこそ僕は、研究という営みが真に創造的なものであり、心から面白くワクワクしていられるものだと感じられているのだと思います。

　そういう意味では、学問体系をしっかり発展させていくということは当然重要ですが、その体系とは異なる視野を広げてくれるような、そして新しい体系を含むパラダイムへとつながるような、まったく新しいアプローチで研究するということも大切なのではないでしょうか。SFC のような場では特に、そういう「異端」で「あやしい」アプローチの研究が含まれているということが、理想的だと思っています。「未来志向」であるという点からしても、そうあるべきだと思います。

■学問体系の方法論的洗練のその先

小熊 井庭さんの場合は、「特定の対象」にオリエンテッドというよりも、「対象と向かい合うときの在り方」に対してオリエンテッドというべきでしょうか。既存の学問体系の現象に対する向き合い方に飽き足らない、ということかと理解しました。

やはり SFC の先生方には、そのように既存の学問体系を問い直すような試みをなさっている方が少なくない。しかしそれだと、「総合政策学」といった学問体系に統一されていくことは容易でない。國領さんが「総合政策学の博士号を出したい」という言葉から始まる文章をお寄せになっていて［第1章］、私は感動したところがあるんですけれども、それを可能にする「総合政策学」の樹立が現状できているかというとそうでもない。

篠原先生がおっしゃったように、既存の学問体系の中で業績を築いていかないと就職できないという現状があり、それはここ 20 年に強まっている。またそうであるからこそ、特に 2000 年代に大学院に進んだ方々が、前世代との対抗という部分もあって数量・統計を重視した方法論を武器にしてきた。コンピューターによるデータ処理が容易になったことや、英語で発表する機会が増えたという追い風もあったでしょう。

そういう状況にいた若手の研究者が築いてきたことを、否定する気はまったくありません。ただ、あえて一言付け加えるとするならば、次の段階はどうなるのかということなんです。

今の状況は、特定の方法論における調査方法の洗練に向かっている。質的データと量的データを集めて、それをいくつかのパターンの論理体系に当てはめて推論して結果を出すという方法論を洗練させれば、社会学も政治学も心理学も共通した枠組みに立って発展していけるだろう、という考え方なのかもしれません。その共通前提になっているのは、ミクロ経済学の考え方かとも思います。

けれども、その方向性が進むだけ進むと、次はどうなるか。極端に言ってしまうと、日本で学問をやっている意味があるのか、という問題が最後に出てきてしまうと思うんです。

実際に、自然科学の研究者にとっては、「日本で学問をやる」ということに意味はない。自然科学の場合は、実験や調査をやる場所が日本でもアメリカでも中国でも、結果が変わるということはありません。ならば、研究費その他の環境が有利なところでやった方がいいでしょう。人文科学や社会科学も、アメリカで「普遍的」とされる方法論に沿っていくなら、同じ傾向が出てくるかもしれません。

　私の聞いた話ですが、日本で政治学や経済学をやっていらっしゃる方が、いま述べたような「普遍的」とされる方法論にのっとって英語のジャーナルに書くとすると、日本のことを研究して書いても引用数が伸びない。アメリカやヨーロッパや中国のことを書かないと、引用数は伸びていかない。私が寄稿した章にも書きましたが［第7章］、「普遍的」な方法論にのっとって統一された学問体系を突き詰めていくとするならば、対象は日本であろうがアメリカであろうが結果は同じですから、ケースとして注目が大きいほうがいいという話になるのは免れがたいと思うんです。

　そうだとすると、今や必ずしも世界の三大経済圏には挙げられないであろう日本の研究者が、日本の中の事例を対象にして論文を発表する場合に、普遍的とされる方法論に乗っていくという形だけでその次の展望はあるのか。現状はまだ、日本語のジャーナルに載せて日本の読者に読んでもらうという道がありますが、それも長く続くのか。香港の大学では2010年代に、アメリカのジャーナルにアメリカの方法論にのっとって論文を載せないと、教授としての契約を切られるという状態になったという話も聞きました。そうなると、香港について研究する人は、極端にいうと誰もいなくなってしまいかねない。中国を考える上で参照すべき興味深い場所、というくらいの地位しか英語のジャーナルの世界では与えられないかもしれませんから。

　だとすると、では日本にいるわれわれは何をやることになるのか、というのが気になっている点です。世界共通を名乗る学問体系の中で、「日本下請所」のリサーチャーとしてケーススタディーを積み上げていくという以上の貢献ができるのか。

　しかしおそらく、それが問われるのは、もう少し時期がたってからかもしれませんね。ある段階まで、日本の大学なり大学生なりが「世界標準」に追

いついた後に、次に出てくる課題なのかもしれません。

井庭　なるほど、それは重要な問題ですね。学術研究におけるグローバルな競争状態において、一律な「世界標準」で評価されるという、よくない面が強く出てしまっている話だと思います。「競争」ではなく、多様な研究者たちによる「共創」の世界に行けるといいのですが。

篠原　自分はおそらく、いわゆる若手の慶應の代表格でもあり、特に政策行政分野では先導している部分はありながらも、当然日本から国際的な貢献が、まあ、「できる」と信じていないと自分自身もやっていけないというのは、本当におっしゃるとおりです。「その展望があるのか」という問いに対しては、「自分たちがこれから見せていきたい」という気持ちはあるということですね。これについてあまり悲観的ではないという部分は、自分の中にあると思います。

　日本から、いや、日本だからこそ示せるものというのは、例えば、私でしたら「地方自治体の衰退」ということに興味があるわけですが、そこに関しては今も新しい論文で「トップダウンイニシアチブがどれぐらい参加に寄与するのか」ということを書こうとしています。アメリカなどは地方分権をうたっているわけだけれども、やはり少し中央集権的な、トップダウン的なものがないとやっていけない。日本の自治会・町内会もやっていけない部分もあるということも含めて。そういうところは一応見えているので、見せていけるように頑張りたいとは思っています。

■人類学における存在論的転回

藤田　小熊さんが先ほどおっしゃっていた21世紀に入ってからの学問の動向ですが、壮大な大変うまいまとめ方をされたと、感心しながら聞いてました。21世紀に入って、ある種の国際的な競争の中での統一ルールに基づいた業績の重視というものは確実に起こっていることとして、ただ同時に、私がいる人類学という分野では、現象学とはまた少し違う形で、「存在論的転回」と呼ばれる動きが起こってきました。

　つまり、人々が営んでいる生活やそこでの考え方の多様性は、もともとの

「認識論に基づいた人類学」が想定したよりもはるかに深いところで、モノや人間や他の生物などのさまざまな存在が相互に浸透し、影響し合いながら「そこにある」んじゃないか、と考えるようになってきているところがあります。そして、「私が関わっている範囲で」という限定がどうしてもついてしまいますが、さまざまな社会科学の分野にも、人類学のそのような考え方が影響してきています。

　例えばラテンアメリカで、医療や教育や、場合によっては防災といった分野に関わる領域でも、ただ単に論理と実証に基づいて理論が決められて政策が決められるとは考えられなくなっています。「先住民的なものの考え方やローカルなものの考え方が、知の体系としてもう一つあると思わなければ、有効な政策運営はできない」という現実認識は、ここ20年でさらに強まった、というふうにも言えるように思うんですよね。そういう二つの動きが、まだ同時並行的に競合して動いているのではないかというふうにも、話を伺っていて思いました。

小熊　学問の動向には、ある種のシーソーゲームみたいなところがある。1950年代ぐらいまでは、アメリカでは特に、調査データの統計処理をもとに、構造機能主義などを中心として論理体系の発展のほうに寄りました。そのあと60年代末から70年代に揺り戻して、エスノメソドロジーや人類学、構造主義とかの刺激を強く受け、構築主義なども台頭しだ。それが90年代くらいまで続いたあと、再び2000年代以降は調査データの統計処理の方に全体の振り子が揺れて、90年代までの潮流は「質的データを集める調査方法や理論の一つ」として指定座席を与えられた。そんなふうに理解しています。

　これは分野による「住みわけ」もあって、人類学とか社会学のフィールド調査、あるいはエリアスタディーズの中の一部、文学研究の一部では、藤田さんの指摘する潮流も強まっている。しかし、他の大部分のソーシャルサイエンスは、ほとんどそれとは関係なく動いている印象があります。日本の社会学はまだかつての人文科学の影響が強いですが、今の40代以下の世代ではそういう傾向は薄くなっているのではないでしょうか。

　そんななかでも、藤田さんがおっしゃったように、とくに途上国の災害援

助や開発援助などでは、人類学の知見が尊重されるようになった側面もある。しかし私の認識で言えば、それもやはり「指定座席」の枠内で、プロジェクトのメインの設計図はエコノミストやポリティカルサイエンティストが作るけれども、コミッティーにアンソロポロジストを呼んでおこう、というニュアンスだというのが私の認識です。またそれが可能なのは、開発援助などが「問題オリエンテッド」であって、問題の統一性のもとに、経済学のディシプリンが中心であっても人類学を接ぎ木することが可能だからではないでしょうか。

　そういう全体的な傾向のなかで、かつての時代よりもインターディシプリナリーな相互対話はむしろ減っている、という印象も多少持っていなくもありません。そこが私としては若干危惧しているところでもあります。

　また、日本では起きていないことですが、他の先進国、特にアメリカでは大学院の学生がどんどん増えました。増えた大学院生を大量に教育するためには、どうしても学問体系をかっちりさせて、定型の調査方法をメソッドとして教えるほうが教えやすい。学生のニーズとしても、「これができます」という形だと就職もしやすい。

　それに対して、人類学、フィールド調査の一部、文学研究、臨床心理学は、現物の人間を相手にしますから、定型的な調査法だけでは限界があることが目につきやすい。だから、現象学も踏まえ、構築主義も踏まえというような考え方が、まだ残っています。とはいえ傾向としては、こういった学問はあまり大学院生の就職先はなく、どちらかと言うとすみ分けをしながら一部で守られているという印象を私としては持っています。臨床心理学は、それでも就職先があるかもしれませんが。

■データになりにくいものごと――知の状況依存性

諏訪　小熊さんが懸念されていることに僕も同感です。僕はだんだん認知科学へシフトしてきていますが、人工知能の出身の知能研究者なんです。小熊さんの懸念が解消しないままこれからもいってしまうと、この先、知能の研究は行き詰まるなという警戒心をもって僕らは研究しているんです。

世の中の現象のなかには「数になるもの／数で表せないもの」、「客観的に観測できるもの／主観的にしか観測できないもの」、「モデルを立ててうまく表現できるもの／モデルでは表現できないもの」があることをどう考えるのかという問題があります。人工知能の専門家としての立場からすると、現在のデータサイエンスの動向を見ていると、大量のデータがあればそういうことができるのだけれど、そもそもデータは誰が作るのかということをデータサイエンスの研究者はほとんど問題にしていないように映ります。データは人間が作っているんだよ、現象からデータを切り出す際にはある種の主観が働いているのですよと言いたいのです。

　われわれは生きていく上で一人ひとり主観を持っていて、現象のなかに自分なりの意味みたいなものを見いだしている。世の中の現象から「これこれこういうことを見いだすことが重要だね」と誰かが言って、多くの人が「そうだ、そうだ」となると、だんだんその現象における重要な側面としてデータになっていく。そういうデータになるまでのことを知能の研究がしっかりと扱わなきゃいけないなと思うわけです。

　専門的な話になって恐縮ですが、我々が原稿［第4章］に書いたことを述べますと、情報処理モデルというのはもともと人工知能、認知科学の基盤の理論でした。大雑把に言うと、「情報を処理することがすなわち考えることである」というモデルですが、そもそも人間の場合、情報は自動的に入ってくるわけじゃないのです（能動的に意味を見出すことを通じて、情報として脳にインプットする）。ですが、情報処理モデルでは自動的に入ってくることになっている。そこの部分を疑い始めたのが1980年代後半であり、知の状況依存性という概念が（アンチテーゼとして）認知科学の中に出てきたわけです。

　状況依存性というのはどういう概念かというと、現場に入れば（つまりそこに心身をもっていけば）、心身が現象のなかの何かに意味を見出すこができる（それを情報として取り込む）、そして臨機応変に振る舞うことができるということです。現場に入るまでは自分がこれからどういうふうに振る舞うかすらわからない。これが、状況依存性が非常に学問になりにくいと思われてきた側面なんです。しかし、現実にわれわれはそういうふうに生きている。

そしてそれは情報処理モデルでは一切表現することができない。

　では、この「臨機応変」なるものの源とはいったい何なのかと問うと、それは「数にならないもの」とか「客観では捕捉できないもの」といった、現場に入り込んだときにしか（身体で）感じられないものごとなんです。臨機応変なる知の姿を探究するためには、そこの部分をなんとか拾って研究していくしかほかに方法がない。そういう難しさに直面しながら、僕は「そういうことも必要だよね」と世に訴えて研究しているわけです。

　そういうものごとに一切目を向けない AI 研究者たちに対してちょっと困ったものだなと思っています。自動運転はその典型事例かもしれない。自動運転を日本の市井でやるとえらいことになるのではないかな。想定外の事故が起こるのではないかと思います。僕はそういうものごとについて自覚的に暮らしているので、自分が運転していて「あっ、今のこの状況、俺が人間だから避けられた事故だよな」というのを何度も経験してきました。40 年くらいの運転経験の中で 7〜8 ケースもあるんです。自動運転だったらあれは事故だったかもみたいなこと。

　われわれ人間は、運転しているときに目の前に登場するさまざまなものごととの間でコミュニケーションしているのです。例えば、中学生がバーッと走っていたら、「中学生ってどういう生態の人たちで、この先、何をしそうか」と、中学生のその先の行動を読むようなことをしている。おばあさんが自転車の前かごにでっかい荷物を載せていたら「よろめいてくるかもしれない」と思うし、段ボールが積まれていて、それがきれいに積まれている場合はあまり意味のあるデータとして認識しないのだけれど、ちぐはぐに積まれていて、しかも強風が吹いていたら、「悪いタイミングでバーンと崩れてくるかもしれない」みたいな。いろんなことを予期しながら、市井のものごととコミュニケーションしながら運転しているのです。

　ですが、自動運転にプログラミングされているものごとは、運転に直接関係があると想定されたことのみです。何がレリバントかを（事例データベースも含めて）予め全部想定して、プログラミングしている。その想定範囲内ではうまく振る舞うことができるけれども、段ボールが積み上がっているとか、走っている中学生とはどんな性質であるかとか、（飛んでいる飛行機は普

通はイレリバントなんだけど）飛行機がこっちに向かってきたらえらいことで避けなきゃいけないなどということは、プログラミングされていない。AIではそれを「フレーム問題」と呼びますが、「フレームの外側」（つまり想定外）のことは世の中では無限に生じ得るのです。無限に生じ得ることは予めプログラミングできないので、それは扱わずに自動運転 AI が社会的に進んでいる。それでよいのかということですね。

　小熊さんの懸念は僕も大いに同感でして、知能の学問の上では、このままいくとえらいことになるよねと、単にすみ分けとか学問体系がどうのということでは済まなくなるかもしれないなと僕は問題視しています。

　そこで、まだ研究者の数は少ないけれど、データや数にするまでのプロセスとか、現象のなかに人が意味を見出しているプロセスとか、コミュニケーションの高度な側面に目を向けていかないといけないよねと思っています。これまで積み上げられた、いわゆる「学問的方法」だけではそこはまだまったく扱えていないという現状を抱えながら研究しているわけです。

■方法論に対する SFC の文化

清水　僕は、SFC として見たときには、あまり懸念していません。小熊さんがおっしゃられたことはそうだなと思いますし、事実、アメリカや中国はそうなっているけれど、ヨーロッパとアジアはそうでもないし、アジアから新しい社会科学のモデルを模索、発信するような動きも出てきています。

　今まさにそうしたシーソーゲームが起こっているなかで、SFC はそれに立ち向かっていこうとしているキャンパスだと思っています。先ほど「教員はそれぞれの専門分野を複数持っている」と言いましたが、「ほかの研究会に行ってもいいよ」とか、「ほかの専門から見てみたら」とか、「二つの方法論を掛け合わせてみたら」ということができる土壌は、おそらくほかにはないですよね。

　たとえば、ケアする人のセルフケアを研究する学生が、私のゼミでオーラルヒストリーを学び、島津さんのゼミで計量的な手法を学んで研究を進めています。大学院では小熊さんと一緒に AP［アカデミックプロジェクト］を

担当していますが、学生は双方の教員から学びながら方法を選んで、データ調査とインタビューを両方やります。場合によっては、学生が、「先生たちは考えていることが近いから、一緒に何かやったらいいんじゃないですか」と結び付けてくれるのです。

　そういう土壌があることによって、SFC の大学院を出た研究者は混合研究をはじめとするマルチディシプリンをつかんで、それを通じて自分のポジションを見つけることができている。通常、混合研究をやる人は、指導教員の方法をそのまま受け継いでしまう恐れがあるけれども、SFC の場合は、それぞれ自分で選んで作り上げているところが強みだと思います。

桑原　今の清水さんの話でよく見えてきましたが、清水さんが総合政策系の教員に「どんな方法を使いますか」と聞いたら、一つ二つじゃなくて、たくさんの方法を使っていたということでした。ただし、それは「方法」という言葉の定義にもよりますよね。「手続き」かもしれないし、「手法」かもしれない。幾つもある中身は、先程の大きな科学コミュニティの話じゃないけど、個人の中のパラダイムみたいなものがあって、その中では整合性が取れている。つまり、単一のものになっている。そうすると個人のパラダイムが違う教員の研究はなかなか認めがたいというところがあり、冒頭の諏訪さんがおっしゃったような悩みになる。それは諏訪さんだけの悩みではなくて、全員が考えているような悩みになるのでしょう。

　いま清水さんはそれを乗り越えるという可能性を示してくれたと思います。個人のパラダイムみたいなものは、もしかしたら小熊さんがおっしゃった「対象と向かい合うときの態度」みたいなものがそうだと思うんですね。SFC では「対象は多様だ」というのはもうどうしようもなく変えられないものなので、その態度、あるいは個人のパラダイムみたいなものである程度の共通性や、理解がないと、小熊さんの言葉で言えば「積み上がっていかない」、つまり一緒にいることの意味が少なくなってしまうというのはあると思います。

　では、それを乗り越えるものは何かということを突き詰めると方法論の中身とか考え方なのかというと、私としてはもう少しメタなところにあります。たとえば同僚に対する信頼感です。「自分はパラダイムとしては共有化不可

能。理解できないし、認められないし、自分は使わないけれども、あの人が
やるんだったら面白いだろう」とか。あるいは、井庭さんが言ってくれたこ
とですよね。新しいことに対するわくわく感みたいなものがあるから、「ま
た変なことを始めてくれて、何が出てくるのか楽しみにする」という許容性
が生まれます。SFC のコミュニティに対する、SFC のスピリットに対する信
頼感がそれを一体化させていく。厳密に「積み上がる」ということではなく
て、外れているところは外れているかもしれないけど、それが部分的な共同
研究、混合研究を生んで、また成果を出していく、という気はしています。
だから、もう少しメタな、心情的な、精神的な SFC の文化かもしれないと
ころが、SFC の研究としての方法論の強みかなと考えています。

　それともう一つ、学生の立場で考えると、パラダイムが違う二つの研究会
に属してしまうと、こっちの研究会でやることは、あっちの研究会では怒ら
れることにもなりうるわけです。でもそれはネガティブなことだけではなく、
たとえばモードが切り替わるように、こっちのモードではこの仕事ができて、
あっちの場面に行ったときはあれができるということは、もしかしたら SFC
の学生が持つ知的な強靭さ、強さになっているのではないでしょうか。

　学部として統一するということはしなくても、SFC はそのように進歩して
いけるような仕組みを備えているのではないかと思います。

藤田　私は以前に桑原さんが別の場で、SFC では全ての科目が（そしておそ
らくは各教員が）積み上げ式ではなく、一つ一つが完全に対等に並び立って
いないといけないと言っていたことが、ずっと印象に残っています。その上
にこそ、そのような同僚に対する信頼感や、異なる教員をまたぎ、結びつけ
る学生の動きなどの「姿勢」というか「構え」が生まれてくるのでしょうね。

國領二郎　いいですか。10 年に一遍ぐらい、こういう議論をわーっとやる
のがいいんだなと思います。

井庭　本当に、そうですね。自分たちの学問や教育のあり方と理想について、
少しメタに語り合う。

國領　15 年ぐらい前、それこそ COE［文部科学省 21 世紀 COE プログラム
「日本・アジアにおける総合政策学先導拠点──ヒューマンセキュリティの
基盤的研究を通して」］をやっていた頃はこの手の議論を散々やって、そう

いう意味ではしばらくサボっていたんですよね。立ち位置を再確認するのは大事だという気がします。

　例えば小熊さんがずっとおっしゃっている対象指向みたいな話ですが、現実の世の中、その逆の——。そもそもキャンパスを作ったときから、ディシプリンの引力とどう戦うのかがSFCのメインテーマだったわけですよね。そのためにわざわざ別の土地を買って別のキャンパスをつくるところから始めたわけです。既存のキャンパスでは絶対にディシプリンの引力に負けてしまうから新しいところにつくるんだというところからSFCは始まっています。私は創始後10年以上たってから来たので、創設者ではないんですが、その頃はまだ創設者がいっぱいいて、「ディシプリンの方法論みたいな引力と戦うためには、全然別のところへ出てこなくちゃ駄目だというところから始まっている」という話を聞いてきました。

　私は少し楽観的ですが、ただ小熊さんがおっしゃっているような引力が強烈に働いていること自体は確かだと思います。その中でわれわれは何をしたいのかを時々再確認する。創設者の思いを守るだけが能ではないので、見直すならば見直すのでもいいんですが、立ち位置をきちんと確認することがやはり大事だと思います。そういう意味でやっぱりわれわれは、対象を大事にしていくキャンパスだという、そこはいいのではないでしょうか。たぶんこのグループでも、そこについてはコンセンサスが取れそうな気がするので、そこがポイントだと思うんですね。

■問題発見と問題解決

國領　もう一つ、SFCがずっと言い続けてきたのが「問題発見と問題解決」なんですよね。たぶん問題発見というか、問題を認識する部分においてはディシプリン的な手法というか、厳格さみたいなものがとても大事なので、どうしてもディシプリンの引力が強くなってきちゃうんですよね。

諏訪　いや、そうじゃないと思いますよ。

國領　諏訪さんの「問題発見のところからそこを破っていいんじゃないか」という考えは私も実はそう思っているところもあるので、後ほど議論をした

いですが、ここで言いたかったポイントは問題発見の部分においてディシプリンの引力が強いということがあると思うんですね。

その上で、やっぱり問題解決の部分、ソリューションの開発にコミットするという姿勢がSFCの真髄になると思う。問題を認識しっぱなしで終わらせないで、ソリューションの開発までわれわれは踏み込むんだという、決意表明。そこの部分において、いろんなディシプリンが統合していかなきゃいけないと思います。そのときの設計論がディシプリンとどう関わっていくのか。このあたりは政策なんかも含めて、「意思決定」と学部長が言っている話も含めて、デザインする。その中の人間社会の部分についてわれわれがどうコミットしていくのか。そういう部分で、遠心力をどれくらい求心力に変えていくかという方法論——もしみんなで「方法論」を言うんだったら——を私たちは本当に持てているのかどうか。そこが問われているんじゃないかなという気はしますね。

諏訪 國領さんのおっしゃる「問題解決まで踏み込むためには、いろんな総合力が必要」というのは大賛成なんですけど、問題発見に関しては僕はちょっと認識が違っています。既存の学問的な方法論の引力に取り込まれていると新しい問題発見はできないと思っています。

それはさっき僕が言ったことも一緒で、データが出揃ったあとにはデータサイエンスは寄与しますが、そもそも何をデータと思うかというところにデータサイエンスは一切寄与しない。そこはやはり研究者それぞれのオリジナリティで、「ここが重要なんじゃないか」「こういうことに意味があるんじゃないか」と考えることが必要だと考えます。そこを見出せるのが人間で、それを見いだせないのがAIだと。そこの対比でもあるから、ディシプリンの引力でない、もう一つの方の意識（小熊さんが「対象オリエンテッド」と、諏訪が「研究対象の本質をしかと観察する態度」と表した態度）をもたない限り、問題発見はできない。

AIが人間より杓子定規で頭が悪いというのは、問題発見ができないからということなんです。人間は、誰から教えられたわけでもないけれども、そこに何らかの意味を見出します。「こういう側面を見てみるべきなんじゃないか」というのを見出す。問題発見というのはそういうことだと僕は認識し

ています。

國領 キャンパスを作った人たちもそういうことをすごく言っていて、だから発見が大事なんだと。「そもそもわれわれは本当に問題を発見できているのか」という問題意識もすごく強かったですよね。「ディシプリンというのは初めから問題を定義してしまっているので駄目なんじゃないか」と言っていました。そこから問い直すというのは、実は私もとても賛成なんですが、ただ、小熊さんのおっしゃった「引力がそこの部分ですごく強い」というのは、これも片側の客観的状況なんじゃないか。

　もう一つ足して言うと、われわれがもしそういう認識を持ったときに、先ほど教員の採用の基準の話を篠原さんがおっしゃっていましたけれど、例えばそういうところにわれわれの哲学が本当に反映できているのか。そこが反映できていないと、長くやっているうちに、結局タコツボの中に落っこちていっちゃうのではないか。いったんタコツボに落ちたら、SFC はもう終わりだと私は思っています。

井庭 今日のような話をもっとやったほうがいいと思うんです。そして、こういう語り合いを学生のみんなにも聴いてほしいし、一緒に参加して考えてほしいなとも思います。

　國領さんの話にあった SFC 創設時は、個別学問分野の限界が感じられていて、70 年代・80 年代の反省から「学際的」（インターディシプリナリー）とか「超領域」（トランスディシプリナリー）なアプローチが注目されるようになりました。それから半世紀くらい経って、最近では、グローバル・コンペティションのなかでどれくらいインパクト・ファクターのある論文誌で発表されるかや、どれだけ論文が引用されているかというような基準で測られ、そういうことに基づいて大学のランキングや研究費配分がなされるようになっていて、学問を取り巻く状況もゲームの種類も大きく変わってきました。そういう変化のなかで、個々の研究者は、そして大学はどうあるべきなのか。SFC は、単にその流れに乗って成果を出すという方向ではないのではないか、と僕は思います。もちろん、分野によってはそのようなグローバルな競争で戦わないといけない分野はあると思いますが、それがすべてではないと思うのです。

小熊さんが先ほど何度か現象学の話をされましたが、僕はここ5年ほど自分の研究で自分が何をやってきたのかを考えるために現象学について勉強して考えてきました。今日のこの場を見ても、一人称研究や、オーラルヒストリー、臨床心理、先住民の視点、というように第三者的な外からの視点や「客観」という立ち位置ではなく、「内側から見る」内部観測的な向きを大切にして研究している方々がいるわけです。それぞれが違う分野でありながら、相通じる方向性を共有しているということにすごく可能性を感じます。

　SFCは、一方では「データサイエンス」を強調し、技術的なアプローチも追求していますが、他方で、そういう内側からの視点による、従来とは異なる学問を推し進めている方々も結構います。そういうことがもっと可視化されて知られるとともに、交流し議論しコラボレーションできると素晴らしいと思います。

　SFCのあり方、SFCの可能性というのは、みんなが一つのテーマや方法を採用して強くまとまって取り組むということではないと思うんです。やはり関心と目的と方法とがそれぞれの研究者ごとにあって、多様性があり、それぞれに動きながら刺激し合い、ときに小さなチームを組んだりしながら、多様で複雑で流動的なコミュニティであり続ける。ちょうど世界自体がそうであるように、学術的なコミュニティのあり方もそうなっている——そういうことの良さと可能性を、今日は改めて感じました。

藤田　SFCで共有されているものには、井庭さんが言及されたことの延長線上に「暗黙知を明示化する、それによって従来から"知識"とされてきたものの幅と地平を広げる」ということが、少なくとも一時期存在していたんだと、私は思っています。パターン・ランゲージも、諏訪さんがやってきていることも、清水さんのオーラルヒストリーも、そして神成淳司さんの伝統的な農家の技とされてきたものをデジタルに継承可能にする取り組みもあるのではないか、と。この点に果たして同意が得られるかはわかりませんが、このような取り組みがこの先どうなるのかについて私は少し関心があります。

■方法の多様性の必要性

小熊　終わりかけているところに一つ球を投げてしまって恐縮なんですが、議論の種になるものとして、今度ある大学にソーシャル・データサイエンス学部というのができますよね。内実としてその学部がどんなものかというのはまた別の問題として、ソーシャル・データサイエンス学部というコンセプトは、ある意味では方法論を統一して多様な問題にアプローチしていくところだという観点から見ると、ある種の総合政策学ではあるわけです。でもお話を伺っていると、みなさんはその方向で統一していきたいとはあまり思っていらっしゃらない、というふうに理解してよいでしょうか。

井庭　もしかしたら篠原さんは違う考えかもしれませんが、僕はそうですね。ある一つの方向で統一というのではなく、多様性に満ちている生命体のような方向がよいと思っています。

篠原　何か、たぶん誤解が一つあると思うんですよね。データの制限があるから量的分析に制限があるということです。もちろん数にはものすごい無限性があって、一つの言葉としては人間が知覚できない程のものすごい広がりがあります。数で測れないというのはたぶん、僕を含めて、データを測っている人間のせいです。

　私自身は二次データを使っているのではなくて、例えば青森県に行って600世帯を自分の足で回って調査票を集めています。それも無作為抽出した600世帯なので、すごい山奥にも行くわけです。ごみ屋敷みたいなところも見るし。僕は現場調査している人間に学会とかでもかなり攻撃されますが、たぶんその研究者よりも現場に行って、いろいろなものを見て、調査票を作ったりしているから、その対象から方法を考えるという意味では私も同じです。もちろんある程度体系化された統計手法みたいなものは当てはめて使うんですけども。

　私の担当部分［第6章］でも書きましたが、みなさんがやっている現場を見たり、今回出た話というのは一応私自身も共感しますし、インタビューもします。インタビューをしないと当然統計的に良い調査票は作れませんから。たとえば何か仮説を立てるときに、セカンドデータだけで、何か本当に新し

いもの、例えば日本が国際的に提案するときに、できるとは私自身は思っていないからです。一つの方法だけで体系にするのではなくて、いろいろな側面があるからこそ、学生も選んで、それぞれの役割で問題解決にいけると思います。そういう意味で、手法の多様性というのは絶対に必要だと考えます。

井庭 なるほど、そうなのですね。それは素晴らしいですね。

島津 みなさんの話を伺って、二つ思うことがありました。先程國領さんから「ディシプリンの引力」というお話があり、ああそうだなと思ったのは、私は心理学をバックグラウンドとしながらも医学部で 10 年間仕事をしていました。医学部というのは、病気であるかどうか、あるいは健康かどうかというのが最終的なアウトカムというか価値観になってしまう。

一方で、経済学の研究者と話をしていると、X と Y がまったく逆になってくるんですよね。健康であるということは経済的な価値を生み出すための一つの資源であるというところで、X と Y が逆になってしまいます。これは医学部にいるときは強烈なインパクトがありましたが、それを両方持っている方々の集まりが、もしかしたら SFC かなと思います。それが一点です。

もう一点は、小熊さんが言われていた、今後日本が学問的なものとして何を生み出していくかというところで、海外の下請けになってはいけないというのは非常に同感しました。心理学は生まれてたかだか 100 年ぐらいです。心理学のいろんな理論や概念はやはり海外で生み出されたものなので、それが日本でどのぐらい当てはまるかどうかという検証というか追試が行なわれてきました。よく「心理学の研究で再現できるのは 36 % 程度でないか」と言われます。これはいわゆる WEIRD と言われる問題です。WEIRD というのは Western, Educated, Industrialized, Rich and Democratic［西洋の、教育を受けた、工業化社会の、経済的に豊かで民主主義の人］のことで、そのような人々を対象に提唱された概念しか扱っていないのではないかという批判です。であれば、日本から何が提唱できるのか。人の心というものを、何をもってどう説明していくのかというところをもっともっと発信していかなければいけないということが、いま心理学の中で言われています。

この二点に触発された座談会でした。

■「総合政策学の哲学を考える」というアウトカム

小熊　最後に一言だけ挟むとすると、みなさん、経営学の現場、行政学の現場、先住民の現場、臨床の現場、いろいろな現場で対象に携わられていると思いますが、そこにおける哲学的な立場は意外と共有されている部分もあると思います。例えば、現象学であったり、認識論であったり、ウェルビーイングの概念であったり、そういったものは、「数学」という言葉でいわれるような型式論理とはまた違った意味で、体系性を成しているものだと私は思っています。その体系は広い意味では哲学の領域に分類されるわけですが、社会学や政治学の理論にも影響を及ぼしています。意外とその部分の共通性というのはあるのではないでしょうか。あるいは、ある程度の体系性は作れるんだという認識を多少持って共有していく努力をするということも、今後は必要になるのかと思います。

　どうしてもデータサイエンスや統計、あるいは調査手法といった方法の共通性のほうがすぐ目に入ってしまうので、その共通性にもとづく統一は図られていますが、もしかしたら哲学的基礎の部分の共通性の共有という部分が、これから先やっていく課題になるのかなと思いますね。

井庭　そうですね。とても重要ですし、すごく面白いところだと思います。ぜひやっていきたいですよね。

清水　教員採用では、そこは議論をして共有されていて、そういう方が採られている気がします。ただ、さっき國領さんが15年前にはガツガツ話をされていたとおっしゃられたけれども、僕は15年前にSFCに着任して、最初に思ったのが、「あれ？　アゴラというのがあって盛んに議論が行われているんじゃないの」というものでした。キャンパス内の議論がなくなっていた時期があるように思います。

　最近、牛山潤一さんや西川葉澄さんがんばって、アゴラが盛んになってきていますよね。コロナ禍でみんな会わなくなってしまったことの反動もあって、もっと会って議論をする雰囲気が戻ってきたのは、そういう哲学を共有したり、お互いに伸ばしていくいいタイミングなのだろうと思います。

　ここはせっかくなので『方法論』巻のアウトリーチみたいなかたちで、何

か考えませんか。アゴラにインストールしてもいいし、「哲学をみんなで共有するような話をする機会をつくろう」でもいいと思います。

井庭 2007年のカリキュラム改訂のときに「方法論探究」という科目をつくって、一つのテーマに対して3人ぐらいの教員で分野を超えてそれぞれの方法論を持ち寄って語るという授業を始めました。教員間で研究の時間を割いてこういう議論をするというのはなかなか難しいかもしれませんが、あの授業のように、教育の場で学生たちも交えて、それぞれの方法の特徴や歴史的経緯、可能性について語り合い、深めていく——そういうことを通じて、学問と方法について改めて考えてみる、というのはよい気がします。そして、そのとき、小熊さんがおっしゃったような、自分が、そしてその学問が依って立つ思想・哲学とどう関係しているのか、またどう捉え直すことができるのか、ということまで深めていければ、極めて意義のある、未来に向けた学問探究になりそうです。

篠原 一応、今その「方法論探究」の授業を担当しているんですが、定性の手法も、定量の手法も同じ時間教えていますし、混合手法も教えていて、それぞれの手法にある哲学というのも教えています。なので、それはすごく面白いなと思います。

井庭 おお、いま担当されているのですね！ それは聴きたいですね、面白そうです。そうなんですよね、あの「方法論探究」はまさにそういうことを目指してつくったのです。「方法論探究」の科目をつくったのはもう15年前なんです。これから改めてつくるとしたら、さっき小熊さんがおっしゃったような思想・哲学的なレベルでの振り返りと展望までいきたいところですし、変化してしかるべきです。時代は動いているので、それに応じて学問論とその教育も変化していきます。目的の点でも、今日みなさんから「よく生きる」や「ウェルビーイング」という話が出ましたが、そういう共通性ももっともっと感じられるといいなと思いました。

そういえば、僕、村井純さん（元・環境情報学部長、現在、慶應義塾大学名誉教授）に10年ほど前から、「井庭ちゃんは人間担当だ」と言われてきたんですよ。当時、僕はぜんぜんピンときませんでした。自分としては「創造」の研究で孤独に突っ走っているつもりでしたから。でも結局、10年経ち、

やってきたことを振り返ってみると、人の暮らしや人生に関わる研究をしていて、人が「生きる」ということを内側から捉えてきたのだということに気づきました。「よく生きる」や「ウェルビーイング」の話につながることをやっていたんです。そう思って周囲を見まわしてみると、人間のことや「よく生きる」、「ウェルビーイング」のことに取り組んでいる方々がSFCにはたくさんいて、「ぜんぜん孤独じゃなかった」と（笑）。なんだかうれしい気持ちになりました。

　そんなこともあって、最近、井庭研の学生たちは、例えば、島津さんたちの研究されている方法をどう自分たちの研究に活かせるかというようなことを考え始めています。森さんの中立性神話の話［第5章］も、僕らの研究に照らして考えてもすごく興味深く、「そうだよなあ」と思ったりしました。そのあたり、小熊さんとももっともっといろいろ話してみたい感じがしますし、これからの可能性にワクワクしますね。

清水　本来、「総合政策学」のクラスでそういうことをしてもいいのかもしれませんね。土屋さんが学部長になったときに政治学、経済学と分野ごとに教員が出てきて話をするかたちにしているけれども、そこをもっと教員で対話するようなかたちで見せてもいいのかもしれない、と思うのが一点。ただ、それは1年生には若干ハイコンテクストでしょうか。

井庭　そうなんですよね。1年生にも素晴らしい刺激になるとは思うのですが、研究にがっつり取り組んでいる最中に聴いてほしいなぁと思います。

篠原　今「総合政策学」を教えていますが、最後の回では、「学問領域を超えてSFC生は何を学ぶべきか」というようなグループワークを全員にさせたんです。幾つかのグループを私たちのほうで選んで発表させていますが、思ったよりも哲学的なところ、私たちが今日話したようなところの近くまで来ているような気がしますので、意外に1年生でもいいと思いますね。

清水　ネクストステップなのかな。いま「総合政策学」の授業をずっとやっていたメンバーで、國領さんの肝煎りの「日本研究概論」というクラスを開いています。講師に30分話してもらい、次の30分間はその担当講師とディスカッションして、残りの30分間は学生とディスカッションする組み立てにしているんです。

今はそれを日本研究をテーマにやっていますが、「総合政策学の哲学を考える」というかたちでもいいのかもしれませんね。このブックプロジェクトから総合政策学30年に対してリプライするものの一つとして、何かそうした提案があってもいいのかなと思います。

井庭　いいですねぇ。1年生にも聴いてほしいですが、入学したての1年生向けだとどうしてもまずは興味を持ってもらったりエンカレッジしたりするような内容になりやすいと思うのです。固定化したパースペクティブをひらくような意味ではよいのですが。できれば、今日のような話を、徹底的に深めるような方向でいきたいなぁと思いました。

　2007年からのカリキュラムの「方法論探究」は「創造誘発科目」という位置付けで、特に3年生以上に取ってほしいという横串科目として設定したんです。自分が何らかの研究を始めたあとに改めて考えてほしいという趣旨で。新しい科目も、もしかしたら大学院生向けに開講して学部生も来ていいよというぐらいな感じにするのもよいかもですね。ちょっと具体的な話になってしまいましたが。

金沢　そのあたり、質問というか、ちょっとご相談なんですが、そもそも1年生にそういうことがわかるのかというのが少し疑問なんですね。

　よくある誤解だと思うんですが、頭がフレッシュなほうが、何も学んでいないほうが創造的なことができるとか問題発見ができるというのは少し違うと思います。問題発見・解決といったときに、やはり思考の基礎となる材料が必要で、そこは既存の学問をきちんと学んでからではないといけないと思うんです。先達による関連研究を猛烈に勉強して、自分の中で発酵させたあとに、何が本当の問題かがわかるようになる気がします。だから、問題発見・解決が1年生でわかるというのは、ちょっと安易に聞こえなくもないなと私は感じたんですが、その辺はみなさんどうお考えなのか聞いてみたいです。

清水　僕は学年で切るよりも学年に関係なく履修できる方がよいと思います。それぞれの状況の違いがあるので、いま篠原さんがおっしゃったように哲学的な学生がいるわけです。最初に「総合政策学」でそういう学生たちに発表してもらうと、同級生にそういう学生がいるということが見える。そこに、

ゲートウェイ講義としての「総合政策学」の意味があると考えます。

　金沢さんがおっしゃるとおり、そうした理解や意欲を 1 年生の秋学期で持てるのか、2 年生の秋学期で感じるのか、またそこで迷うのかというのはそれぞれの段階だと思います。創造誘発科目のようなかたちで置いてあって、取りたいときに取れるようにしておくのがベストだという気がします。それはカリキュラムが学年ごとに設定されていない、このキャンパスの大きな強みなんじゃないかなと思います。

　ただ問題は、どのタイミングで、どう動くのかをサポートすることがメンター制度では十分にできていないので、そこにさらなる仕組みが必要なのでしょうね。

國領　だって、このブックプロジェクトって、高校生が読めるものを書けば、みんながそれを研究して下さって、入学してきた時点ではある程度準備ができていることを目指しているのではないのですか。そう理解していました。だから、「高校生向けに方法論を書け」と、すごいことを言われているなと思いながら書いていましたが、違うのですか？

清水　半分正解ですね（笑）。もう半分は、これから自分の研究について考えていこうとする SFC 生向けです。さらに、現在、まさに研究に取り組んでいる学生が読むと、「ああ、まだ他にもいろいろな方法があるんだな」「この方法の哲学をもっと勉強したいな」というふうに考えられる。

井庭　在学生に向けてというのも、高校生に向けてというのも、両方あるのでしょう。そして、高校の先生方や親御さん、広く SFC と共同研究や活動をご一緒する可能性のあるすべての方々。SFC Open Research Forum（ORF：SFC の対外的な研究発表の場として毎年開催されている）に参加すると、SFC の研究室ではこんなことをやっているんだ、とわかるのですが、総合政策学系の研究はなかなかそういう場で共有するのは難しいという問題もありました。その意味でも、今回のこの本を通じて、SFC でやっていることやそこで用いられている方法や、背後にある思想・哲学を知ってもらえるといいな、と思いますね。

篠原　僕も金沢さんの懸念はすごく共有していて、自分が地方自治論を教えて、エッセーに全部コメントを付けて採点していると、1 年生と 3 年生であ

まり違いがなかったり、むしろ1年生のほうがうまく書けていたりするケースもあるぐらいなんですよね。だけど、自分に言わせると当然知識とか能力をつけたその先があるわけです。

　AO入試とか、あるいは一般入試で小論を課せられるので、何かを書くことにある程度自信を持ってしまうんですよね。違うんだよ、もっと先があるんだよということを知ってもらう。「総合政策学」は、総合政策学を知ってもらい、それぞれの個別分野にはもっと先があって、もっと深みがあって、そこに行かないと何かを達成できないことを認識してもらう場だと思っています。そうやって自分の道を究めないといけないんだよというメッセージになればと思っています。

金沢　学問を深めるのか、それを広げるのかというのは答えのない問いだと思いますが、やはり自分が依って立つところがないと薄っぺらくなってしまうのを少し心配はしています。既存の学問領域が現在の問題に対応できていない問題意識はありますし、それは正しいと思いますが、一方でそれは既存の学問領域を否定するものではないですよね。われわれが考えていることはむしろその先であって、既存の学問領域をきちんと学ぶことはむしろ前提だと、少なくとも私はそう思いたいです。

井庭　既存の学問領域を否定するつもりはないですが、自分の依って立つところが本当に既存の学問領域でなければならないのか、という点を僕は言いたいのです。依って立つものが新しい学問領域でもいいじゃないですか、と。どんな既存の学問領域であれ、最初は新しい学問領域だったんですよね。それらが研究・教育されて、強く大きくなってきたわけです。だからそのことにはリスペクトの気持ちを持ちつつも、時代が変わり社会の問題やニーズが変わり、思想や技術も更新されてくれば、それに応じて新しい学問領域が出てくるのは当然で、その新しい学問領域で研究・教育するということも、SFCではどんどんやるべきだと思うのです。

金沢　先程の私の質問に戻ることになるかもしれませんが、ゼロから作るというのはやはり難しいと思うんです。だから何かを知った上で新しい学問領域を考えるのがいいでしょう。もちろんそれはその上に積み重なるものではなくて、横に並列なものかもしれませんが、やはり自分の中に何か積み重ね

がないと足場が不安定なのかなと少し思ったりします。

井庭 もちろん、学生一人ひとりがゼロからつくるのは難しいでしょう。しかし、ここで言う「新しい学問領域」というものも、いわゆる経済学や政治学、社会学のような歴史や規模はなくても、10年や20年取り組まれていて研究者も国内外にいて、論文を書いたりカンファレンスで議論をしたりしているのです。誰もが知っているような既存の学問領域を離れたからといって、本当にゼロからつくるというわけではありません。

金沢 なるほど。

井庭 そもそもの問題意識と、何らかの体系だった方法があって、そこでの方法論の深化や知見の蓄積がなされていれば、その流れのなかで研究や学びは可能です。しかもそれはとても未来志向なことだと思います。僕は自分がそういうことをやってきたからこそそう思いますし、そう強く主張したいと思います。

　トーマス・クーンは、パラダイム・シフトが起きるような科学革命をもたらす人は、非常に若いか、その分野に新しく入ってきた新人だと言いました。その分野の常識に染まってないから、フレッシュな見方ができるからです。クーンは、それぞれの分野のなかでのパラダイムの変革の話をしていますが、学問全体を見ても、新しい学問分野がもたらす新しさの可能性は大いにあると思います。SFCは問題発見・問題解決の、とても実学的な学部だと見られますが、同時に、とても未来志向でもあるわけで、常識に囚われない新しい学問領域がどんどん生まれるといいなと思っています。そういう場に学生たちも立ち会い、参加し、刺激を受け、学んでいく。既存学問領域の専門性を徹底的に突き詰めたり、学際的に取り組む人たちもいて、まったく新しい方向性を切り拓く人もいる——そんなSFCにワクワクしますし、そういう面もぜひ学外のみなさんに感じていただきたいところですね。

■表の方法論と裏の方法論

金沢 井庭さんの少し前のコメントで、「数学は厳密で論理的な体系だけれども、裏では混沌としたことをやっている」とありましたが、実際のところ

まったくそのとおりです。だから数学は、表に出す顔と裏の顔が違うんですね。表向きは演繹法を突き詰めた綺麗に整った方法論しかありません。つまり演繹法で組み立てる定理・証明しかないといった感じですが、裏の顔は少し違って、数値計算したり、いろいろな具体例を作って理解を確認したり、実は別の方法論を使っています。想像力を膨らませて帰納的なことをやって、答えはこうだなと、論理からかけ離れた妄想に近いこともやっています。

だから、方法論も表の顔と裏の顔みたいなものがあります。ほかの分野でもそうだと思うんですよね。学問体系の枠組みで許されている方法論と、裏で使う裏技的な方法論が存在していて、方法論と一概に言ってもいろいろあるだろうなと思いながら聞いていました。

井庭 混沌のなかでの創造の裏技的な方法論とは、いいですねぇ。それが研究・学問のリアルな一面でもありますよね。篠原さんの先ほどの「データから集めているんです」という話もそうですね。カチッと検証して見せていくときにはやはりデータの分析の方が際立つわけですが、実はその前の段階にも重要な部分はあるということがもっともっと見える必要がありますし、僕らもそこから見なければいけないのだと思いました。極度に「データ」や「エヴィデンス」が重視される世の中だからこそ、その「データ」や「エヴィデンス」は誰がどういう問題意識・視点のもとで集めたものなのか、準備したものなのかというところまで問うことが重要です。そこに、思想・哲学、引いては、価値の問題が出てくると思うのです。そういうところまで踏み込んで考えていきたいですし、そういうことの発信もしていきたいですね。ありがとうございます。

桑原 ありがとうございました。内容のクオリティの高さもありますけれども、例えば小熊さんと金沢さんとか、まず一緒に飲みに行かないような感じのするお二人が話をして、内容を聞いていると、結構面白いじゃないかというところが今の SFC の雰囲気を伝えてくれるよい会だったかと思います。今日はどうもありがとうございました。

一同 ありがとうございました。

本座談会の記録は、慶應義塾大学 SFC 研究所共同研究費（F19139A、研究費代表：加茂具樹）により作成されました。

第*1*章 実践知の学問の方法論

國領二郎

はじめに　問題発見・問題解決の学問に向けて
　　──政策 COE の挑戦

　総合政策学の博士号を出したい。経済学でもなく、法学でもなく、政治学でもなく「総合政策学」の博士号である。その学位をどんな基準で出せるかが、総合政策学とは何かという長らく提起されてきた疑問への答えとなる。また、SFC をディシプリンの小集団の烏合の衆化させたり蛸壺化させたりすることから守る方策にもなる。それが、2003 年から 2008 年にかけて慶應義塾大学湘南藤沢キャンパスで行われた「政策 COE」[1) の最終的なゴールだった（國領 2008）。

　それは結局、問題発見・問題解決という環境情報学部も含めた SFC の根本使命を果たすための方法論の開発になることは分かっていた。その実現のためにはいくつかの要件を満たさなければならない。次のようにまとめられるだろう。

　　(1) 現代社会のさまざまな問題を把握、分析するだけではなく、そうした問題を解決していくことを基本的動機とする新しい学問を目指すこと。解決方法（ソリューション）の複合性に鑑みて、文理別やディシプリン別の知識を進化させるという論理実証主義から訣別し、文理融合の学際的な研究を行うこと
　　(2) 現場との関わりから知を抽出する「実践知の学問」であることにこだわること

（3）（1）、（2）の要件を満たしつつ、学問としての厳格さは維持すること。論理の厳格さ、エビデンスと知見の整合性、確証バイアスの排除などに努めること

　以下、この三要件が方法論的にどのような意味を持っているかを検討する形で進めてみたい。

I　問題を解決していくことを基本的動機とする新しい学問

1　設計科学（vs 認識科学）としての総合政策学

　SFC は、そして総合政策学は単に社会を分析することに留まらず、社会に存在する課題の解決に向けて能動的にソリューションを提供する学問を志向してきた。時には自ら問題解決の主体となって課題領域に働きかけを行っていく。そこまで行かないで提言を行うところに留まる場合にも、単なる問題の指摘をするのではなく、解決に具体的に結びつく形で提供していく。もちろん、より本質的な問題解決を行うためにも深い分析が必要となってくるが、その際にも問題解決の方法に結びつく概念を提供する。

　問題解決の学問を考える上で参考になるのが、政策 COE の中間評価にも参加し大きな貢献をして下さった吉田民人東京大学名誉教授による「認識科学」と「設計科学」の対比である（吉田 1999）。文字どおり科学には世界を認識するための認識科学と、目的の実現に向けて作る仕組みの設計をよりよく行う知を生み出そうとする設計科学があるという主張である。このように分けて考えることによって、設計科学のためには認識科学とは異なる方法論の体系が必要だということがより明確に認識できる。

　その意味からは設計科学を志向する総合政策学は、認識科学を志向する政策科学とは異なるものであると位置づけようというのが政策 COE で行われた議論だった。すなわち他人が実施した政策を客観的かつ事後評価するだけでなく、能動的に未来の行動に向けて何らかの示唆を与える知をもたらし、その知が実際に機能するかどうかを検証するような志向性を持つのが総合政策学だという考え方だ。念のために付け加えると、理系の世界でも同じよう

な議論がある。認識を重視する理学と、設計を重視する工学との違いなどは
その象徴だろう。さらには吉川・内藤（2003）などが新しい知見を生み出す
ことを目指す「第一種基礎研究」とは別に、既知の知識を組み合わせて課題
解決の新しい解決方法を編み出す「第二種基礎研究」の価値を重視している
のは特筆していい。そして第二種基礎研究においては理系や文系の境界はな
く、社会システムと技術システムを統合して設計することを目指していくこ
とになる。

　総合政策学を設計学として位置づけた時に浮上するのが、世界には設計不
可能なものがあることだ。そして設計不可能なものは人間には作れない。そ
の意味においては設計科学にとって意味のある知識は設計可能な変数のみと
いうことになる。特に「社会」が設計可能なものかどうかは社会科学におい
ては大問題である。社会主義下の計画経済の破綻以来、自由意志を持ち、価
値観が多様な人間によって構成されている社会は為政者の意図したとおりに
はならないという認識が一般的である（ハイエク 1986）。監視カメラや AI を
動員することによって、社会を思いどおりに動かすという未来シナリオもあ
りえなくはないが、とりあえず設計可能なものは、政策や制度であって、結
果として現出する社会は設計者の意図どおりにはなかなか動かないものと達
観しておいた方がよさそうである。

　ソリューション志向の設計科学を志向した場合にいま一つ浮上する視点が、
要素還元的な実証主義の作法の束縛からの解放である。要素還元主義は近代
の科学を発展させるために大いに役立ったが、現実社会では多くの要因が複
雑に相互作用している。そのようにノイズが多い中でソリューションを提供
していくためには、多くの要因の特性と、それらの相互作用を考慮しなけれ
ばならない。情報システムの分野では Bostrom and Heinen（1977）などが多く
の情報システムの失敗が技術的な問題ではなく、組織的な問題に起因してい
ることを明らかにしてきた。理屈の上ではうまくいくはずのシステムが、そ
れによって不利益を被る人間の抵抗によって失敗してしまうなどの例は世の
中で枚挙にいとまがない。

　設計科学であると位置づけた上で、認識科学と設計科学の違いは詰めて考
えていくと厳格なものではないことにも言及しておきたい。正しく設計する

ためには、正しく認識することが必要で、設計科学には認識科学が内包されている。たとえば有効な経済政策を行うためには経済のふるまいについて精緻な理解が必要である。歴史学なども、現在や未来の問題解決に結びつくという意味において重要である。

　そのことを認識した上で、狭い理論体系（パラダイム）を発展させることを重視する実証主義的な認識科学の方法だけでは、より的確な政策や制度を設計することはできないことを認識しておきたい。たとえば環境問題一つとっても、経済学的なフレームワークで理解し精緻化する認識科学的な環境経済学を発展させることは可能であるし重要であるが、現実の環境問題解決にあたっては、技術システムや国際政治システムの知見も応用しながら、整合的な対応をしなければならない。その意味で「総合」の意味は寄せ集めのgeneral ではなく、複数のシステムを連携させる integrate でなければならない。総合政策学は文献（Literature）への貢献といった学問自体の発展よりも、問題解決に向けた新しいソリューションの発見を最重要視する学問でありたい。

2　文理融合の学問としての総合政策学

　多くの問題についてソリューションの中に技術的な対応（技術システムの構築）が含まれるという意味において、総合政策学は従来の文系、理系といった垣根を越えて、社会制度や政策（社会介入）の設計と技術システムの設計を統合的に考えるものでなくてはならない。その意味において、SFC に環境情報学部が存在し、技術システムの設計を行っている研究者たちが常に近傍にいることは総合政策学部にとっても大きな意味を持っている。そして、それぞれの学問分野が学問分野別ではなく、解決すべき問題領域別に組織化され統合的な問題解決の方法について知見を深める体制を維持している。

　筆者が専門としている経営情報システムの分野では社会システムと技術システムを統合的に設計しようという指向性をソシオ・テクニカルシステムと表現してきた（図 1-1）。Bostrom and Heinen（1977）は技術システムが失敗する理由のほとんどが技術的な問題ではなく、組織の問題であるという調査結果を示しながら、統合的な設計の重要性を説いている（櫻井・國領 2022）。今日にもあてはまる重要な視点である。また、情報システム分野だけではな

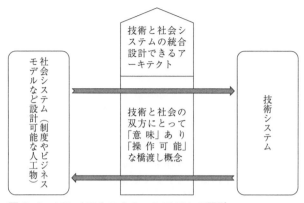

図 1-1　ソシオテクニカル・システムの設計

く技術と社会の関係全般にあてはまる指摘だろう。そして何より問題発見・問題解決の学問を志す SFC にとっては存在意義そのものではないだろうか。

　統合設計を行う上で重要なのが、技術システムと社会システムに通底する共通の分析フレームワークと概念である。それらがなければ総合政策学は単なる細分化された領域の寄せ集めとなり、実効性のあるソリューションを提供できない。このフレームワークこそが、本書の追求している総合政策学の方法論ということになるだろう。

　共通フレームワークを考える上で、参照できるのはハーバート・サイモンの「人工物の科学」であろう（Simon 1996）。技術だけでなく、制度や政策なども人間が意図をもって外界に働きかけを行う人工物であるという認識のもとに、人間が認知限界の中で階層的にソリューションを構築するプロセスを共通のフレームワークとしながら、技術システムと社会システムを通底した設計論への道筋をつけてくれている。

　人工物設計論の中でもアーキテクチャ論は実際に技術システムと社会システムの設計論に共通して使われている。システムを複数の下位システムの複合体と考えて、下位システム間の機能の分担と相互作用のインターフェースの構造と方式をもってアーキテクチャと考えると、人間が作り出す仕組みのほとんどが記述できる。社会科学の分野においては経営体の構造を記述するフレームワークとして使われるだけでなく（國領 1999）、安全保障上の役割分担の構造（神保 2011）などとして論じられている。法学の分野では法がア

ーキテクチャの設計に規律を与えることで技術システムのあり方を規制しようという考え方が出ている（松尾編 2017）。

　設計科学を学術的な方法論の体系にまとめる取り組みとしてデザインサイエンスの系譜が挙げられる（Hevner et al. 2004）。具体的なソリューション設計と理論の検証を進め、設計（デザイン）を科学的に評価していこうという取り組みである。古賀（2019）が指摘しているとおり、デザインサイエンスには実証主義を批判する視点が含まれている。認識科学では、まず理論があってそこから導出された仮説を検証するという手順を踏む。それに対してデザインサイエンスは試行錯誤の中からより有効なソリューションの設計を見つけ出すという指向性が明確にある。この立場をより鮮明に出す論者は理論構築は先に行うのではなく、成功したソリューションの中から理論を帰納的に導出することを許容する。実証主義科学とデザインサイエンスの方法論的な違いについては第Ⅱ節でも再考したい。

3　ディシプリンの壁を壊す

　社会科学の中の諸学だけでなく、文理の壁も超えてソリューション志向の知の生産のメカニズムを創ろうと思った時に避けて通れないのが、ディシプリンの壁を壊す作業である。なぜ壊さなければいけないかを理解するためには二つのことを理解する必要がある。

　第一は例外はあるものの、ほとんどのディシプリン知識が整合性が保たれた理論体系の中で議論を行って、それ以外の要素を外生変数的に取り扱っていることだ。認識科学をやっている間はそれで厳格性の保たれる研究が行えるのでいいのだが、世の中のほとんどの問題解決のためには、技術、制度、インセンティブ構造などさまざまな仕組みを組み合わせながら対応を行わなければいけない。たとえば環境問題は、技術的問題でもあり、制度的問題でもあり、その解決のためには人々の行動のインセンティブ体系に働きかけていかなければならない。バラバラに考えてはいけないのだ。

　第二は多くのディシプリンが、検証がなされた理論の体系から演繹された仮説を検証する形で新たな知を生み出すという論理実証主義的なアプローチをとっていることだ（深谷編 2008）。明示的に採用していない場合でも、論

文の採択のプロセスの中で「分野への貢献」といった形で、従来の理論体系への言及とそれに追加する知を明示することを求める。その上で、修正された体系の整合性を保つことになる。この体系をパラダイムと呼んだのがクーン（Thomas S. Kuhn）である（クーン 1971）。ディシプリンの明示的な定義は存在していないが、パラダイムを共有し進化させる共同体がディシプリンと言っていいだろう。この方法論は、既知の事象に関する研究を繰り返したり、矛盾に満ちた論理を展開したりすることを防ぐことで研究の質の保証をするメリットがあるのだが、厳格さを重視するあまりに、研究をせせこましいものにしてしまう傾向がある。本章の文脈で言えば、ディシプリンを超えた新しい解決方法の導出に結びつかないし、生み出された新しい知が既存のパラダイムの体系にうまく合致しないという理由で評価されにくいなどの問題につながる。現実問題として総合政策学で研究を行って、優れた解決の知を編み出した若手研究者をどのディシプリンの名を冠した学部や学科に就職させればよいのか分からないといった問題が起こりがちだ。この問題は最近、大学の側もディシプリン別の学部・学科編成から、解決すべき問題領域別の学部・学科に再編する傾向があって緩和されつつあるが、そんな学部でも未だに採用は「経済学が教えられる」といったディシプリン別のものになっていることが多く根深い問題となっている。

　このようなディシプリン的な知的生産を超えるにあたって、複数のディシプリンが協力して事象の理解や問題解決の方法開発を行うインターディシプリナリーアプローチがいいのか、ディシプリン（パラダイム）に依らずに共通のフレームワークの中で知の高度化を図ることを目指すトランスディシプリナリーアプローチがいいのかについては意見が分かれるところである。いずれにしても、解決法の文脈において何らかの形で体系化を追求したい。たとえば脳科学と情報技術が融合して脳と AI が直接コミュニケーションをとる可能性が出てきていて、障害を抱えている方に機能回復の機会を与える技術として期待がかかる一方で倫理的課題も大きい。実用化のためには脳科学、情報科学と哲学・倫理学の密接な連携が必要となっている。そのようなグループが意味のある協業を行うためには、全員で共有する概念がなければならない。日本科学技術振興機構の取り組みの中では一方で哲学者が脳科学の目

指す機会とリスクを理解する一方で、脳科学者と RRI（responsible research and innovation）の考え方を共有した上で、倫理は研究者自体が判断しルールを自ら作るべきものというプロトコールを醸成するところから検討が進んでいった（日本科学技術振興機構 2022）。恐らくはこのようなプロセスの合意によって、ディシプリンで凝り固まった研究者が学際的な課題解決の開発に向けた協働を行うことにつながるのだろう。その一つの形態が先にもふれたデザインサイエンスだが、それについては第Ⅱ節 1 で紹介していきたい。

4　複雑系の学問としての総合政策学

　多くの要因が影響するソシオ・テクニカルシステムを設計しようとする場合に直面するのが複雑系の問題である。ここで複雑系とは多くの主体や要素が複雑に相互作用することによって、予期しなかった帰結を生み出すような系を言う。この問題は特に社会側で顕著だ。自然科学は認識科学的なアプローチでノイズを除去した純粋な環境における観察対象のふるまいの法則の発見に成功している。また機械工学などでは、全ての撹乱要因に対応しながら求められる機能を果たす仕組みの設計を生み出すことに相当程度成功している。これに対して社会科学の側は常に想定外の現象にさらされて、政策が想定どおりの帰結を生み出すことはむしろ稀である。また、成功したとしても政策が予期しなかった別の問題の原因を作ってしまったりすることが多い。そのような社会システムの複雑系としてのふるまいを十分に理解した上でよりましな政策や制度の設計の方法論を提供していくのが、総合政策学の目標ということになる。

　複雑系という言葉への言及こそなかったものの、SFC 設立の基本方針が初めて公に語られたとされる石川元慶應義塾長による慶應義塾 125 年（1983年）記念式典での挨拶に次のようなくだりがある。すなわち、「複雑で、流動的で、不確定な時代は、我々が過去に経験しなかった新しい現象が、後から後から起こってくる時代」が到来しており、それに対応するためには「学問のあり方もいろいろな意味で変化」し、「かつて我々が対象としなかった領域の研究」や「学問分野と学問分野の間の交渉領域の研究・教育も重要」である。まさに複雑系の考え方であり、この投げかけに応えるのが総合政策

学部の使命だろう。

　技術システムの側でも複雑系の問題が大きくなっていることにも付言しておきたい。科学と技術が結びついて大きな成果を上げてきた近代の工業システムは、システムをさまざまなノイズから遮断することによって成立してきた。生産現場を家内工房から近代的工場に移すことによって、環境やプロセスを厳格にコントロールできる環境に移したのである。結果として科学が教える理論通りの現象を繰り返し発生させることが可能となり、効率的で安全な生産システムを構築できた。ところが最近では多くのシステムがネットワークで相互に接続されることによって、技術システムも複雑系化の度合いを深めている。結果、想定していなかった事象の影響を外部システムが受けることがありえるようになってきた。サイバー攻撃によって情報システムが不安定になったりする現象は、社会システムと技術システムが接続されて技術システムが複雑系的なふるまいをするようになった現実を象徴している。近年レジリエンスやアジャイルといった用語が多く使われるようになってきたのは、社会全体が複雑系の様相を強くする中で、想定どおりに物事が進むことを期待できなくなっているからだ。入念に攪乱要素を排除しながら計画どおりに仕事を進める従来のアプローチに代わって、想定外の出来事が起こっても柔軟に状況に適応し変化をしていける構造を作るのが今日のソシオ・テクニカルシステムの設計の焦点となっている。

II　社会との関わり——実践知の学問の作法

　問題発見・問題解決のソリューション設計科学たる総合政策学は図書館に籠っていてはできない。もちろん先人の知恵を学ぶことは重要だが、その知恵をもって社会の具体的な課題に対して解決方法を提示し、実施をし、検証する姿勢を持ち続けなければならない。そのためにはフィールドと密接に関係を持ちながら問題の抽出や解決の試行をしていく必要がある。

　そのような現場との関わりは客観性を重視して、現場との距離を置くことを善いこととしてきた伝統的な社会科学のありようとは異なるのかもしれない。先人の慎重な態度にも理由がある。社会科学は時に政治的に利用される

ので一定の距離を置かないとさまざまな政治的な思惑に使われかねないのは理由の一つだ。利用されるだけならばいいが、巻き込まれることによってバイアスある見方に陥ることがある。特定の政策を支持してきた研究者が、その政策が実現し有効性が否定されても、事実を見ずに強弁を続けるような姿が往々にしてある。自然科学と比較した場合に社会科学は複数の実験をしたり、ノイズを完全にコントロールしたりしながら実験をすることが難しいので、政策の帰結が悪かったとしても、失敗を認めないで済んでしまったりするので特に危険だ。

　そのような問題があることを認識しつつ、だからやらない（現場に関わることを忌避する）のではなく、問題発見・問題解決の学問の使命を果たすために、危険を意識して常に対応を考えながらもあえて現場との関わりを積極的に求めていくのが総合政策学のあるべき姿勢だ。そこで重要となるのは、自身の認識の誤りの可能性を疑う態度である。その意味で総合政策学はどの分野にもまして「厳格（rigorous）」でなくてはならない。本節ではいくつかの総合政策学の代表的な研究方法の文脈の中でいかに厳格さを追求できるかを考えてみたい。

1　デザインサイエンス

　筆者の分野である経営情報システムは、ソシオ・テクニカルシステムの設計科学であることを1980年代から強調してきた。ところが時代の流れとともに認識科学的な研究が増えていった過去を持っている。認識科学の方が論文化しやすく、採用や昇進につながるという現世的な理由もその一因であると思われた。そんな傾向に警鐘を鳴らしたのが、前節にも述べたHevner et al.（2004）による "Design Science in Information Systems Research" という論文である。経営情報システムの主たる使命は（ソシオ・テクニカル）システムの構築にあり、その研究を正しく評価することの重要性を説いたものである。以後さまざまに研究方法としてのデザインサイエンスの方法論について議論がされているが、おおむね、次のような手順を想定したものとなっている。

（1）解くべき問題の認識

　　社会的課題の構造的把握と働きかけを行うべき中核的な要因の特定

（2）ソリューションの概念的定式化

　　技術システムや（制度、ルール、政策などの）社会システムの適用によってもたらされることが期待される改善プロセスのモデル化

（3）ソリューションの設計

　　具体的なソリューションの設計

（4）プロトタイプの構築

　　実証に向けたプロトタイプの構築

（5）テスト・評価

　　ソリューションが想定した効果をもたらすか否かの検証

この手法の意味は、次のような一般的な認識科学的アプローチと対比することで理解しやすいだろう。

（1）高度化を図りたい理論体系の特定

（2）既存研究において解明されていないテーマと実証フィールドの探索

（3）理論から演繹された仮説の導出

（4）仮説の検証

（5）理論的貢献の検討

　容易に読み取れるとおり、デザインサイエンスにおいては解くべき課題がまず先に立つことになる。理論は問題解決に向けたモデルづくりに役立つという意味において重要であるが、理論の発展自体は必ずしも目的とならない。これに対して実証主義的な認識科学においては、理論体系の発展そのものが目的となる。そして理論的に解明が済んでいない、あるいは理論の実証が済んでいないテーマについて、理論から演繹された仮説を検証し、理論の妥当性の検証や理論の修正を行うことで、理論の精緻化が図られていくことになる。

　デザインサイエンスの手順は基本的に工学的な発想に基づいていると感じ

る人もいるだろう。確かに実証主義的な認識科学である理学に対して、工学は問題解決指向でデザインサイエンス的な思考に向いている。その意味で社会科学における認識科学と設計科学の対比は、理系における理学と工学の対比と似ている。工学が理学から独立して大きく発達したように、社会科学の中において、設計学としての総合政策学を確立することが目標であり、デザインサイエンスの考え方が役立つと考えるゆえんである。

2　アクションリサーチ

　デザインサイエンスを志向する上で、大きな課題となるのが、ソリューション及びその背後にあるモデルの検証だ。それをきちんと実施して他の取り組みに応用可能な一般的知識にまで昇華させなければ学問としての意味が弱くなってしまう。

　もっとも直接的に現場との関わりを持ちながら、普遍的な知の創出を志すのがアクションリサーチだ。多くの実務家を大学院に迎えて実践から生み出される知の体系化をはかる SFC にとって、アクションリサーチは重要な研究方法である。Lewin（1946）によって初めて研究方法論として唱えられ始めたアクションリサーチには（1）自身がアクションの当事者として活動を行う中から知を抽出するもの、（2）他者が行っているアクションを観察しながら行うもの、の2種類があって多少取り扱い方は異なるが、いずれにせよ現場との密接な関与が必要となってくる。

　アクションリサーチを行う場合の最大の課題は状況の進展に伴いながら、現場が変化していくことだ。現場では問題解決に向けてさまざまな施策が状況の展開に合わせて実施されている。ある施策がうまくいっていない時には施策が変更されることも多い。その中で、特定のソリューションの効果について検証を進めていく作業は容易ではない。また、観察対象も時間の経過とともに変化していき、試験管内での実験のようには観察対象のコントロールができない。研究目的のために施策の実施を遅らせたり、観察対象の人を交代させたりすることもできないので、研究者としてはノイズを受け入れるしかない。

　変化する環境の中で、アクションの目的自体が変化していくという現象も

覚悟しなくてはならない。ソリューションを求める社会や組織のニーズは常に変化している。というのも特定のソリューションのマイナスの帰結を認識した社会が目標そのものを書き換えていくからだ。ソリューション構築はそのようなことを前提としながらダイナミックにニーズに応えるものでなくてはならない（Checkland and Scholes 1990）。

　観察対象の事例が少なくなる（多くの場合は一つだけ）、というのもアクションリサーチのいま一つの制約である。多くの研究対象からデータをとって統計的な処理をするなどの手法がとりにくく（サイトによっては可能だが）、エビデンスとしての堅牢さや外的妥当性について疑問が生じやすい研究になってしまうことも現実的には悩みの種となる。

　このように多くの問題がありながらも総合政策学にとってやはりアクションリサーチが重要なのは、それが新たに持ち上がった課題に対するソリューションを発見し、社会に広げることを可能にするからだ。課題が存在する現場に出かけ、現場に存在する「問題」を概念的に定式化し、一般化可能な形でソリューションを設計し、適用、評価していく。そのソリューションの外的妥当性はソリューションを他の現場に持ち込んでアクションリサーチを行うことによって検証される。ソリューションの設計思想は新たな発見に応じて進化していく。

　実際にアクションリサーチを実施していく際には、短いサイクルで仮説構築と実験を繰り返しながら、より妥当性の高い知見を生み出す作業をしていくことになる。すなわち、日々の現場におけるアクション（ソリューション適用）について、都度仮説を持ち、介入前と介入後のデータを収集しながら、各回微妙に異なるソリューションの効果を検証し続ける。これによって Yin（2013）が事例研究を行う場合の手法として紹介している、時系列的な分析や、同一サイトの中における複数事例比較、さらにはトライアンギュレーションなどの手法が使えるようになる。そしてソリューションがどのような効果を持ったか、そしてソリューションを構築する上で採用した因果関係のフレームワークが妥当であったかなどを複眼的に検証していくことが可能となる。目的とするところは、他所でソリューションを適用することを念頭に、ソリューションの有効性の検証をより厳格に行っていくこととなる。

アクションリサーチを行う場合に注意すべきこととして、確証バイアスの排除を挙げておきたい。確証バイアスはどんなリサーチを行う場合でも注意しなければならないポイントであるが、アクションリサーチの場合には、研究者自身がアクションの実施者であったり、実施者と近しい関係になったりすることが多い。必然的な帰結としてアクションの成功を願うことになり、その成果を肯定的に受け止めがちとなる。確証バイアスが生まれやすい環境である。その排除のためにはまず何よりも研究者自体が確証バイアスの存在を意識し続け、計測上の偏りや強引な結論づけを行っていないかを確認していくことが重要であって、どのような確認を行ったかを報告していくことが有益である。アクションリサーチが少ない事例を扱うことが多いことを考えると、対抗仮説を多く立てて検証していく態度も重要だ。対抗仮説の妥当性が否定できない場合には潔く認めて報告をしていく姿勢を持つことで、研究の信頼性が逆に高まることを理解しておきたい。

3　アブダクション

ソリューションの設計と適用を細かいサイクルで回しながら、仮説を進化させていく手法をアブダクションの系譜で位置づけることができる（米盛2007）。チャールズ・サンダース・パース（Charles Sanders Peirce）によって初めて提唱されたとされている推論の方法は演繹的推論（deduction）、帰納的推論（induction）に続く第三の推論の方法とされている。帰納的推論では天動説的な結論に陥る可能性がある一方で演繹的な推論は特定の理論パラダイムの拘束が強すぎて、既存理論体系では定式化できない問題を解く挑戦から研究者を遠ざけてしまう問題が発生する。演繹的推論と帰納的推論を組み合わせることで、新しい知の創造を厳格な検証のもとに行っていこうというのがアブダクションの考え方ということになる。典型的には次のような手順を踏むものとなる。

① 現場にソリューションを持ち込むことを構想する際にその時点で知りえているさまざまな関連知見を検討する
② ①の理論的な知見を演繹的に展開してソリューションを実施する際に

図 1-2　総合政策学におけるアブダクションの論理

検証する仮説を構築する

③ ソリューションを現場に適用し、仮説の検証を行う。ただし、サンプル数が少ないために統計的な検証とは位置づけられず、事例研究による追試の結果という位置づけになる（Yin 2013）。

④ ソリューションがもたらした帰結を帰納的に分析し、想定外の結果が出たものについては新たな仮説を構築し、ソリューションを用意した上で再度フィールドで検証する

⑤ ①〜④を繰り返すことで、より確かさの高い知識を創出する

　アブダクションは思想的に異なる背景を持つ方法論の組み合わせであることから、演繹的方法論を重視する論者からも、帰納的な知識創造を重視する論者からも亜流扱いされることが多いが、それが人間が現実的に知識を発見したり理論を構築したりする上での思考パターンに近く、厳格な研究方法論として発達させていくことが望ましい。この流れの追い風になっているのが近年の AI の進化である。アブダクションのプロセスを AI の学習のアルゴリズムとすることによって AI の判断の精度を高める取り組みも現実に進んでいる。今後、現実的にコンピュータの力を活用しながら新しい知識を発見する方法論として発達していくことだろう。

Ⅲ 厳格さのある総合政策学を目指して──博士論文の指針

　以上のような議論を経て政策 COE で最終的なアウトプットとして博士論文の指針をとりまとめた（表 1-1）（國領 2008）。経済学でも、経営学でも、法学でも、国際政治学でもない問題発見・問題解決の学府としての研究のあり方を定義した文書となっている。これをとりまとめる上で論争があった点をいくつか注釈しておくことで理解が深まると思うので、最後に指針を紹介しつつ、どのあたりが議論の対象になったかを紹介していこう。

　まず議論の的となったのは「認識科学」を行う博士論文の扱いである。社会科学の全ての分野において、設計科学を目指して問題解決をデザインし、実行して評価するというところまでもっていくのは容易なことではない。国際関係など実験することが非現実的である分野もある。そこで本指針では「社会的問題の発見・その性質の解析・問題解決方法の提案・その試行と結果の評価・解決方法の普及、という一連の循環が強く意識されている」ことのみ要求し、解決方法の開発と普及が「意識」されているものであれば、認識科学的なアプローチをとっている論文も前向きに評価することとした。これは従来のディシプリン型の研究を論理実証的アプローチで実施するものも含まれるということになる。

　その上で、指針は「問題の解決手法ないしプロセスに関して従来にない知見を実証実験や先駆的事例への関与を通して開発すること」を特に強調し、総合政策学を「実践知の学問」と位置づけている。実践の中からの発見を重要視することこそが総合政策学の真骨頂と言っていい。

　指針後半の論文の類例においては、（1）斬新な視点を基にした社会的問題の認識・定式化・解決方法の提示に加えて（2）特定の社会的問題の解決に対する斬新な対応方法の開発を提示している。問題解決までコミットする研究は数多くすることが難しい場合が多く単一事例の報告になる場合が多い。それを積極的に認知し、推奨しているところが注目して欲しい部分である。さらには（3）現代人間社会の認識ないし解釈の方法に関する斬新な研究手法の開発を加えて、情報技術などを用いた斬新な社会認識の方法論の開発なども推奨している。

表 1-1　政策 COE による博士論文の指針

「総合政策学」博士論文にとって
の指針（Version 1.0）

　政策・メディア研究科において、総合政策学にふさわしい研究を一層推進するとともに、そうした研究によって博士学位を取得する学生を増やしてゆく必要がある。その際、大学院生および指導教員に参考にしてもらうため、総合政策学の博士論文の性格および内容に関して下記のガイドラインを設けることとしたい。

1.　論文の基本的性格

　総合政策学は、情報技術革新の広範かつ深い影響やヒューマンセキュリティ（人間安全保障）という視点の必要性などによって特徴づけられる現代社会を対象とし、そこにおける様々な問題を把握、分析するだけではなく、そうした問題を解決してゆくことを基本的動機とする新しい学問である。

　そこではとくに次の 3 点が重視される：(1) 社会的問題の発見・その性質の解析・問題解決方法の提案・その試行と結果の評価・解決方法の普及、という一連の循環が強く意識されていること、(2) 従来の学問領域を柔軟に活用するもののそれにとらわれない発想をすること、(3) とくに問題の解決手法ないしプロセスに関して従来にない知見を実証実験や先駆的事例への関与を通して開発すること。したがって、総合政策学は「実践知の学問」という性格をもつことになる。

　博士論文では、上記の要素をすべて均等に満たす必要はなくいずれかの側面に重点が置かれていればよいが、いずれの場合でも研究の動機、内容、帰結において「問題発見・解決」という意識が中核にある点が最大の特徴になる。なお、こうした研究の詳細は、大江守之・岡部光明・梅垣理郎（編）『総合政策学：問題発見・解決の方法と実践』（慶應義塾大学出版会）を参照されたい。

2.　論文の具体的類例

　総合政策学の博士論文においては、標準的には次に挙げる 3 つのタイプのいずれか（またはその組みあわせ）の性格を持つことが期待され、またそのことが論文の冒頭（序章など）で明示的かつ説得的に記述することが望まれる。

(1)　斬新な視点を基にした社会的問題の認識・定式化・解決方法の提示［学問分野横断］
　　既存の学問分野の成果を横断的・独創的に活用することによって、解決が求められる重要な社会的問題を新しい視点から体系的に認識し、その解決にとって新しい知見を提示した論文。

(2)　特定の社会的問題の解決に対する斬新な対応方法の開発［仕組開発／実践の論理化］

社会的問題を解決する場合、単に公共政策を援用するだけでなく、多様なアクター（NPO等）が関与する効果的かつ一般適用性のある仕組みをフィールドワークや実証実験を通して開発した論文、あるいはそうした実践から得られる知見を論理化した論文など。

(3) 現代人間社会の認識ないし解釈の方法に関する斬新な研究手法の開発［研究手法開発］
とりわけ情報通信技術革新の成果およびインターネットを効果的に活用しつつ、独創的な研究手法を開発するとともにその有用性を示した論文。

以上

このような注釈を読んでいただくと、この指針が片側で多様な研究を許容しようとしつつ、総合政策学のアイデンティティを確立するために明確な思想を持っていることがご理解いただけるだろう。ディシプリン重視の従来型の研究の引力が強いことを痛切に感じつつ、総合政策学が問題発見・問題解決の学問として根付き、発展していくことを願ってやまない。

1) 正式名称は「日本・アジアにおける総合政策学先導拠点——ヒューマンセキュリティの基盤的研究を通じて」。

参考文献
石川忠雄（1983）「式辞」『三田評論創立 125 年記念誌』。
クーン、トーマス（1971）『科学革命の構造』みすず書房。
古賀広志（2019）「デザインサイエンス研究の系譜と課題」『日本情報経営学会誌』38（4）、36–56。
國領二郎（1999）『オープンアーキテクチャ戦略』ダイヤモンド社。
國領二郎（2008）「政策 COE の軌跡と意義」『KEIO SFC JOURNAL』Vol.8, No.1。
櫻井美穂子・國領二郎（2022）『ソシオテクニカル経営』日経 BP 社。
神保謙（2011）『アジア太平洋の安全保障アーキテクチャ—地域安全保障の三層構造』日本評論社。
日本科学技術振興機構（2022）「HITE X ERATO」https://www.jst.go.jp/ristex/hite/topics/img/hite_erato_2022.pdf（last accessed August 20, 2020）。
ハイエク、フリードリッヒ（1986）『市場・知識・自由—自由主義の経済思想』ミネルヴァ書房。
深谷昌弘編（2008）『ソシオセマンティクスを創る—IT・ウェブ社会から読み解く人々の意味世界』慶應義塾大学出版会。
松尾陽編（2017）『アーキテクチャと法—法学のアーキテクチュアルな転回？』弘文堂。

吉川弘之・内藤耕（2003）『第 2 種基礎研究—実用化につながる研究開発の新しい考え方』日経 BP 社。

吉田民人（1999）「21 世紀の科学—大文字の第 2 次科学革命」『組織科学』Vol.32, No.3、4–26。

米盛裕（2007）『アブダクション—仮説と発見の論理』勁草書房。

Bostrom, R. P. and J. S. Heinen（1977）"MIS Problems and Failures: A Socio-Technical Perspective Part I: The Causes," *MIS Quarterly* 1 (3), 17–32.

Checkland, P. and J. Scholes（1990）*Soft Systems Methodology in Action*, Chichester, West Sussex, England: Wiley.

Hevner, A. R., et al.（2004）"Design Science in Information Systems Research," *MIS Quarterly* 28 (1), 75–105.

Lewin, K.（1946）"Action Research and Minority Problems," *Journal of Sociology* 2 (4), 34–36.

Simon, H. A.（1996）*The Sciences of the Artificial*, Cambridge, Massachusetts: MIT Press.

Yin, R. K.（2013）*Case Study Research: Design and Methods*, Los Angeles: SAGE Publications.

第2章 新しい方法、新しい学問、そして、未来をつくる
創造実践学の創造

井庭　崇

はじめに——ナチュラルにクリエイティブに生きる創造社会に向けて

　僕が探究しているテーマは、「ナチュラルにクリエイティブに生きる」ということである。それは個人としてどう暮らし、どう生きていくのかということであるし、また、組織として、社会として、そのような生き方をどのように実現していくのかという話にもつながる。

　これからの社会を、僕は「創造社会」だと考えている（図 2–1）。いろいろな物やあり方を自分でつくる社会。既成の物事をただ受け入れるのでなく、自分たちでつくることができる時代。そこでは、人々は一人ひとりが持っている自然な創造性（ナチュラル・クリエイティビティ）を発揮する。そのような社会を、僕は「創造社会」と呼んできた（井庭 2009；井庭・古川園 2013；井庭編著 2019；井庭 2021；市川・井庭 2022）。

　創造社会は、誰もが創造的になる時代であるが、そうならなければ暮らしや社会が成り立たないというシビアな面もある。人類は今、地球環境問題や、民主主義の限界・資本主義のもたらす副作用など、解決不能とも思われる難問をはじめとして、山積みになった問題・課題に直面している。しかも、現代は自由と多様性が認められ尊重されるため、以前のような画一的なソリューションによって問題が解決されるということも起きにくい。ただ待っていても、問題を一挙に解決してくれるようなスーパー・ヒーローは現れない。求められているのは、それぞれの現場でそれぞれの人たちが自分たちなりに知恵を絞り、問題を解決し、新しいやり方やあり方をつくっていくことである。創造社会とは、万人が創造的になる社会であるとともに、万人に創造的

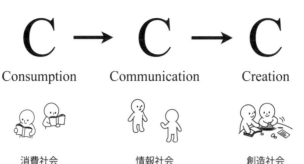

消費社会　　　　　情報社会　　　　　創造社会
図 2-1　消費社会から情報社会、そして創造社会へ

であることが求められる社会でもあるのだ。

　そのような「創造社会」というとき、僕が惹かれるのは、自然とともに生きる暮らし・社会である。そこで、「ナチュラルにクリエイティブに生きる」というフレーズを掲げ、その方向に向かう流れを促進したいと思い、研究に取り組んでいる。「未来を予測する最善の方法は、自ら未来をつくるということである」——これは、パーソナル・コンピュータの父と呼ばれるアラン・ケイがかつて述べた有名なフレーズであるが、僕は「ナチュラルにクリエイティブに生きる創造社会」の実現に向けた研究に取り組んでいる。

　本章では、そのような研究について紹介していく。それは、新しい方法をつくること、新しい学問をつくることをも必要とする、知的で創造的で冒険的な営みの話である。ぜひ、フロンティアを切り拓くひとつの事例として、読んでいただければと思う。

Ｉ　実践の経験則・コツ・型を言語化するパターン・ランゲージ

　「ナチュラルにクリエイティブに生きる」ことは、どうしたら実現できるだろうか？　その問いに答えるには、暮らしや社会的な活動のそれぞれの実践領域ごとに考える必要があると僕は考えている。そこで、学び、仕事、子育て、介護、人生設計などのそれぞれの実践において、「ナチュラルにクリエイティブに生きる」ことの内実を明らかにし、それを「パターン・ランゲ

ージ」というかたちで表現し、実践したい人たちに届け支援するという研究に取り組んでいる。「パターン・ランゲージ」という言葉は聞き慣れないと思うので、まずはその紹介から始めることにしたい。

　パターン・ランゲージは、よい結果を生み出すための実践の本質を捉え、言葉にしたものである。本質という言い方では少し抽象的でわかりにくいかもしれないので、ここでは、「経験則」、「コツ」、「型」という3つの言葉に言い換えて説明しよう。

　人は何かを実践すると、その過程と結果を体験し、それがひとつの経験となる。その経験をふりかえることで、その実践について学ぶ。何度も似たような経験をするなかで、そこに潜む状況と行為と結果の関係についてつかむ。そうやってつかんだ自分なりの法則性が「経験則」だ。パターン・ランゲージは、そのような実践の「経験則」を捉え、明示的に共有できるように言語化したものである。

　実践の「経験則」を得るということは、別の言い方で言うならば、「コツ」をつかむということだ。スポーツや音楽、仕事などの実践において、コツがあると感じたことがある人は多いだろう。料理にも、読書の仕方にも、イラストの描き方にも、教え方にもコツがある。コツがわかればうまくできるが、わからないとうまくできない。

　実は、この「コツ」という言葉は、語源的には「骨」と書く。つまり、実践のコツとは、実践の骨なのである。骨の意義は、人間の身体で考えるとわかりやすい。もし身体に骨がなく、肉と皮膚しかないとすると、グニャグニャになり成り立たないだろう。骨は、しっかり成り立たせるための、内側から支える軸なのである。パターン・ランゲージは、実践のコツ＝骨を特定し、それを言語化する。そうすることで、実践を内側から支えるとともに、外から見ることができないコツ＝骨についての認識や言及が可能になる。

　この「経験則」や「コツ」を、芸道や武道の世界の言葉で言うと、「型」ということになる。それは、「叡智の表現・伝達方法としての型」（大庭 2021, 6）であり、修得や継承と関わる。そのような意味での「型」を適切に理解するためには、まず、「型」と「形」の違いを理解することが重要である。能の稽古の思想について研究する西平直は、次のように言う。

実践には「型」がある

能などの芸道で言う「型」は、生成の途中段階で束ね、整えることで、質の高い技・表現を成り立たせる。

生成の型
generative pattern

一定の質が満たされているが、結果は多様

生成の型

生成の
途中段階

多様な生み出し方に共通する
（いつも踏まえるべき）不変の押さえどころ

「型にはまる」「型にはめる」というときは、最終的な形（結果）を固定する「鋳型」が想定されている。

複製の鋳型
reproductive template

（ほぼ）同じ形状のものができる

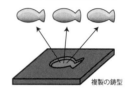

複製の鋳型

（ほぼ）同じ形状のものを繰り返し製造する
ための不変で強固な枠・鋳型

実践の「型」（パターン）を「言語」（ランゲージ）化し、
共有して、他の人たちがそれを身につけやすくする

パターン・ランゲージ

図2-2　実践の「生成の型」を言語化するパターン・ランゲージ

　「型」は「形」から区別される。形は具体的である。……型と形は、存在の位相が異なる。型は、多様な現われ方をしている形の集積から、それに先立つ原理として抽出される。……形から型が取り出され、型から形が生じる。（西平 2020, 108）

　なお、「型」という言葉を聞くと、「型にはまる」とか「型にはめる」というようなイメージが湧く人もいるだろう。しかし、そういうときの型は、いわば「複製の鋳型」（reproductive template）と呼び得るものである。それは、例えば「たい焼き」のテンプレートのようなものであり、同じ形をいくつも製造するために用いられる。これに対して、芸道や武道で言うところの「型」は、生成過程における「押さえどころ」を体得するためのものであり、最終的な形を固定するものではない。それは、言うなれば「生成の型」（generative

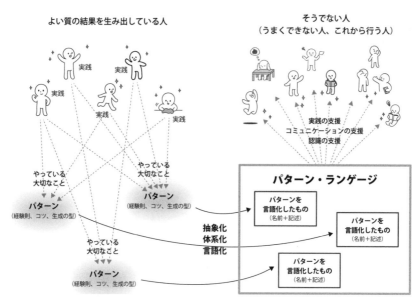

図 2-3　よい質の実践をしている人からそうでない人へ

pattern）と呼び得るものである（図 2-2）。西平は、「能の『型』は固定的な鋳型ではない。流れを可能にする土台である」（西平 2020, 97）と言い、次のように説明する。

> 　型が身についた場合、内側から湧きおこる勢いに「のる」ことができる。逆に、型がない場合、身体から湧きおこる勢いに振り回されてしまう。内側からやってくる奔放な勢いを身体が支えることができず、生かすことができない。そう分かってみれば、型は、その最初から、内側から湧きおこる勢いに「のる」ための、最も適切なからだの理_{ことわり}であったことになる。（西平 2020, 103）

　このような「生成の型」を習得すると、自分の内から湧いてくる自然な勢いにのりながらも、きちんと押さえどころを踏まえた振る舞いをすることができる。そのような「生成の型」を実践のなかに見出し、それに言葉を与え

たものが、パターン・ランゲージである。

　以上のように、パターン・ランゲージとは、ある実践領域におけるよい実践の「経験則」「コツ」「型」を言語化したものなのである。なぜそのようなものをつくるかというと、それは、実践しようとしている人々を支援するとともに、実践について語り合うことを支え、促すためである。

　パターン・ランゲージをつくる研究では、すでにうまく実践している一部の人たちの実践を研究し、その「経験則」「コツ」「型」を、うまく実践できていない人やこれから実践する人に配る（図2-3）。それゆえ、それは、ポジティブな逸脱をする人の行為（ポジティブ・デビアンス，Positive Deviance）の研究と捉えることもできる（Pascale et al. 2010 = 2021；神馬 2013）。

II　パターン・ランゲージの例

　パターン・ランゲージとは何かを概観してきたが、少し具体例を紹介しておこう。プレゼンテーションのパターン・ランゲージである『プレゼンテーション・パターン』（井庭・井庭研究室 2013）では、魅力的なプレゼンテーションを行うためのコツが34個のパターンにまとめられている。

　例えば、《メイン・メッセージ》を明確にするとか、説明の羅列ではなく、語るように《ストーリーテリング》する、そして、聴き手が理解しやすいように喩えを用いて《イメージの架け橋》をかけるなどがある（図2-4）。もう少し高度なものもある。すべてを伝えるのではなく、うまく《スキマをつくる》とか、聴き手が能動的に参加できる《参加の場づくり》をする、ほかにも、日頃から即興のためのレパートリーを充実させておき、本番で《即興のデザイン》をしながら語る、というようなパターンだ。

　僕らがつくるパターン・ランゲージは、たいてい30〜40個くらいのパターンの体系として作成される。経験上、そのくらいの数であれば、その領域の実践における多様な面を捉えながらも、全体が把握可能な規模になる。そのなかには、基本的なものもあれば、高度なものも含まれており、人によって、どのパターンを実践したことがあるかは異なっている。

　このプレゼンテーション・パターンは、小学校、中学校、高校、大学、大

メインメッセージ

あなたが聴き手に最も届けたい
メッセージは何だろうか？

自分が聴き手に最も伝えるべきメッセージを一つに絞り、それを核としてプレゼンテーションを構成する。

ストーリーテリング

語り部として魅力的に語る。

メッセージが魅力的に伝わり心を動かすことができるストーリーラインを考え、それに従ってプレゼンテーションを構成する。

イメージの架け橋

「たとえ」をつかってわかりやすく。

喩えや具体例を交えて、聴き手が理解しやすいように表現する。

スキマをつくる

意味のある省略をする。

すべてを詳細に伝えるのではなく、聴き手が自分で想像しうる余地をつくるように工夫する。

参加の場づくり

聴き手とともにつくり上げる
プレゼンテーション。

聴き手がただ受け身になるのではなく、能動的に参加できる場面や仕掛けをつくる。

即興のデザイン

「即興」と「行き当たりばったり」は
まったく違う。

日頃から即興のためのレパートリーを充実させておき、本番でそれらを即興的に選びながらプレゼンテーションを行う。

図 2-4　プレゼンテーション・パターン・カードの例

図 2-5　プレゼンテーション・パターンの活用シーン

図2-6 認知症とともによりよく生きるための『旅のことば』のパターン・カードの例

学院など教育現場で活用されているほか、教員研修などにも活用されている（図2-5）。なお、そこで行われているパターン・ランゲージを用いた経験談を語り合う対話は、僕が生み出した新しい活用方法である（井庭 2014）。

　今見てきたプレゼンテーションのように繰り返し体験する実践がある一方で、人生には、繰り返し起きないけれども重大なこともある。そういう実践においては特に、パターン・ランゲージは導きの光となる。そのような例として、『旅のことば』（井庭・岡田編著 2015）を紹介したい。これは、認知症のご本人とご家族がどのように「認知症とともに生きる」暮らしをよりよくしていくことができるかのコツをまとめたパターン・ランゲージである。

　例えば、初めての人に会い自己紹介をするときに、自分のことなのに忘れてうまく言うことができないという経験をすると、そのショックで、それ以降、人に会う場に行きたくなくなるということが起きやすいので、そうならないように、《自己紹介グッズ》を持つとよい、というパターンがある。ほかにも、物忘れやできなくなったことばかりに意識が行きやすいので、そうではなく、今の自分に「できること」を《できることリスト》として書き出

74

図2-7 『旅のことば』の活用シーン

してみると、「自分にできることはまだまだ多い」と気づき、日々をポジティブに過ごせるようになるというパターンもある（図2-6）。

　これらのコツは、自分で試しながら発見することはなかなか難しい。その発見に至る前に、人に会うのが嫌になったり、外に出ることができなくなり家にずっといることになったりしてしまうことも多い。それゆえパターン・ランゲージのような方法で、うまく実践している人の知恵・発想を共有することが重要になるのである。

　『旅のことば』は、高齢者施設での暮らしをよりよいものにしていくために用いられたり、認知症カフェや家族会で、ご本人やご家族が経験談を語り合って学び合うために活かされたり、自治体の職員や地域のサポーターの連携のための話し合いで活用されたりと、全国各地で用いられている（井庭2019）（図2-7）。また、神奈川県川崎市では、認知症ケアパスである「認知症アクションガイドブック」に『旅のことば』の内容が転載され、認知症と診断された方へのメッセージとして用いられている。海外でも、繁体字の中国語に翻訳出版されて香港・台湾で読まれているほか、英語版書籍がイギリスの新聞で大きく取り上げられたことから[1]、広くイギリスやEUでも読まれている。

　ほかにも、学び、対話（井庭・長井 2018）、コラボレーション、読書、教

育、進路選択、作曲、企画（井庭・梶原 2016）、おもてなし（井庭・中川 2019）、高齢者ケア（金子・井庭 2022）、保育園などの運営（井庭・秋田編著 2019）、防災、料理、子育てと仕事の両立、テレワークなど、80 種類以上、計 2,400 パターン以上のパターン・ランゲージをつくっており、それぞれの領域で実践のヒントや対話の支援ツールとして用いられている[2]。探究学習のためのパターン・ランゲージである「探究 PL カード」（探究パターン・カード―創造的な探究のためのパターン・ランゲージ）は、共同開発パートナーである株式会社ベネッセコーポレーションによって「探究」の授業の教材の一部として提供され、これまでに 10 万人を超える高校生が手にしている。ほかにもまた、2022 年にデジタル庁が発表した「デジタルを活用する未来に向けて」[3] も、デジタル社会のよい実践についてのパターン・ランゲージであり、その作成も僕らが手掛けている。

　物事の本質を言語化してパターン・ランゲージのかたちでまとめるということ自体は、僕が考え出したものではない。それは、もともとは 1970 年代に、建築の分野で考案されたものだ。よい町や建物の設計に潜むパターンを言語化するものとして生み出された（Alexander et al. 1977 = 1984; Alexander 1979 = 1993）。その後、1980 年代後半に、ソフトウェア開発の分野に応用され、よいソフトウェアの設計に潜むパターンを言語化する方法として、広く普及した（Beck and Cunningham 1987; Gamma et al. 1994 = 1999）。その後、国際カンファレンスも毎年開催され、論文や書籍もたくさん出版された。そのような流れのなかで、よい教え方や、組織へのアイデアのよい導入の仕方についてのパターン・ランゲージをつくる人たちが出てきた（Pedagogical Patterns Editorial Board 2012; Manns and Rising 2005 = 2014）。

　僕は 2002 年に自分でパターン・ランゲージの作成を試み、その後、創造的な学びのパターン・ランゲージである「ラーニング・パターン」や、「プレゼンテーション・パターン」、「コラボレーション・パターン」をつくった。その頃に、「人間行為のパターン・ランゲージ」という新しいジャンルの展開であると自覚し、そう提唱するようになった（井庭 2011：井庭・古川園 2013）。そのなかで、「新しい方法をつくる」ということにもいろいろ取り組んできた。ここからは、そのことについて語っていくことにしたい。

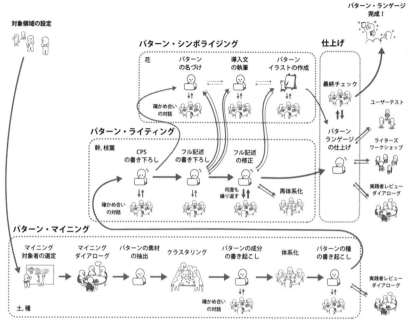

図2-8 井庭研究室で開発・洗練してきたパターン・ランゲージの作成プロセス

Ⅲ　パターン・ランゲージのつくり方──新しい方法をつくる

　僕らがパターン・ランゲージをつくり始めた頃、パターン・ランゲージの
作成方法については、明示的にほとんど語られていなかった。そのようなわ
けで、自分たちでパターン・ランゲージをつくったときに、僕は・つ・く・り・方・を・
・つ・く・る必要性に直面した。こうして、作成方法を考えながら実際にそれを遂
行し、僕らなりの作成方法の雛形をつくった。それ以降約 20 年間、井庭研
でのパターン・ランゲージ作成の実践のなかで、その方法を洗練させてきた
（Iba and Isaku 2012; Iba and Isaku 2016）。

　僕らが編み出したパターン・ランゲージ作成方法の全体像は、図 2-8 のよ
うになっている。まず最初に行うのは、パターンの要素となる情報を得て、
それをとりまとめるパターン・マイニングである。「マイニング」（mining）
というのは「掘り起こす」ということであり、ここで掘り起こすのは、もち

ろん物理的な鉱石や原油ではなく、パターンを作成するための「パターンの素材」（Pattern Material）である。パターンの素材は、実践者との対話を通じて掘り下げ、語りから掘り起こしていく。この掘り起こしのための対話を「マイニング・ダイアローグ」という。実践者に、その実践において、よい結果を生むために「何をすることが大切か」（what）について明らかにし、またそれに関連して、それは「具体的にはどうやるとよいのか」（how）や「それはなぜ大切なのか」（why）についても聞いていく。

　たいてい 15 人とか 20 人程度の実践者に話を聞き、数百個のパターンの素材を得ることになる。これらの素材は、種類もサイズもばらばらな寄せ集めになっている。そこで、一つひとつの素材の本質的な意味をつかみながら、似ているものを寄せていき、似たもの同士のグループ分けをしていく。この「クラスタリング」の結果、素材のまとまりができる。それが「パターンの成分」（Pattern Ingredient）となる。このとき、だいたい数十から百程度になることが多い。

　次に、ランゲージ全体の体系を編み上げる。パターンの成分を眺めて、どのようなものがあるのかを概観したのちに、視点を変え、全体から分化させるように全体像を捉え、必要に応じて複数の成分を合成したりして、数の調整も行う。この「体系化」の結果、要素がだいたい 30 から 40 程度の数になるようにまとめていく。こうして得られた体系の要素を、僕らは「パターンの種」（Pattern Seed）と呼んでいる。

　そこから、「パターンの種」を育てていくことになるのであるが、まず最初にやることとしては、それぞれのパターンの種について、「どういう状況（Context）で、どういう問題（Problem）が生じやすく、そうならないためにどうするとよいのか（解決：Solution）」という形式でその本質を捉えて記述することだ。この文章を、Context、Problem、Solution の頭文字を取って、「CPS」文と呼んでいる。CPS 文は、その「パターンの幹」（Pattern Trunk）である。CPS 文は、プロジェクトのメンバーで何度も確かめ合いの対話を行い、みんなで確認し、納得がいく記述になるまで、必要な修正を行っていく。

　その後、CPS 文の幹に説明の「枝葉」（Branches & Leaves）をつける段階に入る。「その問題が生じるのは、背後にどのような諸力（フォース：Forces）が

働いているからか」や、「その解決は、具体的には例えばどうやるとよいのか（ア・ク・シ・ョ・ン：Actions）」、また、「それをするとどういう結・果・（Consequences）になるのか」を明らかにし、記述していく。こうして、パターン記述の全文が揃うことになる。これらの記述も、何度も何度もプロジェクトメンバーで確かめ合いの対話を行い、本質が記述できているか、わかりやすい誤解のない表現になっているかなどを検討して、洗練させていく。そして、仕上げの段階で、実践者にそれを見せて「内容が合っているか」や、「表現が実際の感覚に近いかどうか」などを確かめ、記述を確かなものにしていく。

　このパターン・ライティングの後半から並行して走らせるのが、パターン・シンボライジングである。パターンの内容のイメージをつかみやすく、かつ魅力的に伝わるよう象徴的に表現するのだ。具体的には、パターンの名前（パターン名）をつけ、そのパターンの内容のイメージを伝えるイラストを描き、パターンの記述を読みたくなるキャッチコピーのような導入文を書く。これらパターン・イラストや導入文というのは、僕らがやり始めて広がりつつある表現方法である。

　魅力的に象徴的に表現するということで、パターン・シンボライジングで取り組むのは、木々に「花」（Flower）を咲かせるということになる。一つひとつの異なる木に異なる花を咲かせていく。それらには統一感はあるが、個々には個性があるような花を咲かせる。人々は、その花の魅力に惹かれて、一つひとつの木に近づいてくれることになる。

　こうして、一つのパターン・ランゲージが完成する。パターンの種だったものが、幹と枝葉と花からなる一本の「樹木」（Tree）となり、それらがたくさん集まり、「森」（Forest）になる。パターン・ランゲージの読者は、その森とともに生き、それぞれの実践の「果実」（fruit：成果）を得ることになる。

　パターン・ランゲージの作成では、絶えず、よい実践の本質を探究している。そこで行われていることは、現象学の哲学でいう「本質観取」であるということが、最近わかってきた。現象学は、哲学者エトムント・フッサール（Edmund Husserl）によって創始された本質学としての哲学であり、哲学の歴史において根源的な影響を及ぼしたものである（Husserl 1948＝1999；小林・西編著 2015）。紙幅の都合でここでは詳しく踏み込むことはできないが、本

質観取とは何かについては井庭（2022）で論じたので、参照してほしい。

　以上のように、井庭研究室では、これまで20年ほど、パターン・ランゲージの作成方法を開発し実践しながら洗練させてきた。その方法は、国内外の研究者たちによって用いられるようになり、その成果が出始めている。例えば、O'Reilly から出版された Reznik et al.（2019）の書籍『Cloud Native Transformation: Practical Patterns for Innovation』では、その本に掲載されているパターン・ランゲージが僕らの方法に基づいて作成されたことが述べられ、僕の論文から文や図が引用されている。また、*The Economist* から出版された書籍『Designing Organisations』（Stanford 2022）や、『Pattern Language for Game Design』（Barney 2020）でも紹介・言及されている。国内でも、ほかの研究者たちによる成果がジャーナル論文として発表されるようになってきた（赤坂・中谷 2020；長田 2021；寺村ほか 2019）。さらに、オランダで開催された教育のパターン・ランゲージのワークショップでは、僕らの方法に則って、パターン・ランゲージの作成が行われている（Bergin et al. 2015）。現在僕は、僕らの方法について詳しく紹介する書籍を執筆中であり、それが出版されれば、さらに多くの人たちが、パターン・ランゲージの作成に取り組み始められるようになると期待している。

IV　創造実践学──新しい学問をつくる

　このような展開のなかで、僕らが取り組んでいる研究は一体どんな学問領域なのだろうか？　という疑問が自分たちのなかで湧き、また、しばしば周囲からも尋ねられた。既存の学問分野にはどうも収まらないのだ。しかも、世界中を見渡しても、僕らのようにパターン・ランゲージそのものを研究している研究者はほとんどいない。多くの場合、建築の分野の人がパターン・ランゲージで表現するか、ソフトウェアの分野の人が表現方法としてパターン・ランゲージの形式を採用するというように、パターン・ランゲージは手段であり、そのものが研究対象になってはいないのだ。

　こうして僕は、自分たちが取り組んでいる学問を新たにつくるしかないと考えるようになった。そして、それを「創造実践学」（Studies on Creative Practice）と名づけ、立ち上げることにした。創造的な実践について研究する学問分野、それが創造実践学である。創造的思考について考えるのではなく、何でも実践について研究するというのでもなく、創造的な実践について研究するわけだ。

その創造実践学の主力となる方法は、パターン・ランゲージである。それぞれの領域での創造的なよい実践を研究し、それを言語化する。そして、それを用いて、人々の支援をする。このように、創造実践学は、現在の問題や課題を解決する実学的な学問である。それだけでなく、パターン・ランゲージをつくるということは、未来をつくることになる。それがどういうことかを語って本章を締め括りたいと思う。

おわりに——未来をつくる

これまで僕らは、いろいろな領域でパターン・ランゲージをつくる研究を行い、その成果（作品や論文）を生み出してきただけでなく、そのつくり方も研究してきた。僕らの方法に基づく論文や本はすでに紹介したが、それ以外にも、いろいろな企業や自治体でもパターン・ランゲージの作成・活用が始まっている。例えば、環境省のSDGsに関するもの、川崎市による障害者雇用や福祉製品サービス、高齢者施設に関するもの、川崎市幸区の地域内のつながりに関するもの、独立行政法人 情報処理推進機構（IPA）によるトランスフォーメーションや大人の学びに関するもの、一般社団法人 日本情報システム・ユーザー協会のウェル・ビーイングに関するもの、一般財団法人 地域・教育魅力化プラットフォームによる地域に開かれた学校に関するもの、ウィルソン・ラーニングワイド株式会社と越境リーダーシッププロジェクトによる越境リーダーや価値創造イネーブラーに関するもの、株式会社ベネッセスタイルケアによる高齢者ホームの環境創造や保育実践、認知症ケア実践に関するもの、サイボウズ株式会社による継続的な業務改善に関するもの、日本貿易振興機構（JETRO）によるアジア・イノベーション創造実践に関するもの、東京都と東京都立大学による外国人材との協働コミュニティに関するものなどがある。

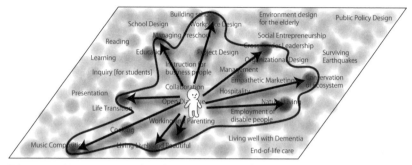

図2-9　パターン・ランゲージによって、さまざまな領域で実践を始めることの
自由度が上がる

　こんなふうにパターン・ランゲージをつくるということがどんどん広まれ
ば、今まで以上にありとあらゆる分野でパターン・ランゲージがつくられ提
供される未来が来るだろう。パターン・ランゲージは、一人ひとりが自分ら
しく自然な創造性を発揮する創造社会のソフトな社会インフラになる（図2-
9）。情報社会がインターネットをインフラとして発展したように、創造社会
ではパターン・ランゲージがインフラとなり、人々が創造的な実践を始める
自由度を上げる支えとなる。

　そのような社会は、「プラグマティズム型民主主義」と言われるものを実
現することになると、僕は考えている。政治学者の宇野重規は著書『民主主
義のつくり方』や『未来をはじめる』において、プラグマティズムの哲学者
のジョン・デューイに注目し、彼の「民主主義とは一人ひとりが実験してい
ける社会のこと」（宇野 2018, 246）だという考えを紹介した。そして「各個
人がそれぞれの人生をかけて、自分の思いを試して」（宇野 2018, 246）みて、
それが社会的に共有されていくという民主主義理解を提示した。

　　　人々は行動の必要にかられて判断し、事後的にその根拠を探る。その
　　ような行動が繰り返され、やがてパターン化していくことで習慣が形成
　　される。もちろん、習慣といっても、人々が正確に同じ行動をするわけ
　　ではない。……とはいえ、多様な経験を繰り返すことで、人々は習慣を

形成し、そのような習慣は最終的には一つの規範の周辺に集まってくる。多くの人が納得し、意味があると思う習慣のみが生き残っていくからである。（宇野 2013, 22-23）

　社会全体としてみれば、習慣とは人と人とをつなぐメディアであり、多様な場所で行われた実験の結果を集積することで、変革への梃子となっていく社会的装置である。人々の信念がそれと自覚されることなく結びつき、結果として社会を変えていく。これはほとんど民主主義であるといってもいい。（宇野 2013, 139）

　ちなみに、その好例として宇野が取り上げるのが、SFC の卒業生の駒崎弘樹（認定 NPO 法人フローレンス会長）である。実験キャンパスで育った僕らは、まさに日々の仕事や暮らしのなかで自ら実験し、そこから得られた知見を開き、広め、プラグマティズム型民主主義の一翼を担っている。僕は、パターン・ランゲージこそがよい習慣を広める効果的なメディアであると考えている。こうして、近い将来、さまざまな分野でつくられたパターン・ランゲージは、創造社会におけるプラグマティズム型民主主義のソフトな社会インフラとなるのである。

　以上、本章では、僕が取り組んでいる研究について紹介してきた。研究というのは、既存分野のなかで取り組むだけでなく、学問分野自体を生み出してしまうような、もっと創造的で冒険的なものであっていいのではないか——僕はいつもそう思って活動してきた。そういう感覚を本章を読んでいただいたみなさんにも感じてもらえたらと思う。新しい方法をつくる、新しい学問をつくる、そして、未来をつくる——そんな大それた、でもとてもワクワクする活動に、僕は日々コツコツと取り組んでいる。僕の挑戦はまだ先が長いし、これからも全力でがんばっていくけれども、みなさんもそれぞれの立ち位置から、新しい世界の可能性を開拓していっていただければと思う。本章が、そんな創造的な人生に向けたひとつのエールになればと願っている。

1)　"How to live with dementia: New book helps transform sufferers' lives", Express, Jan 3, 2016.

2）これらの各種パターン・ランゲージについては、https://creativeshift.co.jp/products/ 参照（最終アクセス：2022 年 11 月 1 日）。

3）デジタル庁「『デジタルを活用する未来に向けて』を制作しました」https://www.digital.go.jp/news/e840c89b-67f8-4199-8250-06c55d344101/（最終アクセス：2022 年 11 月 1 日）。

参考文献

赤坂文弥・中谷桃子（2020）「Living Lab Pattern Cards and Workshop—リビングラボの実践ノウハウを共有するためのツールとワークショップの開発」『サービソロジー論文誌』4 巻 2 号、1–12。

市川力・井庭崇（2022）『ジェネレーター—学びと活動の生成』学事出版。

井庭崇（2009）「自生的秩序の形成のための《メディア》デザイン—パターン・ランゲージは何をどのように支援するのか？」10 + 1 website, LIXIL.

井庭崇（2011）「パターンランゲージ 3.0—新しい対象 × 新しい使い方 × 新しい作り方」『情報処理』第 52 巻第 9 号、1151–1156。

井庭崇（2014）「創造的な対話のメディアとしてのパターン・ランゲージ—ラーニング・パターンを事例として」『KEIO SFC JOURNAL』第 14 巻、第 1 号、82–106。

井庭崇（2019）「認知症とともによりよく生きるためのパターン・ランゲージ『旅のことば』の活用事例」『老年看護学』第 23 巻第 2 号、12–21。

井庭崇（2021）「創造社会における創造の美—柳宗悦とクリストファー・アレグザンダーを手がかりとして」『モノノメ』創刊号、198–221。

井庭崇（2022）「本質観取におけるアブダクションと質的帰納—フッサール現象学とパース論理学の接続」『本質学研究』第 11 号、26–49。

井庭崇・秋田喜代美編著、野澤祥子・天野美和子・宮田まり子（2019）『園づくりのことば—保育をつなぐミドルリーダーの秘訣』丸善出版。

井庭崇・井庭研究室（2013）『プレゼンテーション・パターン—創造を誘発する表現のヒント』慶應義塾大学出版会。

井庭崇・岡田誠編著、慶應義塾大学井庭崇研究室・認知症フレンドリージャパン・イニシアチブ（2015）『旅のことば—認知症とともによりよく生きるためのヒント』丸善出版。

井庭崇・梶原文生（2016）『プロジェクト・デザイン・パターン—企画・プロデュース・新規事業に携わる人のための企画のコツ 32』翔泳社。

井庭崇編著、鈴木寛・岩瀬直樹・今井むつみ・市川力（2019）『クリエイティブ・ラーニング—創造社会の学びと教育』慶應義塾大学出版会。

井庭崇・長井雅史（2018）『対話のことば—オープンダイアローグに学ぶ問題解消のための対話の心得』丸善出版。

井庭崇・中川敬文（2019）『おもてなしデザイン・パターン—インバウンド時代を生き抜くための「創造的おもてなし」の心得 28』翔泳社。

井庭崇編著、中埜博・江渡浩一郎・中西泰人・竹中平蔵・羽生田栄一（2013）『パター

ン・ランゲージ―創造的な未来をつくるための言語』慶應義塾大学出版会。

井庭崇・古川園智樹（2013）「創造社会を支えるメディアとしてのパターン・ランゲージ」『情報管理』第55巻第12号、865-873。

井庭崇編著、宮台真司・熊坂賢次・公文俊平（2011）『社会システム理論―不透明な社会を捉える知の技法』慶應義塾大学出版会。

宇野重規（2013）『民主主義のつくり方』筑摩書房。

宇野重規（2018）『未来をはじめる―「人と一緒にいること」の政治学』東京大学出版会。

大庭良介（2021）『「型」の再考―科学から総合学へ』京都大学学術出版会。

長田尚子（2021）「試行錯誤を享受する実践コミュニティのエスノグラフィ―PBLの経験を記述するパターン・ランゲージの開発を通じて」『ヒューマンインタフェース学会論文誌』23巻3号、287-302。

金子智紀・井庭崇（2022）『ともに生きることば――高齢者向けホームのケアと場づくりのヒント』丸善出版。

川喜田二郎（1967）『発想法―創造性開発のために』中央公論社。

小林隆児・西研編著（2015）『人間科学におけるエヴィデンスとは何か―現象学と実践をつなぐ』新曜社。

神馬征峰（2013）「行動変容のためのポジティブ・デビエンス・アプローチ」『日本健康教育学会誌』第21巻第3号、253-261。

寺村信介・安藤昌也・大塚愛子・翁長綾・桂木紫帆・下郷雅子（2019）「企業へのUXデザイン導入支援活動と課題に基づくパターン・ランゲージ」『ヒューマンインタフェース学会論文誌』第21巻第4号、335-348。

西平直（2020）『世阿弥の稽古哲学（増補新装版）』東京大学出版会。

Alexander, Christopher, Sara Ishikawa, and Murray Silverstein（1977）*A Pattern Language: Towns, Buildings, Construction*, Oxford University Press（＝1984, 平田翰那訳『パタン・ランゲージ―環境設計の手引』鹿島出版会）.

Alexander, Christopher（1979）*The Timeless Way of Building*, Oxford University Press（＝1993, 平田翰那訳『時を超えた建設の道』鹿島出版会）.

Beck, Kent and Ward Cunningham（1987）"Using Pattern Languages for Object-Oriented Programs," Conference on Object-Oriented Programming, Systems, Languages, and Applications（OOPSLA87）.

Bergin, Joe, Christian Kohls, Christian Köppe, Yishay Mor, Michael Portier, Till Schümmer, and Steven Warburton（2015）"Assessment-driven Course Design Foundational Patterns," Proceedings of the 20th European Conference on Pattern Languages of Programs, ACM, 31:1-31:13.

Berney, Christopher（2020）Pattern Language for Game Design. CRC Press.

Gamma, Erich, Ralph Johnson, Richard Helm, and John Vlissides（1994）*Design Patterns: Elements of Reusable Object-Oriented Software*, Addison-Wesley（＝1999, 本位田真一・吉田和樹監訳『オブジェクト指向における再利用のためのデザインパターン』改訂版，ソフトバンククリエイティブ）.

Husserl, E.（1948）*Erfahrug und Urteil: Untersuchungen zur Genalogie der Logik*, in German, Classen &

Goverts（＝1999, 長谷川宏訳『経験と判断（新装版）』河出書房新社）.

Iba, Takashi and Taichi Isaku（2012）"Holistic Pattern-Mining Patterns: A Pattern Language for Pattern Mining on a Holistic Approach," *Proceedings of the 19th Conference on Pattern Languages of Programs*（PLoP2012）.

Iba, Takashi and Taichi Isaku（2016）"A Pattern Language for Creating Pattern Languages: 364 Patterns for Pattern Mining, Writing, and Symbolizing," *Proceedings of the 22nd Conference on Pattern Languages of Programs*（PLoP2016）.

Manns, Mary Lynn and Linda Rising（2005）*Fearless Change: Patterns for Introducing New Ideas*, Addison-Wesley（＝2014, 川口恭伸監訳『Fearless Change ―アジャイルに効くアイデアを組織に広めるための 48 のパターン』丸善出版）.

Pascale, Richard, Jerry Sternin, and Monique Sternin（2010）*The Power of Positive Deviance: How Unlikely Innovators Solve the World's Toughest Problems*, Boston: Harvard Business Review Press（＝2021, 原田勉訳『POSITIVE DEVIANCE（ポジティブデビアンス）――学習する組織に進化する問題解決アプローチ』東洋経済新報社）.

Pedagogical Patterns Editorial Board（2012）*Pedagogical Patterns: Advice for Educators*, Joseph Bergin Software Tools.

Reznik, Pini, Jamie Dobson, and Michelle Gienow（2019）*Cloud Native Transformation: Practical Patterns for Innovation*, O'Reilly Media.

Stanford, Naomi（2022）*Designing Organisations: Why It Matters and Ways to Do It Well*, Economist Books.

第3章 数学と総合政策学

金沢　篤

はじめに

「天は人の上に人を造らず。人の下に人を造らずといへり」福沢諭吉の著作『学問のすゝめ』のこの書き出しは、天下万民皆平等を表す言葉として有名である。読み進めると「さらば賢人と愚人との別は学ぶと学ばざるとにてできるものなり」とある。重要なのはむしろこちらであり、士農工商の身分差別がなくなった時代において、学ぶことが人生の要諦だと説いている。これこそが学問をすすめる理由である。学ぶことの重要性を説いた『学問のすゝめ』は、時代背景こそ違えど、現代社会においてその深みを増してきている。実際、社会変化はますます速くなり、必要となる知識や技術も膨大になっており、我々は常に学び続ける必要がある。

　一方で、慶應義塾大学の建学の理念・精神の一つに実学主義がある。この「実学」は現在盛んに持てはやされている「すぐに役立つ知識」ではなく、「科学」を指している。実際、福沢諭吉は実学という言葉に「サイヤンス」というルビをふってその意図を明確にしている。これも時代背景を考えるとわかりやすい。社会を急速に近代化することが急務であった幕末の動乱期に、科学的精神を持った指導的人材の育成という要請に応えるために創始された蘭学塾が慶應義塾大学の原点である。作詩や儒学などの東洋の古い学問あり方に対して、実証的に真理を解明することで問題を解決していく、科学的な姿勢こそが慶應義塾伝統の「実学の精神」である。

　福沢諭吉の言葉を引用して「学び」と「実学（サイヤンス）」の重要性を説明したが、以下ではこれらを2つの軸として数学の考え方について解説する。

87

もちろん総合政策学に関する本の一章であるから、数学が総合政策学の中でどのように活用できるのかに関しても論じてみたい。筆者は数学者であるが、本章の構成は論理的ではない。むしろ様々な話題を散りばめることで、読者自身に興味が持てる話題を見つけてもらい、それをさらに深めてもらうことを意図した。また他の章でも触れられるような話題は敢えて省き、数学者が執筆した趣の異なる章として楽しんでもらえるよう工夫した。筆者の意図が成功したかどうか定かではないが、読者の判断を待ちたい。

I　数学とは何か

　そもそも数学とはどのような学問であろうか。英語の mathematics の語源はギリシャ語のマテーマタにある。これは「学ぶ」という意味の動詞マンタノーから派生した「学ばれるべきもの、学問」という意味の名詞マテーマの複数形である。古代ギリシャにおいてマテーマタは、算術、幾何学、音楽、天文学の4科を具体的に意味していた。これらに文法、修辞学、弁証法の3学を加えた3学4科は自由7科（リベラルアーツ）と呼ばれ、自由人にふさわしい教養として尊重された。そして自由7科は時代に応じて変化しながらも、高等教育の根幹と考えられ、現在の大学教育へと繋がっていく。語源からわかるように、数学は本来「学び」という総合的な学問としての意味合いを有している[1]。

　日本語では mathematics は数学、つまり数の学問と訳されている。この訳語は明治時代に採用されたものであって、古い伝統を持つものではない。古代中国では「數（数）」は「理（ことわり）、論理」という意味でも使われており、mathematics の中国語訳として「數學（数学）」は的を射たものだと考えられるが、日本語でその含意は失われている[2]。一方で、マテーマタの精神を日本で最初に理解したのは幕末の和算家、内田五観だと言われている。彼は mathematics を「詳証学」と訳し、思想家の佐久間象山も『省諐録』において「詳証術は万学の基本なり」などと使用している。詳証学が適当であるかどうかは不明だが、数学という字面によって少なくない誤解と混乱が生じていると考えられる。マテーマタが含有する広がりと深みが、和算のよう

な算術中心の技術に矮小化されてしまったとも言える。

　フランスの数学者ポアンカレ（Henri Poincaré）は「数学とは異なるものを同じと見做す技術だ」とも表現した。つまり本質を見抜き、構造を抽出する技術が数学であると考えた。数を例にとって、この意味を考えてみたい。普段何気なく使っている数は、実はかなり抽象的な概念である。みかんが1個、みかんが2個、みかんが3個、……、腕を1回転、腕を2回転、腕を3回転、……、コーヒーを1口、コーヒーを2口、コーヒーを3口、……、これらは本質的に異なる事物や動作であるが、適切な視点からは同じものと見做すことができる。これが自然数（正の整数）の構造である。歴史的には、次に0の発見があり、負の数、有理数、実数、複素数、……と数の概念の拡張は続いていく。

　抽象化という観点は重要である。使い道が特化された玩具を子供に与え続けていると、子供が本来持つ抽象化能力を損ねてしまうことが知られている。これは大人に関しても同様で、すぐ役に立つような表面的な知識のみを学習していると、知識の広がりと深みは消えてしまう。用途が特化した道具は、何も考える必要がないので楽であるが、発展の余地がなくてつまらないものである。既存の問題を解くのに必要な知識だけを学ぶ態度では、未知の問題は発見できないし、解決もできないだろう。数学の良さは何にも特化されていない抽象性にある。例えば、リンクで繋がった膨大なウェブサイトの集合はグラフと呼ばれる構造で抽象化される。このグラフを線形代数や確率で解析することで、各ウェブサイトの重要度を定量化することが可能になる。これはページランクの数理と呼ばれ、提案したGoogleを世界的大企業へと押し上げた。

　数学は怠け者の学問とも呼ばれる。後で楽をするために苦労を厭わない人たちが作った知識体系という意味である。共通の構造を見出してしまえば、同じ議論を何度もやらずに済む。いわば思考の省力化である。これを格好良く表現すれば「数学は高い抽象性ゆえに高い汎用性があり、時代や対象に依存しない高い普遍性を持つ」となる。表に出す数学者の顔はもちろんこちらである。

II 数学と言語

　数学は自然科学の言語としても重要な役割を果たしてきた。イタリアの物理学者ガリレイ（Galileo Galilei）は「宇宙という書物は数学という言葉で書かれている」と記している[3]。日本語や英語は、人間の日常生活を記述するために作られた人間中心の言語である。一方で、数学は人間とは独立して存在しており、そもそも人間が簡単に理解できるように創られてはいないと考える方が自然である。

　普段意識しないが、日本語や英語では表現力が本質的に足りない事象もこの世界には存在する。例えば、量子力学で「猫が生きている状態と死んでいる状態の重ね合わせ状態」を考えたり、一般相対性理論で「重力とは空間の曲がり具合」だと表現されたりするが、これらを正確に理解するには線形代数や微分幾何といった適切な言葉を学ぶ必要がある。もう少し身近な例では、データの相関がある。2つのデータの関係を客観的に表現するには、その関係度合いを定量化する必要があり、その基本的な指標が相関係数である。相関係数の導入により、関係度合いの大小が明確になるだけでなく、回帰分析のように未知のデータに関する推定も可能となる。

　数学同様、言語も構造を抽象化する技術であると言える。例えば、実際に猫に遭遇したり、写真や絵本などで沢山の猫を見ることで、子供は「猫」という言葉を覚える。同じものに特定の言葉を使うことを理解するのである。何を同じものと見做すかは数学ほど厳密に定められていないが、我々は日本語を話しながら高度な抽象化を普段から行っているのである。また 橙 色（だいだい）という言葉がなければ、橙色という概念は存在しえず、いわゆる橙色は赤か黄色と見做されてしまう。一方で、言語は相対的でもある。日本語の帽子は英語で hat と cap の 2 つに区別される。何を同じと見做すかは文化や時代にも依存する。厳密な定義を導入することで、そのような曖昧さを排除した言語が数学である。

　言語は概念の創造を担っており、また概念は思考の資源であることを考えれば、言語の重要性は自ずと理解できる。創設以来、SFC では言語教育に特に力を入れてきた。これは言語が新しい知識への窓であるという考えに基づ

いている。例えば、中国政治を勉強するのに、中国語ができないのでは得られる情報も限られているし、本当に深い部分は理解できない。少し難しいが、先ほどの量子力学や一般相対性理論のように、積極的に見ようとしない限り見えない世界も存在する。数学という普遍的で強力な言語を身につけることで、得られる知識の幅が広がり、人生がより豊かなものになってくれることを願いながら筆者は数学教育に携わっている。

III　論理と証明

　数学の起源は諸説あるが、古代エジプトやメソポタミアで誕生したという説が一般的である。大河の流域において国家が形成され、灌漑農業が営まれるようになると、農耕生活で欠かせない実用上の問題や国家運営のための行政上の問題を解決するために数学が必要となった。具体的には、土地の測量、暦の作成、ピラミッド建設の労働者の食糧計画などである。このような事情は、古代インドや古代中国の文明圏でも同様に見ることができる。古代エジプトやメソポタミアで誕生した古代オリエントの数学はタレス（Thales）やピタゴラス（Pythagoras）たちによって小アジア西岸のイオニア地方や南イタリアへ伝えられ、実用上の道具を超えて、人間の精神的営みへと質的な転換を遂げた。この転換において鍵となった概念が「論理」と「証明」である。
　数学は演繹法に依拠している。演繹法とは、公理や前提から論理を積み重ねることで結論を導き出す方法である。その典型例が三段論法であり、例えば「人は必ず死ぬ」と「太郎は人である」という前提から「太郎は必ず死ぬ」という結論が得られる。公理に矛盾があったり、前提が間違いでない限り、得られる結論は必然的に正しいことが保証される。演繹法は形式的には記号論理学によって記述できる論法としても特徴付けられる。数学では、前提から結論に至る論理の一群を証明と呼び、証明が与えられた主張を定理と呼ぶ。証明の概念の成立によって、公理・演繹的学問としての数学が誕生し、それを体現したのが紀元前3世紀頃に編纂されたと言われるユークリッド（Euclid）の『原論』である。完璧な厳密性と一般性を求める形式は1930年代にブルバキ（Nicolas Bourbaki）[4]の『数学原論』としてさらに昇華された[5]。

一方で、数学以外の多くの学問が依拠しているのは帰納法である。帰納法は、特殊な事象から一般的な法則を推測する方法である。簡単に言えば、実験やデータからもっともらしい結論を導く方法が帰納法である。いかなる推論を許容するかに関しては、分野ごとに異なる。演繹法との大きな違いは、前提となる特殊な事象が正しいからといって、結論が正しいとは限らない点である。

　「正しい」とは何かという問題も重要である。例えば、物理学者にとって理論が正しいとは、理論が現実世界を説明できることである。実際、高校で学ぶニュートン力学は相対性理論の適当な近似でしかないことが知られている。しかしながら、光速度が関係するスケールで実験しない限り、我々にはその誤差は感知できないので、ニュートン力学は正しいと言える[6]。

　ここまで読むと、前提さえ間違えなければ絶対に正しい結論が得られるのだから、数学は万能な学問であると思われるかもしれない。しかしながら、完全な前提が得られる場合はむしろ稀である。例えば、政権支持率を調べるのに、数学では有権者全員の情報が必要となるが、時間と費用の面で現実的ではない。そこで登場するのが統計学である。統計学では、母集団（今の場合は有権者全員）の中から適当な標本集団を取り、標本集団の情報から母集団の性質を推測するという立場を採用する。この帰納的手法は、標本集団の取り方に依存するだけでなく、部分から全体を推測する際にも論理の妥当性が求められる。これらの問題に対して、生じうる誤差を定量的に保証するのが数学（大数の法則や中心極限定理）である。このように、帰納法における論理の妥当性を確保する上でも、数学は重要な役割を果たしている。

　数学は論理という制約のみ考慮すれば良いので、現実世界よりもずっと自由な世界が広がっている。しかもこの自由度は真に有用な自由度である。例えば、物理学者アインシュタイン（Albert Einstein）は自身が光速度で移動したときに光がどのように見えるか思考実験することで一般相対性理論の着想を得ている。100 年以上経った現代でも光速度に近い速さで移動可能な乗り物を作る手立てがないことを考えると、この自由な数学的実験の有用性は際立っている。

IV　数学の研究

　話の流れとして、数学の研究にも触れておきたい。数学はあらゆる学問の基礎となる汎用性が高い「古くて新しい」学問である。実際、数学は純粋な学問として長い歴史を持つ一方で、物理学、工学、経済学、計算機科学といった社会の基礎分野にも深い影響を与えてきた。最近では機械学習の基盤技術としても注目を集めており、次々と驚くべき側面を見せる、魅力的な学問である。

　数学の著しい特徴として、その気になれば全ての事実を自分で確認できる点が挙げられる。例えば、水分子が酸素原子1つと水素原子2つから構成されるという化学的事実の確認は非常に難しいが、円周率が約3.14である事実の確認は紙と鉛筆があれば比較的簡単にできる。また三平方の定理や二次方程式の解の公式も、証明を書き下すことで実際に確認できる。実験を伴う研究において、実験の再現性は研究の透明性の確保と手法の理解のために必要不可欠である。また研究の前提となる統計データの正当性と正確性の評価も非常に難しい。というのも、思い込みや恣意的操作が入り込む余地が常に存在するからである。一方、数学の研究では、証明の存在によって定理の再現性は100％であり、結論の正しさも原則保証されている[7]。

　数学の理論は演繹法によって構築されるが、研究は基本的に帰納法と演繹法の組み合わせで行われる。問題の発見は帰納的、解決は演繹的である。

a. 問題発見：数学において実験やデータ収集に対応するものは、研究対象の具体例の計算である。具体例に関する知識の蓄積から、一般に成立する現象や性質を予想としてまとめる。

b. 問題解決：予想に対して証明を与え、定理とする。

もちろん、実際の研究では、既存研究の調査や問題設定の修正などを幾度も繰り返す必要がある。必要な概念が不足している場合がほとんどなので、適宜新たな概念を定義することも研究の一部である。

　重要な点は、膨大な数の具体例の計算を行って、非常にもっともらしい予想が得られたとしても、それだけでは数学の理論として不十分ということである。主張が99％正しいことが示せても、数学としては認められない。こ

のため、お蔵入りになる研究課題は他分野と比べて相当多いと考えられる。また問題発見の過程は論文では省略、もしくは動機付けとして言及されるだけに留まることが多い。研究の泥臭い部分を隠して、最終的な結果だけを定理と証明の形で論文にまとめることが数学の基本作法である。

　数学の応用研究において欠かせない話題として、数理モデルが挙げられる。数理モデルとは、現実の問題を抽象化し、それを数学で表現・分析し、その結果を元の問題に合わせて解釈することで、問題解決のための示唆を得る研究手法である。有名な例では、戦争における戦闘員の減少度合いを数理モデルとして記述したランチェスターの法則がある。この法則は経営学へも応用され、企業戦略の基礎として我々の生活とも密接に結びついている。より最近の話題だと、金融の数理モデルである金融工学も大きな成功を収めてきた。金融工学は実務と密接に結びついており、例えば金融派生商品の適正価格の計算は確率解析学に基づいて行われる。確率解析学は伊藤清が純粋な数学的興味から創始した学問であり、本人が予想していなかった応用が見つかったという点も興味深い。

　数学は積み重ねの学問であるから、その知識体系は成長し続けるという特徴がある。一方で、先に述べたように、数学の研究は証明によって正しさが原則保証されているが、人間が介在する以上、証明の誤りは避けられないというのが本当のところである。現代数学、特に20世紀以降に得られた数学の結果は膨大で、証明の検証作業なども限界に来ていると個人的には感じている。現在の状況は数学のあり方に関して大きな問いを投げかけている。

　この問題の解決を目的として、証明支援系と呼ばれる、証明を支援・検証するソフトウェアも最近出現し始めた。計算機の証明検証能力の背後には、カリー・ハワード同型対応と呼ばれる、論理と計算を繋げる理論があり、証明の検証は対応する計算の正しさに帰着される。計算であれば計算機により効率的に処理ができるので、複雑で大規模な証明の検証が可能になるという仕組みである。数学の方法論を、数学自身を使って研究するというメタな視点は非常に興味深い[8]。数学の学問体系が今後どのように変化していくのか楽しみである。

V　政策と数学

　古代ギリシャの哲学者プラトン（Plato）は著作『国家』において、国家の様々な形態について考察し、理想的な国家は哲学を修めた者によって運営されるべきであると結論付けた。そして、国を治める人材を育成するための教育課程の目的は、感覚によって捉える世界から思考によって理解する世界へ魂を向け変えることであり、その具体的な教育内容としてはマテーマタの諸科目がふさわしいと説いた。

　歴史的背景に触れながら、プラトンの思想をもう少し詳しく解説する。プラトンは哲学者ソクラテス（Socrates）の弟子にあたる。ソクラテスはアテナイ[9]の衆愚政治を憂い、その元凶となる政治家と民衆を覚醒させる試みの過程で、当時賢人と言われていた政治家や詩人を訪ね歩き、問答法を用いて彼らの無知を暴いていった。しかしながら、指導者層の恨みを買ったソクラテスは結局、「アテナイの国家が信じる神々とは異なる神々を信じ、若者を堕落させた」という罪状で死刑を言い渡されてしまう。衆愚政治の犠牲になった師ソクラテスの死を契機として、プラトンは物事の本質や正義を追求する哲学者による政治、哲人政治を目指すようになる。巫女や神官が伝える神託や指導者層の言葉を金科玉条のものとする古い政治のあり方に対して、実証的に真理を解明し問題を解決していく科学的な政治の必要性に行き着くのである。ここで注意が必要なのは、全民衆が哲学を理解できるわけではないので、民主主義ではなく、哲人王による哲人政治が理想だと考えていた点である。しかし、国家運営に科学的な方法論を導入した点において、プラトンが後世に多大な影響を与えたことは間違いない。

　また将来の国政参加者を養成して理想の国家を作るべく、プラトンはアカデメイアと呼ばれる学園を開学させる[10]。そこではマテーマタの諸科目は思考の基礎と考えられ、それらを修めた者だけが高度な哲学を学ぶことが許されていた。プラトンがマテーマタを重視した背景には、40歳頃のシケリア旅行にて、ピタゴラス学派と交流を持ったことが強く影響していると言われている。実際、プラトンが提唱した、感覚を超えた真実在としてのイデアの概念も数学との共通点が多い。特に幾何学は真に思考するために必要不可

次のものであると位置付けられ、アカデメイアの入り口の門には「幾何学を知らぬ者、くぐるべからず」と掲げられていた。またアカデメイアの特徴として、思考を重視した対話形式の講義が行われていたことも興味深い。

　余談だが、SFCは学問の神殿をイメージして造られたキャンパスである。ギリシャ神殿のようなコンクリート打ちっぱなしの建物群はギリシャ文字で識別されており、まるでアテネのような雰囲気が感じられる。学問発祥の地アテネにおいて、プラトンが理想の政治家を育てるために、マテーマタを基礎とする哲学教育を行っていたという史実に思いを馳せると、SFC・政治・数学を繋ぐ不思議な縁を感じる。約2400年の時を経て、学問の原点にもう一度立ち返ることで、我々が進むべき方向性の端緒が得られるのではないだろうか。

　閑話休題、話を本筋に戻そう。興味深いことに、福沢諭吉は『学問のすゝめ』において政治に関しても論じ、衆愚政治に対する注意を喚起している。特に「一国の暴政は、必ずしも暴君暴吏の所為のみに非ず、その実は人民の無智をもって自ら招く禍なり」と述べ、政治を考える上で、学ばなければならないのは為政者だけでなく、国民全員であると説いている。悪政の原因は国民が無知だからであり、政治家と役人だけの責任ではないという主張である。政治を自分とは無関係な手の届かない存在が行うものと思っていた明治初期の人々にとって、少々手厳しいながらも目が覚めるような一文である。そして1世紀半経った現代の我々にも未だに痛烈に響くものがある。学力の低下は国を滅ぼすのである。

　より具体的に、政策は数学とどのように関係するのであろうか。歴史を振り返れば、政策と数学の最も直接的な関係は軍事・科学技術である。例えば、微分積分学の初期の重要な応用の一つは弾道学であり、砲弾の位置と速度から弾道の軌跡を計算するのに使われた。士官学校で数学と物理学を学んだナポレオン（Napoleon Bonaparte）は、戦争における科学の重要性を早くに理解し、フランスの軍事・科学技術が常に時代の最先端となるよう、その振興に力を入れたと言われている。

　優れた兵器の開発は国家の存亡と密接に関わっており、例えば、第二次世界大戦の勝敗は軍事・科学技術の優劣が決定付けたと言っても過言ではない。

ナチス・ドイツの暗号エニグマを解読した数学者チューリング（Alan Turing）、マンハッタン計画の中心人物である物理学者オッペンハイマー（J. Robert Oppenheimer）や数学者フォン・ノイマン（John von Neumann）など、優秀な科学者が戦勝国の政府内部にいたことは有名である。一方で、軍は科学技術に関係する情報を一級の機密情報扱いにするため、戦時下の科学者の軍事協力は長年明らかにされず、過小評価されることが多い。

　科学技術政策に関して語る時、物理学者ワインバーグ（Alvin Weinberg）が提唱したトランス・サイエンスの概念も避けて通れない。これは「科学に問うことはできるが、科学では答えることができない問題」を指し、原子力発電所や化学調味料などがよく例に挙げられる。科学が示す危険性を、社会がどの程度まで許容するかは、しばしば政治の課題となる。政治と科学の境界領域にある問題は社会の発展とともにますます増えており、専門家システムへの盲目的な依存は好ましくない。政治に無関心な科学者側の責任もあるが、政治における科学リテラシー不足は深刻な問題である。

　あまり知られていないが、数学とゆかりのある政治家も少数だが存在する。元広島市長の秋葉忠利は元数学者であるし、フランスの国民議会のヴィラニ（Cédric Villani）議員はフィールズ賞も受賞した超一流の数学者である。シンガポールのシェンロン（Lee Hsien Loong）首相も数学専攻であったし、ドイツのメルケル（Angela Merkel）元首相は元物理学者である。もっと言えば、中国の胡錦濤元国家主席は水力エンジニアリング部、習近平国家主席は化学工程部の出身である。一方で日本の指導者層に理系出身者がほとんど見当たらないのは、文系理系を分けた日本独特の教育の大きな弊害かもしれない。日本が一人負けしてきた「失われた30年」の一因は、科学的な視点から国を舵取りできる人材の欠如ではないだろうか。

VI　政策と数学的思考法

　数学が軍事・科学技術政策に直接関係するのはある意味当然ではあるものの、一方でかなり専門的な話になるのは否めない。大学の教養レベルの数学で習得すべき技術は、むしろ数学的思考法であろう。数学的思考法が何であ

るかの説明は後回しにして、その有用性を説明するために、易しいパラドックスを２つ紹介する。パラドックスとは、一見正しそうに見える前提と、妥当に見える推論から、受け入れがたい結論が得られる現象である。パラドックスを通して論理の誤用の擬似体験をすることで、政策の立案・実施に関してどのような知見を得ることができるのかを考察する。

（1）シンプソンのパラドックス11)：A 高校と B 高校で同じ数学の試験を行ったところ、男子に関しても女子に関しても A 高校の方が B 高校よりも平均点が上だった。このとき、男女合わせた全体の平均点に関しても、A 高校の方が B 高校よりも上であると言えるだろうか。答えは否である。答えが否定的であることの説明は省くが、この事実はシンプソンのパラドックスと呼ばれ、「全体での相関」と「全体を分割した集合での相関」は異なる場合があるという事実を指す。データの解釈を行う場合に、部分ごとにある仮説が成立しても、全体では反対の仮説が成立する可能性があるのである。例えば「年収 X 万円以上の高所得者層、年収 X 万円未満の低所得者層、どちらの層でも平均年収が増加した。これより国民全体の平均年収が向上したことがわかる」との発表があっても疑ってかかるべきである。分析者は注目する属性を変えることで、都合の良い結論を導いている可能性がある。一般に、分析結果のレトリックには細心の注意が必要である。誤解を与える典型的なレトリックとして「平均的」という言葉がある。「平均的」が統計指標として、平均値、中央値、最頻値の何を採用するかで結論は全く違うものになりうる。

（2）コンドルセのパラドックス12)：A、B、C の 3 人が一緒に食事に出掛ける。A の好みは和食＞洋食＞中華、B の好みは洋食＞中華＞和食、C の好みは中華＞和食＞洋食であるとする。一番好きな食の好みが全員違うので、単純な多数決ではレストランは決められない。そこで最初に和食と洋食で多数決を取ると、和食 2 人（A,C）＞洋食 1 人（B）で和食が勝つ。次に和食と中華で多数決を取ると和食 1 人（A）＜中華 2 人（B,C）で中華が勝つ。したがって中華＞和食＞洋食が総意かというと、中華 1 人（C）＜洋食 2 人（A,B）であるから、矛盾している。実際、多数

決の順番によって自由に結果を操作できることが簡単にわかる。この事実はコンドルセのパラドックスと呼ばれる。つまり投票手続きの決定権を握っている者は結果を操作できるのである。選挙において、意見が似た候補者の間で票が割れ、どちらも落選してしまうことがある。意見としては多数派なのに、少数派に負けてしまう。このように、人気者が足を引っ張り合うような問題に対処するため、過半数を獲得した候補者がいない場合、上位数名で再選挙を行うことが考えられる。しかし、先の議論から容易に想像できるように、上位何名で再投票を行うかによって選挙結果は変わりうる。

シンプソンのパラドックスの他にも、相関関係と因果関係[13]、感度と特異度[14]、モンティ・ホール問題[15]など、一見不思議な確率・統計的事実は、分析のレトリックとして、形を変えて頻繁に登場するので注意が必要である。議論が本質的な問題発見・解決になっているのか、もしくは単に分析者に都合の良い事実の切り取りであるのか、適切に判断する数学的素養が我々には求められている。

コンドルセのパラドックスも示唆的である。政策を考える者は、その内容だけでなく、政治制度の機能性に関する理解も深める必要がある。多数決による民主主義は完全に公正なシステムではなく、恣意的な操作が入る余地があるのである。多数決においては再選挙によってより細かい意見を拾うことができるが、時間と手間の問題で、多くの行政機関で単純な多数決を採用しているというのが実情であろう[16]。

一方で、現実世界には論理で説明できない事象も多数存在する。慣習やしがらみがあったり、損得勘定が働くのはもちろんであるが、そもそも人は必ずしも合理的な行動をしないからである。期待値を例にとって説明しよう。あなたは運よく宝くじで100万円当たったところ、2つの選択肢が与えられた：

① そのまま何もせずに100万円受け取る。

② コインを投げ、表が出たら220万円もらえるが、裏が出れば100万円は没収。

どちらを選択するのが良いだろうか。それぞれの期待値を計算すると$100 \times 1 = 100$、$220 \times 1/2 + 0 \times 1/2 = 110$であるから、理論的には後者を選択すべきである。一方で、多くの読者が前者を選択したのではないだろうか。実際、人は損失を回避する傾向があることが知られている。これは行動経済学における代表的な成果であり、プロスペクト理論と呼ばれる。人は投資に向いていない、と言われる所以である。大衆は必ずしも合理的な行動をとらないが、一部の人にとってその不合理な行動が利益の源泉となる。

　このように、政策を立案・実施する者には、意思決定の正当性と妥当性を確保するためにも、データの分析手法と解釈方法、政治制度の機能性、人間心理、その他諸々の要素を総合的に考察することが高度なレベルで要求される。総合政策学はその成り立ちからして極めて総合的な学問であろう。

　こう述べると、早くから様々な専門分野を勉強する必要があると思われるかもしれないが、それは少々誤解である。高い山ほど裾野が広いように、高みを目指すには強固な基礎の構築から始める必要があるからである。そして最も重要な基礎の一つが、数学的思考法である。先に紹介したパラドックスはこの事情を端的に示す好例である。

　それでは数学的思考法とは実際のところ何であろうか。論理的思考法とは違うのだろうか。最初に説明したように、数学において論理と同様に重要なものが抽象性であった。つまり数学的思考法とは、論理に加え、抽象的な構造を操る思考法である。ある意味、微視的な論理性と俯瞰的な抽象性は対比される概念であり、後者は創造性にも関係している。実際、複雑な現実社会の瑣末に覆い隠されている本質的な構造を捉えることで、政策をより大局的な視点で、より自由に考えることが可能になる。一方で、論理性は思考の筋力・体力とでも言えよう。どちらもSFCが掲げる「問題発見・解決」の基盤となる重要な能力である。

　筆者が好きな老子の言葉に「授人以魚　不如授人以漁」（魚を与えるのではなく、魚の捕り方を教えよ）というものがある。数学教育の要諦は、ある意味この言葉に縮約されている。数学は技術的な側面が注目されがちであるが、数学的思考法の習得の方がむしろ重要である。「知識」は後から簡単に補充できるが、「思考」は適切な時期を逃すと習得がかなり困難になる。実際、

20歳前後というのは頭を耕すのに最適な時期である。本章を通して、総合政策学部における数学教育の意義が読者に伝わったなら幸いである。

おわりに

　本章の執筆依頼を受けた際に、総合政策学に関して数学と関係付けて何か書くことができるのか正直不安であった。実際、政策に関しては専門外であったため、関係する書籍をいくつか読み、同僚とも議論したが、総合政策学とは何か判然としなかった。そもそも数学者の筆者も、数学とは何かという問いに対して明確な答えを持っていない。演繹法による積み重ねの学問であることは確かであるが、研究対象に明確な枠は存在しない。その後あるやりとりの中で加茂具樹学部長から「総合政策学は、どのような技術・未来が来ても対応できる学問を構築しておくことが求められている。既存の枠組みにとらわれず大胆に更新し続ける」との言葉をいただき、それをきっかけに、総合政策学も広義の「学び」を主題とした学問に他ならないと思うようになった。政策という目的は存在するが、その研究対象と手法は時代に応じて変化し続けており、ある意味、未完の学問であり続けるのではないか。

　さらに誤解を恐れずに言うならば、総合政策学が真に総合的な学問になるためには科学の視点をも積極的に取り込む必要があるであろう。これは日本の教育を二分してきた文系理系の枠組みを大胆に取り払う試みであり、真に分野横断的な学問体系というパズルの重要なピースになりうると考えている。高度に発達した現代社会において、科学を無視することはもはや不可能である。異質なものを内包することは困難を伴うが、そこから生まれる活力や価値こそが創造性の源である。

　本章の最後も福沢諭吉の言葉で締め括りたい。「躬行実践、以て全社会の先導者たらんことを欲するものなり」これは「慶應義塾の目的」と呼ばれる有名な一文の最後の部分である。『学問のすゝめ』が書かれた明治初期から時代は大きく変わり、日本社会は成熟し、欧米というお手本はもはや存在しない。前例のない困難な時代にこそ、先導者として、本質的な問題を発見し、自由な発想で解決することが義塾生には期待されている。「実学（サイヤン

ス）」的方法論の重要性を説いた福沢諭吉の志を受け継ぎ、総合政策学を修めた卒業生が、社会の様々な場所において先導者として活躍することを心から楽しみにしている。

1) 英語の mathematics が単数扱いされるのはこのような歴史的事情に由来する。つまり数学は様々な分野が有機的に繋がって一体となった学問である。
2) 友人の台湾人数学者も「自然之數」（自然の法則）といった成句の形で、數が理や論理という意味を持つことを知っていた。また今日でも數學はいわゆる数理科学全般を指すとのことであった。
3) 科学者たちは数式を用いて意思疎通ができるという意味で、数学は、英語をも遥かに凌ぐ、最も世界的な言語である。
4) ブルバキとは架空の数学者であり、主にフランスの数学者集団のペンネームである。
5) 公理に基づいて構造を分析する構造主義はある意味ブルバキが頂点である。20 世紀の数学は物理学との交流が盛んに行われ、現代数学はまた別次元の発展を遂げる。
6) ちなみに光速度は約 30 万 km ／秒であり、地球を 1 秒間に約 7.5 周する速さである。
7) 原則と書いたのは、数学も人間の営みである以上、ミスは避けられないからである。
8) とは言え、数学の形式化は論理学では古典的な手法であり、ゲーデル（Kurt Gödel）の不完全性定理などが有名である。
9) ギリシャ共和国の首都アテネの古名。
10) アカデメイアはアテナイ北西部郊外の地名であるが、そのまま学園名として継承されたと言われている。高等教育機関を意味するアカデミーはアカデメイアに由来する。
11) エドワード・シンプソン（Edward H. Simpson）はイギリスの暗号解読者、統計学者。
12) コンドルセ（Nicolas de Condorcet）はフランスの数学者、哲学者、政治家。社会学の創設者の一人とも目されている。
13) アイスクリームの売上が多い時期には、水難事故が多いことが知られている。これらの間に相関関係はあるが因果関係はない。実際、夏が両者の原因である。
14) ある感染症に関して、感染者が正しく感染ありと判定される率が感度、非感染者が正しく感染なしと判定される率が特異度。条件付き確率に関係する。
15) 確率の有名問題で、条件付き確率に関するベイズの定理に関係する。
16) 例えば、衆参両院の議長・役員選挙、内閣総理大臣の指名投票などでは決選投票（上位 2 名で行う再選挙）が行われる。

参考文献

上垣渉（2016）『はじめて読む数学の歴史』角川学芸出版。

上野賢爾（1998）「数学、この大いなる流れ」『数学通信』第 3 巻第 2 号。

川尻信夫（1982）『幕末におけるヨーロッパ学術受容の一断面―内田五観と高野長英・佐久間象山』東海大学出版会。

パーカ、バリー（2016）『戦争の物理学』藤原多伽夫訳、白揚社。

福沢諭吉（1978）『学問のすゝめ』岩波書店。

福澤諭吉（2009）『現代語訳 学問のすすめ』齋藤孝訳、筑摩書房。

福富節男（2007）「戦時下の数学者の軍への協力について」『数学史シンポジウム報告集』。

プラトン（1979）『国家（上）（下）』藤沢令夫訳、岩波書店。

Pepler, Debra and Hildy Ross（1981）"The Effects of Play on Convergent and Divergent Problem Solving," *Child Development* Vol. 52, No. 4, 1202–1210.

第4章 フィールドワークの学と術

加藤文俊・諏訪正樹・石川　初

はじめに

　フィールドワークをすれば誰でもすぐ面白い現場に出逢えるわけではない。まず現場を見出し、現場と向きあい、そのものごとを観察・記録・記述するには「術」（手練手管）が要る。術を駆使した記録・記述を基に、ひとびとの生き様や私たち自身の主体的経験を学問的に語ることによって、私たちはフィールドワークを「経験の学」にしようと模索している。本章ではフィールドワークにおける態度の多様なありかたを、学と術の両方の観点を意識しながら議論する。

I　三人の出逢い

　まずは、専門領域の異なる私たちがどのように出逢い、一緒に活動をすすめてきたかについて簡単に紹介することからはじめよう。

1　石川の出逢い

　もう15年以上も前のことだが、田中浩也さんたちと一緒に担当した雑誌の特集記事の打ち上げ食事会の席で、田中さんから「SFCの先生で、フィールドワークの達人」だと紹介されたのが加藤文俊さんであった（その後田中浩也さんともSFCで再会することになる）。その席でどんな話をしたのか忘れてしまったが、たいへん面白く楽しかったことだけは憶えている。そのとき、手元にあった雑誌に食事会の出席者全員から記念のサインをもらった。加藤

さんのサインには、「野暮天で行きましょう！」という添え書きがあった。

　その後、ご案内頂いて研究室の展覧会に行くようになった。加藤さんからは折にふれてフィールドワークやプロジェクトのまとめや、研究室の展覧会の案内などが郵送されてきた。加藤さんから頂く印刷物は、毎回装丁や版型が異なっていた。あるときは小さなカラーの冊子だったり、あるときは絵葉書だったりカードだったりした。それらは、異なる地域や場所を対象にしたフィールドワークの成果として、それぞれにふさわしい意匠が探られていたのだ。つまり探究・分析の方法から趣向を凝らしたメディアのデザインまでがひとつづきの「フィールドワーク」なのだなと、そしてあの「野暮天で行きましょう！」という言葉は愚直で執拗な調査の態度のことだったのだと、いまにして思えばよくわかる。

2　加藤の出逢い

　2009 年 10 月。件名は「大学院プロジェクトへのお誘い」だった。「来春から領域横断的な新しい大学院プロジェクトを立ち上げようと思っています。タイトルは一応 life knowledge in practice（仮）です。これまであまり探究のメスが入らなかったノンコンシャス領域と身体と社会と情報処理技術の関係を議論し、生活における実践知研究を模索するプロジェクトにしたいと思います。様々な研究領域において、そういう研究が求められているのではないかと考えています」という諏訪さんからのメールではじまった。

　その頃から、大学院プロジェクト科目「生活実践知」、そして現在は AP科目「経験の学」へと連なっているので、もう 10 年以上になる。一緒に何ができそうか話しているうちに「まち歩き」というテーマが話題になった。加藤はかねてから「フィールドワーク法」という授業を担当し、フィールドワークをはじめとする定性的な調査にかかわる方法や態度に関心をよせていたので、「まち歩き」をテーマに共同研究をすすめることにした。2010 年の秋から、1 年半ほどかけて、たびたびまちを歩き、議論を重ねながら「まち観帖」として成果をまとめることができた（加藤・諏訪 2012a）。一連のフィールドワークは、まちそのものの理解にも役立つものだが、まちを理解する方法や態度自体を再考し、言語化する試みだった。自分自身の感性が開拓さ

れるのを味わいつつ、同時に諏訪さんの思考や行動について知る機会にもなった。

3　諏訪の出逢い

　加藤さんとの出逢いは、上述のように「生活実践知」という異分野融合の実践を目論むプロジェクトだった。学生に対する授業でありながらも、教員同士も共同研究を実際にやって学生にお手本を示すことがプロジェクトの方針である。諏訪と加藤さんは早速、散歩（「まち歩き」）の研究を手がけた。散歩が研究になるのかと訝しむ方も多いかもしれない。自宅周辺や気になるまちを歩き、日頃あまり目を向けないようなものごとに着眼し、それに自分なりの意味を見出すことは、生活における感性や知恵を育むことになる。認知科学的・社会学的・コミュニケーション学的に面白い研究対象ではないかと直観し、二人はおそらく世界初の散歩の研究に乗り出したのだ。その後複数の学会で発表することになる（諏訪・加藤 2012；加藤・諏訪 2012b）

　その後石川さんが 2015 年に着任し、三人でまちを歩くようになった（諏訪・石川・加藤 2017）。まちの何に目を向け反応するのかが三者三様で実に面白い。石川さんは植生や建築的な意味での排水の仕組みなどに、「うわ！これすげえ」などと呟きながらす〜っと寄っていく。諏訪は細い道、曲がりくねった道、坂道が大好きである。道の幅や曲がり具合、土地のグラデーション、建築物や林や畑と道の位置関係の異様さにすぐ心を揺さぶられる。加藤さんは、ひとがその場所を訪れたり使ったり、そこに住んでいることからまちに残る痕跡（たとえば、コンクリートの黒ずみ、大昔に貼られたステッカー、石段の損傷）に目を向け、ははんと思いを巡らせてはニヤッとする。

　フィールドには研究にすると面白いものごとが無限に転がっている。フィールドにどういう態度で向きあい、何に着眼するかによって感性や知恵の育み方が変わる。三人は互いに他者の態度を取り入れることを面白がり、ここまでやってきた。三人に共通する基本的態度もある。

II　フィールドワークの態度集

　フィールドワークは社会調査のなかで、定性的（質的）方法として知られている。現に、この論考も「方法論的展開」のなかに位置づけられるものである。いっぽうで、私たちの議論のなかでは方法や技法だけではなく「態度」「姿勢」「マインド」といったことばが頻出する。方法は、私たちの「態度」と分かちがたく結びついており、その点を際立たせるために、まずは「態度集」を明示しておきたい。以下の 20 の項目は、本章の執筆に先立って、私たちが議論しながら整理したものである。

　20 の項目は 3 つのグループに分けて紹介しているが、この分類や配列はあくまでも暫定的なものだと考えたほうがよい。まさに、フィールドワークの経験をとおして、私たちが現場に向きあう「態度」は逐次更新されてゆくからである。また、これらの項目は相互に排他的ではなく、私たちなりの理解の多様性を反映させたものである。続く諸節で紹介する理論や実践事例は一連の「態度」に裏打ちされたものであり、文中に A1〜C7 のいずれかを付記することで、その対応関係を示している。

　A：自ら現場を作り出す

　私たちの探究の現場は、すでにどこかに「ある」のではなく、私たちがフィールドワークという営みをとおして構成してゆく性質のものである。まずは、私たち自身が能動的に現場を作り出すという意識をもつことが重要だ。

　　A1：身体を運び実際にそこに赴くからこそ、そこが現場になる
　　A2：何かを持って歩く
　　A3：手がかりのない場所に行く
　　A4：対象地を地図でよく調べる
　　A5：生活を第二の現場として見つめる

　B：現場にどう向きあうか（マインド）

　私たちが提唱するフィールドワークは、できるかぎり先入観や仮説をもたずに出かけるやり方である。五感を開放しながらも、行動の方針に自覚的に

なることで、心身の状態を変えて現場に臨むことができる。

B1：とにかく現場に入り実践してみる

B2：状況に応じて生まれる認知に耳を澄ます

B3：過去から未来への流れのなかでいまを見てみようとする

B4：個別具体的な記録に徹する

B5：自らを無力にして臨む

B6：身体の状態を変えて臨む

B7：現場と別れる方法を模索する

B8：現場への畏怖を抱く

C：現場をどう観察し、共有するか（実践手法）

いうまでもなく、「マインド」（上記B）だけではフィールドワークの実践は成り立たない。成果を「外」にひらき、自分たちの気づきや発見を世に問うための工夫は欠かすことができない。

C1：全人称的（一人称、二人称、三人称）に観察する

C2：ツールやトイを開発しながら現場の新たな側面に気づく

C3：多様な価値観をもつメンバーで多様なチームをデザインし、共に向きあう

C4：麗しい写真を撮ろうとせずに駄写真を撮る

C5：名づけることで新しい概念を発明する

C6：その現場にふさわしい個別具体的な「ちいさなメディア」を制作する

C7：ラボにもち帰り考察する

Ⅲ　背景理論——状況依存性とフィールドワーク

フィールドワークにおいて最も大切なできごとは「出逢い」である。そう論じると、本章冒頭で触れたような人と人の出逢いを連想させるかもしれない。実際、「フィールドワーク」ということばは、社会におけるひとびとの交わり方やそこで成り立つ秩序の調査という意味にとらえられることが多い。しかし、そういった場面だけがフィールドワークの対象ではない。「フィー

ルドワーク」は個人の心身と外界（たとえば、まち）が出逢う場面で生じる個人の認知の探究をも包含する概念ではないだろうか。生活のなかにフィールドになりえるシーンは遍在するのだ（A5）。

　個人の心身と外界の「出逢い」について、「まち歩き」を例に考えてみよう。まちを歩くと、自宅周辺でも知らなかったことがいかに多いかに気づかされる。こんな路地あったかしら？　この台地に登ってきたことはあったけれど、台地と線路の間にもうひとつ狭隘の谷があるのか！　この谷はひとつの小世界だな。自宅周辺は慣れ親しんだ場所だからこそ、つい固定観念をもって認識してしまう（上羅・諏訪 2022）。生活必需品を買うお店や最寄り駅まで歩くとき、私たちの心身は目的指向に偏り、実はまちをじっくり見たり感じたりすることを疎かにしている。

　目的という意識を排してまち歩きに臨めば、駅までの道に鬱蒼と繁った植生があったことに初めて気づいたりする。坂道の中腹でふと横を見ると、広大な畑と古くて大きな日本家屋があり、（昔は山だった）台地を背に谷地を俯瞰する谷戸地形に陣取る地主の土地であると認識できたりする（B3）。路地の入り口に数段の階段があることがふと気になり、階段の左半分のコンクリートだけがやけに黒ずんでいることを目ざとく見つけたりもする。まち歩きの醍醐味は、固定観念や社会的に認知された価値を拭い捨て（B5 に通じる）、あとさき考えずにふと気になるものに興味を抱き、大いに道草する（B2）ことにある（諏訪 2018）。それは自己と他の出逢いである。「他」とは、他者を含み、外界に存在するありとあらゆるものごとも含む。

　そして何よりも重要なのは、出逢ったときが（どんな些細な出逢いであっても）フィールドワークの契機になるということだ。出逢いは本質的に状況依存的であり、したがってフィールドワークは多分に状況依存的な性質をはらむ。態度 B2 は「出逢う」ために必須のマインドであるとわれわれは考えている。

　「状況依存性（situated cognition）」[1] は 1980 年代後半に認知科学で芽生えた概念である（Clancey 1997）。出かける前には、世界の何がふと気になり何に遭遇するかは本人でさえ予見できない。ふとした着眼という出逢いがあり、その状況の渦中の人となって初めて新たな認知（知覚、解釈、心情）が頭を

もたげる。態度 A1（「身体を運び実際に赴くからこそ、そこが現場になる」）が示唆することはそれである。

さらにいうならば、状況依存的なフィールドワークの場合は、存在するとわかっているフィールドを目がけて足を運ぶわけではない[2]。個人の心身と（他者を含む）世界の出逢いによって状況依存的にフィールドが立ち現れるのだ。認知科学や人工知能の研究分野でも、状況依存的な認知のメカニズムは未だ解明されていない。メカニズムは未解明だが、とにもかくにも、私たちの心身はふとした出逢いに際して状況依存的な認知を繰り広げてしまう。だからこそ、態度 B1（「とにかく現場に入り実践してみる」）が重要になる。

Ⅳ　フィールドワークの実践事例

1　石川のばあい

学生たちとフィールドワークに出るとき、よく言い交わす決まり文句のひとつに「駄写真」を撮ろうというものがある（C4）。これは、字義通りの粗悪な写真をわざと撮ろうというわけではなく、写真の美しさだけを狙った撮影をせずに沢山の写真を撮ろうという意味である。

たとえば、私たちはよく農村の景観調査をするのだが、伝統的な民家の集落や棚田の広がる景観を前にすると、絵葉書のような麗しい写真をうっかり撮ってしまうことがある。特に、その写真を友人知人と共有して共感を得たいとき、つまり「SNS 映え」のためにそんな写真をよく撮影する。ある景観の美しさに心を動かされ、それを写真におさめることは悪いことではない。しかし、絵葉書のように美しい写真を撮ることについて気をつけなければいけないのは、私たちがその景観の「美しさ」をあらかじめ決めてかかり、その思いに合わない部分を景観の全体から切り取っている、ということだ。農村の麗しい写真からは、そこに見えていたはずのアスファルト道路やガードレールやコンクリートの擁壁、電柱や電線や看板などが写真の枠外に除かれている。そのような写真を撮るとき、私たちは以前から自身が抱いていた理想の図像を目前の景観に当てはめてしまっている。

しかし、私たちが除外した土木構造物や工作物は、麗しい写真よりもずっ

と明瞭に現在のその地域の特徴や、その景観を支える広域のシステムをよく表しているかもしれない。そして、それらを見つめることで私たちはそこにコンクリート壁や電柱「込み」の新しい風景美を発見することができるかもしれない。フィールドで「映え写真」ばかり撮る態度は、そのような発見の契機を封じてしまうのである（B8）。

　ところが、駄写真を撮ろうと声をかけあっていてもなお、私たちはしばしば麗しい写真を撮ってしまう。特にカメラではなくスマートフォンで撮影するときにその傾向が強まる。私たちのスマホのカメラロールには「映え写真」が溢れる。この点において私たちはなかなか度し難い。その一方で、逆に映え写真を避けようと意識しすぎると、わざと駄写真を狙って撮るようになってしまう。これはこれで本末転倒である。

　この度し難さを乗り越えるための手法として、カメラなどのツールの工夫がある（C2）。私たちはアクションカメラと呼ばれる超広角レンズや全球レンズのカメラをよく使う。超広角レンズには、私たちが狙った景観の周囲にあったさまざまなものが写り込む。また、カメラのタイムラプス機能を使って、体の前や頭の上に固定したカメラで30秒ごとなどの一定時間間隔に自動撮影する手法もよく使う（B6）。自動撮影のカメラは駄写真大量生産機である。

　「映え写真」を乗り越える別の手法は、「映え写真を撮る私」をメタな次元から観察する工夫をすることである。たとえば、写真撮影の位置情報を記録しておき、あとでそれらをデジタル地図上に配置してみる。そこには、地形や植生などの地理データのうえに私の「映え写真マップ」があらわれる。そのようなマップからは、どのような状況で私は撮影するのか、あるいはどんな箇所で全く写真を撮らなかったのか、写真を通した環境と私のかかわり方を眺めることができる。

　駄写真を通して見つけたものに、私たちはよく名前をつけてみる（C5）。たとえば「ハイブリッド石積み」と名づけたものがある（石川 2018）。石積みの棚田や段畑の景観で知られる徳島県の農村集落にあったもので、空積みと呼ばれる伝統的な積み方で、自然石ではなくコンクリートの破片やブロックなどが素材として用いられている土留擁壁である。あまりに巧みに積まれ、

周囲の様子にも馴染んでいたために現地では見逃していたのだが、駄写真を見返すうちに見つけたものだ（C7）。

ハイブリッド石積みの存在は、農村の環境が変化し、今日では石よりもコンクリートの破片がありふれた素材となったこと、一方でそれを擁壁の素材と見なして自然石のように積み上げるスキルが農村にあることを示している。ハイブリッド石積みは伝統的な地域景観としては評価されず、また地域の住民にとってはあまりに日常的な風景であるために注目されないものである。私たち外からの来訪者にとっても、このように名づけてみるまではそれほど意識して眺めるものではなかった。しかし、一旦それに固有の名前をつけてみると、擁壁に対する観察力が上がり、いくつものバリエーションを見つけるようになった。

私たちは、このようなフィールドワークで出逢ったさまざまな事物に新しい名前をつけ、写真や図面や解説文をつけた観察ガイドにまとめるという活動を行っている（C6）。名前をつけることや何かに喩えて語ることによって、固定化された既存の見方を揺さぶり、より多様で豊かな新しい見方をもたらすことを目論んでいる。名づけは枠組みを引き直すことであり、「新たな段階、あるいは新たな思考の領域が生まれ、そこを場として次の段階の創造が可能となる」（須永 1991）ものである。うまい名づけは対象地に散逸する要素に脈絡と意味を与え、ある秩序をもった輪郭を描き出す（石川 2020）。しかし、新しくつけた名前もそれが共有され定着すると、今度はその名前が物の見方を固定し、それ以外の切り口を見えにくくしてしまう危険がある。それを避けるため、私たちはさらに駄写真を撮り続け、自身の見方を更新し続けるのである。

2　加藤のばあい――まちを通して学ぶ

課題は、学生と教員とのコミュニケーションのためのメディアである。学生に問いかけ、「こたえ」（答え・応え）を待つ。唯一の正答がある場合には、学生は暗記したり解法を勉強したりすればよい。教員も、「正」か「誤」をメッセージとして伝えるだけだ。フィールドワークの場合には、身体的な理解（B6）が重要で、学生たちはある程度の時間をかけて自らの態度や行動を

変容させてゆく。だからこそ、毎学期の課題の設計にあれこれと工夫を重ねている。そして、学生たちの「こたえ」が、コミュニケーションの契機になる（加藤 2008）。

となりのエンドーくん

　以下では、2022 年度の春学期に実施したフィールドワークの課題について紹介したい。2022 年度になって、2 年におよぶ COVID-19 による制限が少しずつ緩和されるようになり、ひさしぶりにまち歩きの実習課題を計画できるようになった。窮屈な生活を強いられてきたので、できるかぎり学生たちをリアルな現場へと駆り立てて、フィールドワークを体感してもらいたい思いだった。だが、重要なのはかつての状態に「戻る」と思っているのは教員だけで、学生たちにとっては、フィールドワークそのものが初めての体験になったという点だ。したがって、そもそもどのようなマインドや行動計画で現場に臨むのかについて、あらためて考える契機になった。フィールドワークは、まちやひとびとの暮らしを知る活動でありながら、自分自身の思考と行動を結ぶためのトレーニングになる。

　今回は、キャンパスがある藤沢市遠藤（神奈川県）を対象地とする実習課題を設計した。「研究会」を履修する 2、3 年生を 4 つのグループに分け（各グループ 3 名）、学期をとおしてそれぞれのグループがフィールドワークに取り組んだ（C3）。数回の進捗報告を経て（C7）、最終的には冊子やウェブに成果をまとめている（加藤文俊研究室 2022）。紙幅の都合ですべてを紹介することはできないが、以下のような「こたえ」があった。

（1）まちを写し取る

　あるグループは、遠藤界隈を歩くうちに、路面にさまざまな痕跡が残されていることに関心をいだくようになった。注意深く見ると、道路の拡幅、建て替え、補修工事など、路上のいたるところから時間の流れを読み取ることができる（B3）。こうした時間の痕跡は、観察可能な形で表れているので、おのずと視線を誘導する。たびたびまちを眺めるうちに、継ぎ接ぎの地表に（パッチワークから想起された）「パッチ」ということばがあたえられる（C5）。

関心を寄せる対象を名づけることで、学生たちはごく自然に下を向いて「パッチ」を求めて歩くようになる。

ただ観察するだけではなく、「パッチ」に顔を寄せ、触れてみる。いくつもの痕跡を写し取ったりなぞったりすることで（B4）、やがて身体的に「パッチ」を感じられるようになってゆく。さらに、第三者にも遠藤界隈の痕跡のありようを伝えるために、フィールドワーク用のキットを考案した（C6）。メンバーの古着のパッチワークでつくられた小さなサコッシュのなかには、チョークが収められている。これを提げてまちを歩き（A2, B6）、気になる「パッチ」に遭遇したときに立ち止まって、しゃがんで地表を眺める。「パッチ」の様相をチョークでなぞることで、手と頭を接続しながら遠藤地区の時間の流れに想いを馳せる（B3）。このように、簡単なツールを携行することで、あたらしい現場がつくられ、更新されてゆくことになる（C2）。こうした「ちいさなメディア」は、個別具体的な状況に密着しながらその〈現場性〉を復元するのに役立つメディアで、特定少数を「受け手」として想定しながらつくられる。そのさい、現場や「受け手」の特性に合った適切な媒体（判型やサイズ、触感などをふくめ）がえらばれる。現場との関係を維持し、長きにわたってかかわっていくための成果物である（C6）。

(2) 会話を思い出す

別のグループは、フィールドワークをすすめるにあたって、まずはお互いを理解することが大切だと考えた。「研究会」のメンバーは学期ごとに変わるので、今回のグループ編成は、大部分がそれぞれ初対面という状況からはじまっている。同じ大学に通い、同じ「研究会」に所属しているものの、これまでに接点のなかった三人である（C3）。やや唐突に「となりのエンドーくん」というテーマがあたえられ、その「こたえ」を求められている。

まずは、とにかく歩いて見よう（B1）という思いから、試行錯誤がはじまった。グループでフィールドワークをすすめるとき、学生たちは、対象として指定された遠藤地域のみならず、お互いの理解を試みている。一緒に歩いているさいに、沈黙ばかりでは気まずい。誰が話をはじめるのか、どのような話題をえらぶのか、どのように反応すればよいのか。よく知らないメンバ

図 4-1　ぱっちえんどうルートマップ

図 4-2　印象的な会話が発生した場所
出典：加藤文俊研究室 2022

ーとのぎこちなさは緊張感をともなう（B8）。

　当然のことながら、信号待ちの時間、道の分岐にさしかかったときなど、現場の状況もコミュニケーションのありようを左右する。このグループは、フィールドワークをふり返りながら（C7）、印象的だった会話が場所とともに記憶されていることに気づく（B2）。つまり、歩いた軌跡は、お互いの関係が培われてゆく履歴を示しているのだ。

　このグループは、フィールドワークの終わり方（あるいは、「こたえ」の続き）にまで考えを及ばせていた（B7）。いくつかの地点で、そのときに一緒だったメンバーとの会話が思い出される。そのエピソードを、離れて暮らすおばあちゃんに伝えるためのポストカードをデザインする（C6）。いきなり、おばあちゃんが登場するのはやや唐突ではあるが、孫から近況を報告するメディアである。ポストカードには、キャンパス界隈の様子が記されることになり、くわえて友だちとの他愛のない会話も付記されている。それぞれの個別具体的な体験を「おすそ分け」するメディアは、受け手を限定するものだが、特定少数（特定個人）に宛てたメッセージには、フィールドワークの情景が鮮明に刻まれることになる。

（3）お互いの「見え」を共有する

　同じテーマ（となりのエンドーくん）に対して、ことなるグループがそれ

116

ぞれの「こたえ」を出す。その「こたえ」を相互に参照することで、フィールドワークにかんする感度は高まるはず（C1）。シンプルな方法だが、今回は対象地域のマップを介して、それぞれのグループの「見え」を共有できるようにした（C3）。マップに書き込まれる情報は、一つひとつのグループの個性を際立たせるものだが、関心を寄せた対象の位置関係はマップ上で同定される（図4-1、4-2）。同じ「問い（テーマ）」に対する多様な「こたえ」が協調的に併存することを実感できる。

3　諏訪のばあい──居心地の研究を事例に

　建築空間の居心地という認知を探る研究を例に、フィールドワークのありかたを論じてみる。紹介する研究はカフェでの居心地の一人称研究である。一人称研究とは、一人称視点に依拠して知や認知のありさまのリアリティに向きあい、従来の科学的研究がとりこぼしてきた知のありさまについて先見的な仮説を立てるというスタイルの研究である。その理論的枠組みやカフェの居心地研究の詳細は（諏訪 2022）に譲り、ここではエッセンスだけ述べる。

　高級外車のショールームの一部がカフェになっているスペースで、お茶を味わいながらパソコンで仕事をしていると想像しよう。通りに面した全面ガラス窓からは、広い歩道の先に頻繁に車が行き交う様子が目に入る。距離があるので、交通量は多いが視覚的にも聴覚的にもうるさくはない。車のショールームに佇んでいることもあり、かえって多種多様な車の往来を楽しめる気分になる。カフェは陽が差し込まない日陰にあり、一方、表の通りは午前の太陽を浴びて光り輝いている。内装は近代的である。外車のエンブレムを象った構造が壁の一部を成し、妙に力強い。大きな長方形のテーブルが有する方向性と、天井から吊り下がる大きなランプ列がもたらす方向性が空間に強い軸性を与えている。長方形のテーブルに陣取るひとたちは皆同じ方向を向き、せっせとパソコン仕事をこなしている。それらすべてが相まって、少し寝不足である私の身体に喝が入る。

　その日の私の心身とこのカフェ・この席での周辺状況が出逢い、状況依存的に私の知覚・思考・感情が立ち上がり（B2）、「いまここの居心地」を成しているといえる。最近どんな問題意識を有していたか、誰と会ってどんな会

話を交わしたか。そういった生活履歴も居心地には関与する（B3）。

　つまり、居心地の認知は「状況依存性を有する認知」の典型事例なのだ。居心地は生活に遍在し、住まいかた・生きかたに直結するものごとだけに、その様態を探ることは知の探究を目指す認知科学においては重要なトピックだろう。しかし、従来は「状況依存性」が探究の障壁となり、状況依存的認知のリアリティを探るという研究はほとんどされてこなかった。なぜ障壁なのか。それは、状況依存的に立ち上がる認知に関与しているのは周辺状況の何であるのかを主観的にとらえること（C1）が、従来の科学観・学問観ではよしとされなかったからである。一人称研究の意義はそこに探究のメスを入れることにある。

　そこでぜがひでも必要になるのは、一人称視点から見た外界の見えかたについての主観的データである。「一人称視点」とは、自身の心身が外界のなかに埋め込まれ、外界とどのように相互作用をしているかに志向する眼差しのことである。心の内側を覗き込んでことば化することではない。自身の立ち位置あるいは立場からの外界の見え（つまり、心身とそれを取り囲む外界のかかわりあい）をことばで表すのである（B4）。

　心身とそれを取り囲む外界（生活世界）のかかわりとして、どのような類のものごとをことば化するのがよいかを実践的に探究してきた経験則を俯瞰すると、少なくとも以下の6つのものごとに意識を向けてことばにするのがよさそうだ。

1. 外界を構成するモノの何に気を留め、それらのどういう属性や関係性に気づいているか（外界からの知覚）
2. 身体各部位はどう動き、全体としてどう行動しているか
3. 内なる体感としてどのようなことが芽生えているか
4. 外界知覚や内なる体感にどのような違和感や疑問や心情を感じるか
5. 外界知覚や内なる体感にどのような解釈や意味を与えているか
6. それに基づき、どのような問題意識・意図・目標を抱きつつあるか（あるいは抱いたか）

特に鍵となるのは 3 および 4 で、明確にはことばになりにくい違和感や内なる体感に意識を向けることである。自身の身体の声に耳を傾けて（B2）、完全ではなくてもよいので少しずつことばにしてみるのだ。そのためには、自身の身体についての意識や、明らかに目に映っているが暗黙的にやり過ごしてしまいそうな外界の状況をことばにする（上記の 1〜2）ことも肝要である（B4）。一人称視点のことばの具体事例は（諏訪 2022）をご覧いただきたい。

このような状況依存的な認知を扱おうとするからこそ、客観的なデータに基づき普遍的な知見を得ようとする従来の科学観・学問観だけでは事足りなくなる。ひとの知性は大いに主観に彩られている。主観を扱わずして、状況依存的な知のリアリティの尻尾はとらえられないのだ。また、状況に応じて臨機応変に立ち上がる思考や行為のありかたにこそ人間の生活実践知が立ち現れるという思想からすれば、万人に成立する普遍的な知ばかりを求めていては、知性の重要な根幹を見過ごしてしまう。態度 C1 の「全人称的」という文言はその思想を反映している。従来の学問観に該当するのが「三人称的」観察である。さらに言えば、一人称視点のデータを重要視する思想は態度 B4 にも合致する。現場の個別具体的な状況と自身の心身のかかわりあいにこそ、リアリティが宿るという思想である。

一人称視点のデータを重要視する一人称研究（諏訪 2022；諏訪・堀編著 2015）は三人称的な観察データを排除するものではない（C1）。たとえば堀内・諏訪（2020）は、走るスキルを磨かんとして一人称視点のことばのデータを重要視するとともに、自身の体感（これは一人称視点のデータ）をより鋭敏に研ぎ澄ますために、三人称的に自身の身体を観察する簡易ツールを自ら制作して日常的な探究に役立てている。ツールから得られるデータを観察することも重要だが、ツールを制作する行為それ自体が心身を鋭敏にする（C2）ということだ。

心身と現場の出逢いの個別具体的な一人称視点のデータ（B4）に基づきどのような研究知見が得られるかについて、簡単に触れておく。諏訪は数ヶ月にのべ 23 箇所のカフェを訪れ、書きためたデータを基に、カフェにおける「居かた」を 55 通り抽出した。各々のカフェの記述から「生タグ抽出法」という手法で居心地認知に関連するエッセンスを抜き出し、集まった 329 個の

生タグを KJ 法（川喜田 1970）によって整理した結果、55 個のタグが導出できたというわけである（諏訪 2022）。55 個のタグは、私がカフェで過ごすときに目に留めるものごと、それに応じて抱く体感や心情、解釈や意味、問題意識の典型パターンであり、カフェの愉しみかたに関する多様な価値観を表している。別の言いかたをすると、ひととしてどう生きるかの一端を表すものでもあり、「居かた」という生活実践知と言っても過言ではない。

　55 個の「居かた」のうち、この研究で見出せて個人的に気に入っている 7 つをリストアップしておく。括弧内は 55 個に付した ID 番号である。

- 馴染みの場所につながる知らないスポットにいる（ID2)[3]
- 日陰にあるカフェから明るい外界を眺めるのは落ち着く（ID5）
- ファサードに対して通りが斜めなので、通りの動きからの圧迫感がなく、飽きない風景と化す（ID19）
- 意識をさまざまな小空間や外界に彷徨わせる（ID23）
- 意識の置き所がある（空間上の重石になる）（ID24）
- 境界に陣取り、両空間を享受・支配する（ID31）
- 極地（エネルギー充満、緊張感あるバランス）に居る（ID32）
- カウンターのなかの従業員は舞台俳優である（ID40）

　私という存在が世界をどのように見ているか、着眼したものごとに臨機応変に反応しながらどのような意味・解釈を与えているか、何を思考してどんな心情を得ているかという知の姿がまざまざと見えてくる。まさに、心身と生活世界の状況の出逢いをフィールドワークの契機にしている（A5）からこそ見出せた知の姿である。これらの姿は一個人の心身に生じた現象なのでそのまま普遍的な知見になることはないが、他の研究者が追従するに値する面白い仮説を提供し、後続の研究を生む可能性に満ちている。後続の研究の結果、同様に仮説的な知の姿がたくさん蓄積されれば、そのなかに普遍的な姿を見出すことに着手すればよい。つまり、いきなり普遍を求めようとしないことが肝要である（諏訪・堀編著 2015）。そういう学問のありかたも認めようではないか、という考え方は、「経験の学」の思想の重要な根幹である。

おわりに

　これまで述べてきたように、フィールドワークは個別具体的な事物・事象に近づくところからはじまる。現場は一回かぎりで、見ているそばから時間が流れてゆく。現場では、私たちはさまざまな刺激を受けながら自らのふるまいを調整している。慣れない場所であればなおさらのこと、緊張感やある種の居心地の悪さにつつまれながら過ごすこともある。

　フィールドワークは、こうした現場での直接体験だけではなく、その後のふり返りや成果のまとめにいたるまでの一連の過程を含むものである。私たちは現場をつぶさに観察し、できるだけ詳細に記録する[4]。そして、ラボに戻って、記録を参照しながら現場の復元を試みる。その過程で、私たちは気づきや発見をえたり、あたらしいことばが紡がれたりする。

　さらにその先にあるのは、成果のまとめと公開である。社会調査である以上、私たちは成果の公共性について考えることになる。フィールドワークでえられた知見を、誰に、どのように問いかけるのか。記述や表現にかかわる作業が待っている（諏訪・藤井・加藤 2021）。

　フィールドワークをとおして個別具体的な状況にできるかぎり近づき、調査者として現場に向きあうという態度は「総合政策学」にかぎることなく、私たちの知的な営みにとって欠かすことができないだろう。

　大学・大学院という仕組みのなかではスピードや合理性が要求され、不断に成果を形にするよう促される。だが重要なのは、私たちにとっての成果は、アカデミックな文脈のみを志向しているわけではないという点だ。フィールドワークという方法や態度は、現場との直接的なかかわりのなかで状況依存的に醸成される。その過程をふまえれば、成果はおのずと現場へと向かうものになるだろう。上述のとおり、「ちいさなメディア」は、個別具体的な状況に密着しながら現場を復元するのに役立つメディアで、特定少数に向けてつくられる。

　いっぽう、より大きな広がりとして「読み手」を想定するときには、「おおきなメディア」が必要になる。「ちいさなメディア」との対比でいえば、それは不特定多数に向けて流通させることのできる成果物である。その代表

的なものが、アカデミックな文脈における論文であろう。論文は、不特定多数の「読み手」に成果を届けるための「型（フォーマット）」を提供してくれる。執筆や投稿、発表に必要な「型」さえ体得すれば、私たちの成果を世界中に届けることができる。

　私たちは、異なる性質の「読み手」を想定しながら、現場での体験を語り直す。ひとびとの生き様や主観的経験は、語られるたびに、異なる意味を生成する。そのプロセスを味わうことが、フィールドワークの学と術にかんする試行と思索を深めていくはずだ。

1）　代表的な書として（Clacney 1997）が挙げられる。社会学における「社会構成主義」（バーガー、ルックマン 2003）や「象徴的相互作用論（symbolic interactionism）」（Blumer 1998）も似た概念である。
2）　すでに認知された現場を目指して出かけていくようなフィールドワークも、もちろんある。
3）　この場所に来たのは初めてだけれど、自身がかねてから馴染みのある場所にすぐ繋がっている（たとえば電車で一駅とか）と安心するという「居かた」である。自身の生活履歴に結びつけているという点で、態度 B3 に通じる。
4）　一人称視点のデータは、個別具体的な現場の状況とそこに自身が立つありさまをつぶさに観察・記録する、ひとつのやりかただと言える。

参考文献
石川初（2018）『思考としてのランドスケープ—地上学への誘い』LIXIL 出版。
石川初（2020）『ランドスケープ思考—思考法としての「ランドスケープ」の再定義』慶應義塾大学大学院政策・メディア研究科 2020 年度博士論文。
上羅裕加・諏訪正樹（2022）「水を編むまち「三茶」—まち歩きの眼差しの体得」日本認知科学会「間合い」研究分科会第 20 回研究会（2022 年 2 月 27 日、JCCS SIG-Maai、Vol.2022、No.1、4-1〜10。
加藤文俊（2008）『キャンプ論—あたらしいフィールドワーク』慶應義塾大学出版会。
加藤文俊・諏訪正樹（2012a）「「まち観帖」を活用した「学び」の実践」『SFC Journal』"学びのための環境デザイン" 特集号、Vol.12、No.2、35-46。
加藤文俊・諏訪正樹（2012b）「フィールドワークのための身体をつくる—「まち観帖」のデザインと実践」日本生活学会第 39 回研究発表大会梗概集、68-69。
加藤文俊研究室（2022）『となりのエンドーくん』https://vanotica.net/endo_kun/（最終アクセス：2022 年 12 月 10 日）
川喜田二郎（1970）『続・発想法—KJ 法の展開と応用』中央公論新社。

須永剛司（1991）「デザイナーのイメージ」箱田裕司編著『イメージング表象・創造・技能』サイエンス社、12-39。

諏訪正樹（2018）『身体が生み出すクリエイティブ』筑摩書房。

諏訪正樹（2022）『一人称研究の実践と理論―「ひとが生きるリアリティ」に迫るために』近代科学社。

諏訪正樹・石川初・加藤文俊（2017）「「街ぶら」における身体性」第31回人工知能学会全国大会論文集、4L1-5.（CD-ROM）。

諏訪正樹・加藤文俊（2012）「まち観帖―まちを観て語り伝えるためのメディア」人工知能学会第26回全国大会、2P1-OS-9b-6（CDROM）。

諏訪正樹・藤井晴行・加藤文俊（2021）「「臨床の知」を探究する方法の模索」『人工知能』Vo.36、No.5、618-622。

諏訪正樹・堀浩一編著、伊藤毅志・松原仁・阿部明典・大武美保子・松尾豊・藤井晴行・中島秀之（2015）『一人称研究のすすめ―知能研究の新しい潮流』近代科学社。

バーガー、ピーター・ルックマン、トーマス（2003）『現実の社会的構成―知識社会学論考』新曜社。

堀内隆仁・諏訪正樹（2020）「「アスリートとして生きる」ということ―競技・生活が一体となり身体スキルを学ぶ様を描く物語」『認知科学』Vol.27、No.4、443-460。

Blumer, Herbert（1998）*Symbolic Interactionism: Perspective and Method*, Berkeley and Los Angels: University of California Press.

Clancey, William J.（1997）*Situated Cognition: On Human Knowledge and Computer Representations*, Cambridge: Cambridge University Press.

第5章 中立性神話
臨床から教育現場へ

森さち子

はじめに

　心理現象の分析、あるいは人間関係の理解において、果たして、「中立性」は保持できるだろうか。本章では精神分析史における知的洞察 対 情緒的洞察の観点から、"中立性神話のゆくえ"を概観する。その流れを踏まえ、筆者の心理臨床家としての経験に基づいて、間主観的観点から心の相互交流について考える。そしてその考察を、学生・教員間の交流についても広げたい。

　中立とは、「いずれにも偏らずに中正の立場をとること」（新村編 2008）を意味する。そこに、関係性をめぐる現象を具体的にあてはめ、その関係性の中に自身がリアルに含まれる、さらには、巻き込まれる状況を想定してみるなら、こうした意味での中立性を常に内的に維持することは、極めて難しいことが容易に想像される。

　この中立性を基本的態度とすること、すなわち治療構造の一つとして、その遵守を強く求める人間理解の方法論がある。それは人の心が他者の心に関わることによって生起する現象を分析し、心に建設的な変化が生まれることを目指す精神分析的アプローチである。

　精神分析事典（小此木ほか編 2002, 339）によれば、「分析家は社会的、道徳的、宗教的価値に関して中立でなくてはならない。つまり、特定の理想に従って治療を進めてはならないし、どんな忠告も控えねばならない。理論的偏見によって特定の心の部分や特定の意味に執着してはならない。このような原則を中立性と呼ぶ」とし、中立性とは、「精神分析的な治療者は誰もが身につけるべき治療態度」であると明記している。

この態度の意義について考えるとき、筆者自身の臨床心理士として、そして大学の教員としての経験を踏まえ、こうした意味での中立性は本質的には教育にも通ずるものがあると実感する。知識、技能、規範、その他、さまざまなことを教え、育むことは、成長過程にある人の心に必ずや関わる活動だからであろう。

　そのような視点から、まず精神分析における中立性をめぐる歴史的展開を外観し、中立性神話に対する現代精神分析の批判的動向を紹介する。そしてそれらの議論の積み重ねを糧に得られた筆者の臨床的知見に基づいて、中立性という概念を主軸として教育現場に生かせる応用的展開を試みたい。

I　中立性をめぐる精神分析史

1　精神分析、精神分析的心理療法について

　中立性をめぐる精神分析史について言及する前に、精神分析の概略（森 2017）を記したい。19世紀末ジグムント・フロイト（Sigmund Freud, 1856–1939）が無意識の探求方法として創始した精神分析は、「自由連想」と「禁欲規則」という二つの基本規則を有する。「自由連想」において、被分析者は心に思い浮かぶことは何でも自由に語ることが求められる。しかし、どんな願望が浮かんでも、それを行動に移すことは許されない。すなわち内的には自由でありながら、行動の上では「禁欲規則」に従うことが同時に求められる。この「禁欲規則」は分析者にも課される規則であり、「精神分析は、可能な限り、禁欲のうちに行われなければならない」ことがその本質とされている。この「禁欲規則」が、分析者側の個人的な思いや感情、信条、価値観などを伝えることを差し控える態度、まさに「中立性」と深く関わるものである。

　この二つの基本規則は、いわば、精神的な解放と、行動上の制限ないし禁止を被分析者に同時に与える二重構造となるため、精神分析には被分析者にとって、心の葛藤が生じやすい構造があらかじめ内包されている。また精神分析の物理的な設定は、カウチを用いて、週に4、5回、1セッション一般には50分、一定である。また現代では、その理論と技法を応用し、対面で

週に1回、50分行う設定も用いられる。それを精神分析的心理療法と呼ぶ。いずれの設定においても、被分析者の心に賦活される過去の重要な対象との体験が目の前の分析者との関係の中で体験される「転移」が想定される。また被分析者との関係において、分析者の側にも体験される現象を「逆転移」と称し、その「転移・逆転移」をめぐる理解に基づいて、分析者による言語的介入、すなわち「解釈」が与えられ、被分析者に自身の内界、無意識をめぐる「洞察」がもたらされ分析治療が進んでいく。その作業は、被分析者と分析者の間に交わされた「治療同盟」に支えられるが、分析の過程で、被分析者の内的な「抵抗」が生じたり、分析関係そのものを破綻に招くような「陰性治療反応」が生じ、分析が妨げられることもある。

　なお、精神分析を行う側は、分析者、治療者と呼ばれ、受ける側は、被分析者、患者と呼ばれる。また精神分析的心理療法は、概して、筆者も含め心理士が行うことから、本章では、セラピスト・クライアントという呼称を用いる。

2　表舞台に現れた中立性

　「禁欲規則」の背景にあった「中立性」が精神分析の表舞台に立つようになったのは、実は、フロイトを受け継いだ後継者の時代になってからである。第二次世界大戦中、フロイトをはじめ、多くのユダヤ人分析家は英国や米国へ亡命した。その中で米国へ逃れた分析家たちの流れはフロイトの教えに忠実に従い、また次の世代に伝えていく使命感を強くもち、フロイトの精神分析を教条的な色彩の強いものとして推し進めたことは精神分析史では自明なことである（Menninger 1958＝1969；小此木 1985；丸田 2002a）。その精神分析史を「中立性」という観点から振り返ると、精神分析における「知性」と「情動」をめぐる長年の論議が浮上してくる。

　筆者は、1990年代後半から丸田俊彦と、精神分析における間主観性をめぐる対話を積み重ねきた（丸田 2002a；丸田・森 2005）。ここで、「知 対 情」を軸に、精神分析史を考える視点も、米国で精神科医として、また精神分析研究者として、最先端を走り続けた丸田に依拠するところが大きい。ここでは、丸田から受け継いで筆者が著したもの（森 2010）に基づき整理して記

載する。

3 二つのテーマの相克——中立性神話の揺らぎ

精神分析的アプローチにおける治療的変化について考察する際、「知 対 情」をめぐるテーマ、すなわち治癒プロセスの核心は、認知的なもの、つまり解釈、洞察、知識なのか、あるいは情緒的なもの、つまり絆、情動、相互交流なのかという論議にも結びついていく。

精神分析的心理療法の実際において、情緒への関心はあくまでクライアントの心的内界を理解するための手段であって、その理解から生まれる解釈をもとにしてクライアントに洞察を与え、その知的洞察によってクライアントは治癒すると考えられていた。知的プロセスの重視は、フロイト（Freud 1904＝1983; Freud 1905＝1969）以来、長く守られ続けてきた。しかしその伝統に確実な変化が訪れている。それは、解釈、洞察という、知的な面の強調から、相互交流や絆といった、主として情緒的なものの強調、少なくとも、両者のバランスの強調へと至る躍動といえる。さらに、発達および心理療法過程における情緒的側面の重要性への気づきが、急速に進みつつある。ここでは、米国における学問的変遷を中心に、まず、伝統的な精神分析の流れの中で「知的洞察」重視の自我心理学を、ついで「情緒的相互交流」に目を向ける契機となったコフート（Kohut 1971; 1977）の自己心理学、スターン（Stern 1985＝1989, 1991）による乳幼児精神医学からの還元、ストロロウら（Stolorow et al. 1987＝1995; 1997＝1999）の間主観性理論の展開を中心に考察する。

4 心の起源
心の自閉的起源——自我心理学

第二次世界大戦直後、米国に渡った分析医たちにより劇的な発展をみせたのが、精神内界の抽象的な「イド・自我・超自我」という三層構造を中心とする自我心理学である。この理論の背景には、新生児は、外界との交流をもたず、「正常な自閉」状態にあり、生得的な内因性欲動に従って行動するという考え方がある。この自我心理学的アプローチにおいて中心を占めるのが、解釈であり洞察である。カンバーグ（Kernberg 1976＝1983）に代表されるよ

うに、患者の精神内界について客観性をもった解釈を通して患者に知的洞察を与え、歪曲を正すという科学的プロセスにおいて、「知」が中心を占め「情」が二次的なものとして扱われていた。その際、クライアントの葛藤を映し出すスクリーンとなるためにセラピストが守るべきものとして、中立性が重んじられたのである。こうした自我心理学の前提、基本的技法が、今でも私たちの臨床感覚の中に連綿と生き続けており、陰に陽に、私たちの臨床全体に影響を及ぼしている。

フロイト的治療態度とフェレンツイ的治療態度

　フロイトの精神分析創始期にも、実は情緒的な交流の重要性を説いた臨床家が存在していた。それはフロイトの直弟子、フェレンツイ（Ferenczi 1913）であるが、その時代、精神分析における科学性の証明に懸命になっていたフロイトにとって、治療関係における情緒的な絆を重視するフェレンツイは、精神分析の発展における危険分子であった。そして、後に精神分析技法をめぐる議論の中で、患者の求める身体接触に応じるか否かの激しい衝突を引き金に、フェレンツイはフロイトに破門されたのである。

　しかし、情緒的な結びつきを治療機序の基盤とするフェレンツイの考えは抹消されることはなかった。母子関係を治療関係になぞらえて精神分析理論とその臨床を展開するフェレンツイ学派は、その後の精神分析の流れの一つの基底として存在し続けた。

　小此木（1985; 2000）は、科学的な精神分析の技法を追求するフロイトと、母子関係にみられる情緒的な絆を治療の基盤として考えるフェレンツイの技法を比較研究し、フロイト的治療態度とフェレンツイ的治療態度を対峙させた。

　我が国における精神分析の発展をもたらした小此木自身が、表向きには自我心理学者としてフロイト的治療態度を身につけることを金科玉条としながら、内にはフェレンツイ的なものを秘めていたのである。そして実際の治療場面においてはどちらかというと、フェレンツイ的な関わりの方に親和性を抱き、情緒的な関わり合いを治療機序としていた事実（小此木 2000）に関して、それを自由に語れるようになったのが、精神分析が我が国において安定

した地位を獲得した頃である。その小此木の経験は、20世紀初頭のウィーンにおいて、科学性が重んじられる時代に「精神分析」を発展させていく上で、情緒的なものをできるだけ排除しようと苦闘していたフロイトの経験とも重なる。

　以上から、自我心理学に代表されるような理論と技法を確実に身につける必要があった欧米における、そして日本における時代的な背景がうかがえる。さらに、その機会さえあれば、以下に述べる新しい精神分析の流れが展開する土壌が、その創始時代からすでにあったことも興味深い。しかし、新たな分野を創り出し発展させるには、前述したように、自我心理学的なソリッドな視点が必須であった。また、精神分析理論が定着し、そして成熟すればするほど、その理論的な防衛から自由になれると考えれば、心の対話的起源をめぐる新たな展開は、精神分析理論の成熟と密接に関係してくるのである。

心の対話的起源──コフートの自己心理学

　精神分析を客観的観察の場と考え、知的洞察を強調した自我心理学に対し、「情緒的に受け入れ、理解する」ことの重要性を指摘し、知的洞察より発達促進的な情緒的状況を、そして解釈の内容それ自体より解釈がいかに与えられるかという相互交流を強調し、自己心理学を提唱したのがコフート（Kohut 1971; 1977; 1984）である。コフート理論は、精神病理の原因を、母子関係における「実際の相互交流」に求める。すなわち、母子関係をそれ以上分割できない単位として捉え、その単位の中、つまり、両者の関係性においてのみ病理が発生すると考える。その意味でコフート理論は、病理の発生を乳幼児の内因性欲動に求める自我心理学、すなわち"伝統的"精神分析理論とは根本的に異なるのである。

　自己の起源についてコフートは、「母親がはじめて赤ちゃんを目にし、手に触れた瞬間に始まっている」（Kohut 1977, 100；丸田 1992, 20）とし、その自己は、生まれながらにして生への確固とした自信をもっており、その生を支える情緒的環境を当然のことと期待する。つまり、コフートによれば、自己はその初めから関係性の中に存在し、母親との情緒的交流なしでは考えられない存在なのである。

抽象度が高い概念を扱う自我心理学とは異なり、「心理的世界の中心」と定義される自己——「私」——を中心に据えた自己心理学は、日常の情緒的体験の現象に着目した。また、発達を促進する情緒的態度を大切にするため、セラピストがクライアントの心を映し出すスクリーン、すなわち厳格な中立性を求めず、実際の情緒的交流を重視することになった。そしてその探索の中心は、相互交流をめぐる自己体験であり、共感と内省を探索方法とする。

II　現代精神分析の広がり

1　乳幼児精神医学からの還元

　直接観察による乳児研究と従来の精神分析理論の照合を試みたスターン（D. Stern）の学問的業績は、乳児の主観的体験をめぐるパラダイム・シフトにより達成された（Stern 1985 = 1989, 1991）。彼は、それまで全く別枠で捉えられてきた、「精神分析の発達理論として描かれた乳児（臨床乳児）」と「発達心理学者が実際の観察をもとに描く乳児（被観察乳児）」という二種類の乳児を、長年の経験と膨大な資料のもとに対峙させ、そこから推察される乳児の主観的な体験の世界を、自己感の概念を軸として記述したのである。スターンによれば、「臨床乳児」とは、大人の患者が連想する乳幼児体験をもとに、精神分析理論を参照しながら再構築されたものである。したがって、「臨床乳児」の記載には、いくつかの精神分析的仮説が前提として含まれている。スターンが疑問を向け、「自己感」をパラダイムとする乳幼児研究所見をもって検討を加えたのは、当然、自我心理学も依拠する精神分析的仮説であった。

　スターンの発達研究をもとに解釈・知的洞察と相互交流・情緒的理解を対比して考えれば、次のようにまとめられる（丸田 1992）。乳児は「正常な自閉」を体験しない。その初めから、外界と活発に交流している。乳児の発達は、欲動をもとにした内界によって導かれるものではなく、外界との交流の過程・産物である。したがって、母親がどう対応するか、すなわち非言語的・情緒的コミュニケーションが、乳児の発達に大きく影響する。心理療法の治癒プロセスにおいても、知的洞察に加え、非言語的・情緒的なものが作

用していることに重きを置く。

2 ストロロウの間主観性理論

　間主観性という概念の展開は、ある意味で、精神病理があたかもクライアントの中だけに所在するプロセスであるかのように扱う古典的精神分析に対するアンティテーゼであると、その提唱者のストロロウらが明確に述べている（Stolorow et al. 1987 = 1995）ように、間主観性理論は、自我心理学の前提に対し、真っ向から挑戦する。間主観性理論は、クライアントの人生や人間の精神発達に関し、セラピストが、「客観的」知識を所有しているとは考えない。セラピストが所有しているのは、フロイトもそうであったように、多種多様な情報源や人生の経験に由来したセラピスト自身の主観的準拠枠であり、その準拠枠をもってセラピストは、分析データを自分にとって筋の通ったテーマや関係性へとまとめあげるのである。その意味で、これまでクライアントの中だけのプロセスないしは機序として考えられてきた転移、抵抗などは、間主観的現象として捉え直されなくてはならない。そうした観点からストロロウらは、精神分析は、観察者と被観察者の、それぞれ別個に形成された、二つの主観的世界の相互作用に焦点を当てる、間主観性の科学であり、その観察の姿勢は常に、観察の対象となる間主観的な場の内側にあり、外側にはないと主張する（Stolorow et al. 1987 = 1995）。"このセラピストのもとにおける、このクライアントのこの心理療法"という特異な治療関係から、両者はどうしても抜け出せないのである。

　間主観性理論を基盤としたアプローチをまとめると以下のようになる。探索の対象は、「イド・自我・超自我」という、メタサイコロジー上の構造ではなく、自分にまつわる体験とそれをめぐる情動である。そうした情緒的体験は優れて間主観的な現象であり、間主観的なコンテクストにおいて生じ、そこにおいて制御される。したがって、持続的共感的探索の焦点は、情動にある。そして、情動の統合とネガティブな情動への耐性の増強が、治療目標の一つとなる。また間主観的な観点から、禁欲規則——意図的にクライアントのニーズや願望を満たさないでおくこと——は、クライアントに中立的とは映らない。それは、場合によって、クライアントの中に人為的な葛藤を挑

発し、治療プロセスを損なうことになる。間主観的な観点に立つと、中立性を含め、セラピストのパースペクティブの隠蔽は、逆に自分の学問的信念の露出、すなわち自己開示となる。

3 そして現代

　以上、外観したように、特に乳幼児研究の領域や、相互交流における間主観的リアリティに重きを置く立場の臨床家から、中立性に対して種々の疑問が提起され、精神分析における「中立性神話」を批判する動向が生まれた。そこには前言語的な情緒交流の意義と、その相互作用における治癒機能に光が当てられるようになった画期的な地平の広がりがある。一方、このような間主観的な相互作用の意味が重視されればされるほど、精神分析的なセラピストの基本的な態度として、中立性を身につけることがまず基本であるという臨床家としての姿勢がかえって見直される気運もある。

　精神分析における知的洞察か情緒的洞察かをめぐる論議の歴史は、すでにみてきたように「中立性」をめぐる議論と同期している。その中で最も基本的な治療機序は、言語的解釈を通しての洞察なのか、情動反応を基盤とする新たな関係性を通してのクライアントの変化なのか、という二者択一的な相互排除的議論の段階を経て、1980 年から 1990 年代にはむしろこの二つは両立し共存する動向が生まれたことが注目されている（小此木 2000）。こうした議論の積み重ねを注視しながら、どちらかを絶対視することなく、精神分析の治療機序をめぐる臨床的理解がより洗練されていくことにこそ、精神分析の本質があると思われる。さらに小此木（2000）は、すでに 1930 年代にフロイトが、治療的洞察をセラピストとクライアント間の対話的な再構成の所産とみなしていたことを取り上げ、精神分析はセラピストが静的に対象化した無意識を解釈する閉ざされたものではなく、クライアントとの動的な開かれた発展過程であること、そしてセラピスト自身の「主体的な変化を媒介にして初めて発展し得るもの」（小此木 2002, 119）という見解を明らかにした。

　このように二者関係の相互作用における豊かな発現プロセスの中に治療機序を見出す観点は、現代精神分析の臨床に即した動向といえよう。

Ⅲ 臨床素材

1 臨床素材を取り出す基本的な設定

　精神分析的心理療法の設定は、前述したように1対1の対面法で、基本的には週1回50分、同じ曜日、同じ時間帯、同じ部屋で営まれる。基本的にセラピストは、受け身的で、自分の価値観、意見を伝えることはなく中立的な姿勢で臨む。クライアントが安心して自分らしさを実感できるような安全な空間を提供する。そして、クライアントがセラピストを信頼し、自分の気持ちを理解してもらえると思えるような関係性を築いていくことをセラピストは目指す。そのために、セラピストは情緒的に共感的な態度を恒常的に保つ。クライアントはその設定の中で、思い浮かんだことを自由に話すように促される。

　以上の設定は、1900年、フロイト（Freud 1905 = 1969; Freud 1912 = 1983）によって精神分析が創始されて以来、100年余りの歴史的な積み重ねの中で、洗練されてきた手法である。セラピスト自身の個人的な要因をできる限り少なくして、クライアントの心の動きが現れやすいように工夫が施されている。その際、セラピストはクライアントとの関係の中で、クライアントが自分の中でうまく受けとめきれない情動の受け皿となり、やがてそうした情動をクライアントが自分自身の中におさめていくことができるような機能を果たすことが期待されている。

　以上のような設定で行われた臨床素材を呈示したい。ただし、プライバシーへの配慮から、クライアント・セラピスト間に起こっている現象そのものは、できる限りそのままに再生するが、クライアント自身の情報に関しては、変更を加えるなどを行っている。

　またここで取り上げるのは、拙著『かかわり合いの心理臨床』をテキストにして行う、SFCの講義「応用臨床心理」の中で、ミナ（仮名）さんとセラピスト（筆者）の関わり合いをめぐって、特に学生たちが熱心に語り合う臨床素材の一つである。

2　ミナの初回面接と、その後のセッションから

　10代半ばのミナとの面談に先立ち、父親が娘のことで電話にて相談希望を伝えてきた。「娘のリストカットはアクセサリーのようなもの」という、そのときの父親の言葉が、私の耳に違和感をもって響いた。初めて会ったミナはしっかりとしていて大人っぽい印象で、学校への不適応感を物怖じせずに語った。しかしミナは自身のリストカットについては触れなかったので、しばらくして、私から尋ねた。包帯を巻いている手首をさして、「どんな風なのかな？　ちょっと見せていただけるかな？」……そのように尋ねたのは、リストカットの傷が、ミナの心の問題の深さを推し量る一つの指標になると思ったからである。

　ミナは「あ、これ？」と、何のことはないという余裕のある表情をし、全く気にも留めていないという様子で包帯をいとも簡単にするするとほどいて、最後にひらりと取って、テーブルの上に軽やかに置いた。それからにっこりと私を見て、「全然痛くないんですよー」と言いながら、その左腕を差し出した。白い肌には無数の傷が生々しく刻まれていた。幾本かは、えぐるように深く、まだ血が滲んでいた。それらの傷を目の当たりにした私は、その痛みを鋭く生身に感じ、一瞬、息をのんだ。ミナの軽やかな態度と、容赦のないむごい傷、そして、父親の「アクセサリー」という言葉が、私の心の中でクラッシュを起こしたのである。

　そして、思わず私は「あー……痛かったね」と静かに口にしていた。私の言葉に対して、ミナは、変わらずにこにこしていただけで、とくに応答はなかった。それからミナは、いったんほどいた包帯を手慣れたように再び巻いて傷を覆った。

　その初回からしばらくの間、リストカットのことは二人の間で話題にはならなかった。ところが、1か月ぐらいした頃、ミナが「痛くて切れなくなった」ことを報告した。「でも、傷口はいつも血でぐじゅぐじゅしていないといやだから」と、いつものようにカッターで切れなくなった代わりに、赤いペンで傷口を赤く染めていると付け加えた。それからさらに半年が過ぎた頃には、残っている傷跡を気にして消したいと思うまでに変化した。

3　ミナに変化が起こったことをめぐって

　ミナが、痛みの実感を取り戻し、傷がなくてもやっていけると思うまでに変化した背景には、精神分析的心理療法の中で経験した自己肯定感の回復があったと思われる。当時、思春期にあったミナは、家庭や学校における問題の中で自己感の発露を失って、リストカットという"行動化"に依存せざるを得ない心的状況にあった。家庭では両親の不和に悩んでいたが口にできず、学校では幼く見える同級生たちから距離を置く態度が、周囲にはネガティブに映り、さまざまな反感を引き起こしていた。どちらにおいても居場所がなく、がんじがらめから抜け出せない状況だったと推察される。人との信頼関係を失っていた、そのようなミナに、筆者はセラピストとして出会った。

　ミナが1年後の心理療法の終わり頃に語ったことから、初回の交流がそれまでとは違う体験を彼女にもたらしていたということが伝わってきた。それまで，腕の傷を見せると、親も含めて周囲の大人たちはすぐにやめなさいとものすごく怒るか、見ないふりをしていたという。父親も心配のあまり、助けを求めてきたのだが、その語り口「アクセサリーのようなもの」という軽い表現には、否認や回避が働いているようだった。リストカットの傷に対する反応、すなわち叱責、無視、回避に晒されてきたミナにとって、初回、自身に身を切るような痛みを感じながら、ミナの痛みを感じて発した私の瞬間の応答「あー……痛かったね」という語りかけは、それまで経験したことのない関わりだったようである。

Ⅳ　中立性再考

1　臨床例に基づいて

　ここで、臨床素材に基づいて実際の関わり合いを検討することから始めたい。初回のセッションで、リストカットの傷が露わになった瞬間、セラピストである筆者は、クライアントに積極的に働きかけようという、はっきりとした意図をもって声を発したのではなかった。すなわち、そのような行為を直ちにやめさせなくてはならない、危険であることをわからせなければならない、そのために効き目のある言葉、注意や叱責、強い助言を与えなくては

ならないということは浮かんでいない。いや、正確に言えば、当然、そのような自分を傷つける行為を一刻も早くやめてほしいと強く思っている。しかし、それを伝えることがクライアントの行動変容を引き起こすことには、全く無力であることも知りすぎている。それは、それまでの臨床体験から自ずと学んだことであるとも言えるし、セラピストとしてのそれまでのトレーニングによるものでもある。いずれにしても、「やってはいけないこと、やめてほしいこと」を伝えていない。クライアントがやめられずに繰り返していた行為、それは危険なものであったが、このとき、セラピスト側の価値判断も伝えていない。すなわち意識にのぼっていなかったが、セラピストの態度、実際の関わりに、「中立性」が働いていたと考えられる。

　クライアントの行為に対して、中立的でありながら、その行為に表れているクライアントの心身の痛みに触れる、いわば共感的な関わりをしていた。ミナの心の問題の深さを推し量る一つの指標になると考えていたリストカットの傷は、まさにミナの心の傷の深さを表していた。セラピストがその傷の痛みに触れたとき、それは体と不可分である心の痛みにも触れていた、そのように思う。もちろん、その瞬間、セラピストはそこまで意識化できている中で言葉を発していない。しかし、その行為を表面上やめさせても、心の痛みが治まるわけではないことを瞬時に読み取っている。その内奥にある心の問題が消失しなければ、表に表れる行為をやめさせることは意味がないこと、表層的な関わりにしかならないことも熟知している。そうであるからこそ、行為にではなく、その傷が伝える痛みがこちらに伝わったこと、そのことを伝えること、それがクライアントの心に少しでも近づくことになると考えられる。それが結果的にはリストカットという行為に、価値判断なく中立的に臨むことにつながった。そしてそれは、そのような深い傷を感じるような体験をしてきた、その心の痛みへの関わりであった……ということになるであろう。

2　"誰のための"言葉？

　この経験を踏まえて、「中立性」を再考すると、相手との関係に心が動き、何か言葉をかけようとするとき、それは「誰のための言葉なのか？」と、そ

の真意を自問することが、鍵となるかもしれない。リストカットの傷を見て「やめなさい」と言うとき、それは究極的には、誰に向けられた言葉か。そのような傷を見るに耐えないために、そんなことはやめてほしいという意味では、"自分のための"言葉の可能性もある。たとえば、落ち込んでいる人を励ましたり、元気を吹き込もうとしたりする、それはそばにいる人にとって精一杯の関わり方であることは言うまでもない。一方で、「元気を出して」「がんばって」という言葉は、一緒にいて、暗い顔をされていると、こちらが耐えられない、元気になってもらわないと、こちらがつらくなる。あるいは、相談されたら、何か役に立つ存在でありたいからつい安易に励ましの言葉を言ってしまうという、"こちら側の事情"ということもあるかもしれない。それはまた、その人の価値基準、判断が前面に出てしまうときであろう。つまり、中立性を失っているときである。だからこそ、自分が相手の心にアクティブな影響を与えようとするときに、"それは、誰のため？"と、自問してみる。そのように一歩踏み留まって、内省することが中立性の維持につながるかもしれない。自分の中に生じている情動体験の中にいながら、その状態を受容しつつ、相手の内的な体験に思いをめぐらせることでもある。それは、「情緒的耐性」（森 2010, 158；森 2022, 65）を備えること、すなわち、自身の思い、感情をそのまま表す前に、内的に抱えられる能力を身につけることによって得られる体験といえよう。

3　「中立性神話」から「生きた中立性」へ

　前述したように、「心の自閉的な起源」を主張する自我心理学に代表される伝統的な精神分析において、精神分析の訓練を受けたセラピストにおける中立性とは、個人的な考え、判断、価値観、さらには自分の無意識も含め、自身のバイアスをなくして客観的な立場から、クライアントの心を理解できるという確信があった。つまり、「中立性神話」が確固として精神分析の世界を支配していた。しかし、「心の対話的起源」に開かれていく精神分析史の展開の中で、自己心理学から間主観性理論へ、そして乳幼児精神医学の精神分析への還元を経て、完全に中立性を維持することはできないというセラピストの限界を見つめることになった。そして防ぎようのない中立性からの

逸脱について、中立性神話にしがみつくのではなく、バランスを失うことに気づき、内的に対処するべく、セラピストの深い内省が重視されるようになった。たとえば、間主観性理論を唱えるストロロウは、中立性という分析的スタンスに代わるスタンスを、セラピストからクライアントに向けられた共感的—内省的探求として特徴づけている（Stolorow et al. 1987 = 1995）。

　さらには、間主観性理論の実践者であるジェニキー（Jaenicke 2008 = 2014）によれば、むしろセラピスト・クライアント関係の中で、セラピストの方が先に、ほんとうの意味で変わらなければ、あるいは深く心を動かされることがなければ、クライアントの心は決して変わることはないと主張する。クライアントに関わるセラピストは「中立性」という分析的な態度（＝盾）の陰に隠れていては、真の関わりあいは生まれないということまで言い切る。まさに、『関わることのリスク』（Jaenicke 2008 = 2014）で、ジェニキーが訴えるように、真に関わること、そのプロセスは、「リスク」を伴うのである。セラピストが「中立性」という名の守りに入ってしまったら、あるいはそこに引きこもって、クライアントの心から距離を置いたときにその関係性は生気を失ってしまうであろう。

　岡野（2002）は、「中立性」批判が高まる中で、この言葉がもつ伝統的な意味の重みから、存続の重要性を認識し、「死んだ（静的な）中立性」と「生きた（動的な）中立性」という区別の導入を提案した。岡野によれば、「死んだ（静的な）中立性」とは、自分の主観の影響を受けない客観的な立場から物事の真の姿を捉えることができるという前提に立ったセラピストの態度である。一方「生きた（動的な）中立性」とは、クライアントとのその瞬間において自らの中に生まれてくる直感や反応を重視しつつ、その介入に関しての有効性の是非を常に天秤にかけ続けるという立場と定義し、その「生きた中立性」の意義を主張している。その視点について、丸田（2002b）は、基本的に間主観性理論と軌を一にするものであるとし、共通の認識を見出している。

　いずれの立場においても、私たちが常に念頭に置いておかなくてはならないことは、臨床家としてどんなに熟達しようとも、私たちは、"関係性の外側には立てない"という現実を踏まえることであろう。

4 教育における学生と教員の関係

　精神分析家の治療態度を規定する概念として普及した中立性という言葉は、前述したようにフロイトの著作には見られない。しかし、この言葉が、精神分析において重視されるようになった背景に、中立性という概念の本質がフロイトの記述の中に見出されていたからである。たとえば、分析家が患者に意図的に及ぼす影響を避けること（Freud 1895＝1974）や、自身の治療者としての名誉心を批判しつつ、謙虚さをもつこと（Freud 1912＝1983）を説いている。さらに、助力を求めわれわれに身を委ねる患者を自分たちの私有物とすることを断固として拒否し、患者にわれわれの理想を教え込もうとする奢りをもつことを控えねばならないと強調している（Freud 1919＝1983）。

　こうしたフロイトの見解は、学生と教員の関係において、教員側が学生に出会う前に身につけるべきものに通ずると思われる。

　学生の側に立って、さらに考えると、学生における「病的融通性」（丸田 2002a, 82）を教員は心しておく必要がある。この言葉は、本来クライアント・セラピスト関係において、クライアントが自分の自発的な心の動きを犠牲にしてまで、自分にとって現在の重要な対象であるセラピストに合わせようとする傾向があることに着目した言葉である。学生と教員の関係を考える際には、「病的」という言葉は、敢えて外した方がよいと思うが、学生が教員の一挙手一投足を見て、自分の主張したい発言内容を微妙に引っ込めたり、教員の顔色を見て、主張の内容を変えたりすることなど、教員への気配り、あるいは過剰なとらわれがあるやもしれぬということを常に心に留めておきたい。私たちが考えている以上に、学生は教員の意向を汲み取ろうと腐心しているかもしれない。そうであるからこそ、教員における中立的な感覚は、身につけておきたい。

　現代精神分析において、関係性の重視、情緒的な交流の意義深さが注目される中で、治療関係においてもその発達促進的な要素に光があてられている今日、精神分析の領域と教育実践領域は非常に重なるところがある。クライアントの中にある発達的動機を読み取り、促す、セラピストの関わりをめぐり、まずクライアントに内在化されるのは介入の内容ではなく、それを伝達するときのセラピストの態度であるという表現は、クライアントを学生に、

セラピストを教員に置き換えられる。また、発達促進的交流は、関係性の新たな展開に向かう。この観点は、上述のジェニキーの見解にもつながる。つまり、情動を中心とする相互交流プロセスそのものを中心的な治療機序と捉える場合にも、セラピストに求められることは完璧な共感者になることでも、発達上の欠損を修復しようとすることでもない。新しい主観性の展開、すなわちクライアントの情緒的世界の拡大を可能にする、間主観的な場を創るプロセスが重視されるのである。

ジェニキーは、関係の中にいつも自分の主観性を持ち込んでいること、そのことに気づいているということが"間主観的である"という。まさにその自覚を絶えず自身に促せるかどうか、それはクライアントに対するセラピストに留まらず、教員として、学生に臨むときに重要な姿勢であろう。さらに、ジェニキー（Jaenicke 2008 = 2014）が強調するように相手、ここでいうなら学生の持つ"異質性に対する受容性"を高めてくれるのは、中立性ではなく、私たちがもつ"先入観に対する気づきである"ということをいつも心に刻んでいたい。

おわりに

1990 年 SFC 創設時、三田で臨床心理学を学ぶ大学院生だった筆者は、SFC で学生相談を担当し、小此木啓吾先生の講義もお手伝いをさせていただく機会を得た。その当時、オメガの教室にたくさん集まっている総合政策学部、環境情報学部の 1 年生に向けて、優しく、楽しそうに語りかける小此木先生の姿を、本書執筆中、何度も思い浮かべた。学生たちがもつ可能性に期待を抱き、講義をしながら、学生から問いかけられればいつでも真摯に応じるというオープンな姿勢がそこにはあった。日本における精神分析の第一人者であった小此木先生は、欧米における禁欲規則と直結する厳格な中立性とは別に、フロイトの記述から自ら学び取った中立性の感覚、すなわち「分別」「謙虚さ」をとりわけ重視していた。その感覚を身につけ、学生の限りない成長プロセスを見守っていらしたのだと思う。

それから 30 年余りを経た現在、筆者は SFC で臨床心理学、精神分析的ア

プローチの講義を担当している。学生に臨む時、「中立性神話」に縛られることなく、教員としての分別、人としての謙虚さを基底とした小此木風の生きた中立性は、筆者に受け継がれているだろうか。時々、自らに問いかけることである。

参考文献

岡野憲一郎 (2002)「中立性を提供モデルから再評価する」『精神分析研究』Vol.46 (2)、17-26。

小此木啓吾 (1985)『精神分析の成り立ちと発展』弘文堂。

小此木啓吾 (2000)「フロイト対フェレンツイの流れ」『精神分析研究』Vol.44 (1)、109-122。

小此木啓吾編集代表 (2002)『精神分析事典』岩崎学術出版社。

小此木啓吾 (2002)「フロイト的治療態度の再検討―特に中立性、禁欲規則、隠れ身をめぐって」『精神分析研究』Vol.46 (2)、28-36。

新村出編集 (2008)『広辞苑 (第六版)』岩波書店。

丸田俊彦 (1992)『コフート理論とその周辺―自己心理学をめぐって』岩崎学術出版社。

丸田俊彦 (2002a)『間主観的感性―現代精神分析の最先端』岩崎学術出版社。

丸田俊彦 (2002b)「「中立性」再考―間主観性理論の立場から」『精神分析研究』Vol.46 (2)、27-32。

丸田俊彦・森さち子 (2005)『間主観性の軌跡―治療プロセス理論と症例のアーティキュレーション』岩崎学術出版社。

森さち子 (2010)『かかわり合いの心理臨床―体験すること・言葉にすることの精神分析』誠信書房。

森さち子 (2017)「精神分析の成り立ち」大場登・森さち子『改訂版 精神分析とユング心理学』放送大学教育振興会。

森さち子 (2022)『新版 症例でたどる子どもの心理療法―情緒的通いあいを求めて』金剛出版。

Ferenczi, S. (1913) "Stages in the Development of the Sense of Reality," 1960, In, *Contribution to Psycho-Analysis*, London: Hogarth Press.

Freud, Sigmund (1895) "Zur Psychotherapie der Hysterie," *Schriften zur Behandlungstechnik*, Frankfurt am Main: S. Fischer Verlag (= 1974, 懸田克躬訳「ヒステリー研究」『フロイト著作集 第7巻』人文書院).

Freud, Sigmund (1904) "Die Freudsche pschoanalytische Methode," *Schriften zur Behandlungstechnik*, Frankfurt am Main: S. Fischer Verlag (= 1983, 小此木啓吾訳「フロイトの精神分析の方法」『フロイト著作集 第9巻』人文書院).

Freud, Sigmund (1905) "Bruchstük einer Hysterie-Analyse," *Hysterie und Angst*, Frankfurt am Main: S.

Fischer Verlag（＝1969, 細木照敏他訳「あるヒステリー患者の分析の断片」『フロイト著作集 第5巻』人文書院）.

Freud, Sigmund（1912）"Ratschläge für den Arzt bei der psychoanalytischen Behandlung," *Schriften zur Behandlungstechnik*, Frankfurt am Main: S. Fischer Verlag（＝1983, 小此木啓吾訳「分析医に対する分析治療上の注意」『フロイト著作集 第9巻』人文書院）.

Freud, Sigmund（1919）"Wege der psychoanalytischen Therapie," *Schriften zur Behandlungstechnik*, Frankfurt am Main: S. Fischer Verlag（＝1983, 小此木啓吾訳「精神分析療法の道」『フロイト著作集 第9巻』人文書院）.

Jaenicke, Chris（2008）*The Risk of Relatedness: Intersubjectivity Theory in Clinical Practice*, New York: Jason Aronson（＝2014, 丸田俊彦監訳・森さち子監修『関わることのリスク―間主観性の臨床』誠信書房）.

Kernberg, Otto（1976）. *Object Relations Theory and Clinical Psychoanalysis*, New York: Aronson（＝1983, 前田重治監訳『対象関係とその臨床』岩崎学術出版社）.

Kohut, Heinz（1971）*The Analysis of the Self*, New York: International University Press.

Kohut, Heinz（1977）*The Restoration of the Self*, New York: International University Press.

Kohut, Heinz（1984）*How Does the Analysis Cure?*, Chicago: University of Chicago Press.

Menninger, Karl（1958）*Theory of Psychoanalytic Technique*, New York: Basic Books（＝1969, 小此木啓吾・岩崎徹也訳『精神分析技法論』岩崎学術出版社）.

Stern, Daniel（1985）*The Interpersonal World of the Infant*, New York: Basic Books（＝1989, 1991, 小此木啓吾・丸田俊彦監訳『乳児の対人世界　理論編・臨床編』岩崎学術出版社）.

Stern, Daniel et al.（The process of change study group）（2002）"Explicating the Implicit: The Local Level and the Microanalysis of Change in the Analytic Situation," *Int. J. Psychoanal.*, 83, 1051-1062.

Stolorow, Robert et al.（1987）*Psychoanalytic Treatment: An Intersubjective Approach*, New Jersey: The Analytic Press（＝1995, 丸田俊彦訳『間主観的アプローチ―コフートの自己心理学を越えて』岩崎学術出版社）.

Stolorow, Robert et al.（1997）*Working Intersubjectivity Contextualism in Psychoanalytic Practice*, New Jersey: The Analytic Press（＝1999, 丸田俊彦他訳『間主観的治療の進め方―サイコセラピーとコンテクスト理論』岩崎学術出版社）.

第**6**章　分野横断型研究の方法論

篠原舟吾

はじめに

　行政・政策を分野横断的（学際的）に研究することは、研究方法論の多様性を受け入れることを意味する。研究方法論には、目的別に「議論（Arguments）」、「概念・測定（Concepts & Measures）」、「分析（Analyses）」という3分類があり（Gerring and Christenson 2017）、分析（Analyses）にはさらに扱うデータの種類別に「質的手法（Qualitative Method）」、「量的手法（Quantitative Method）」、「混合手法（Mixed Methods）」という3分類がある（Creswell 2013）。完璧な方法論や分析手法は存在せず、それぞれが異なる強みと弱みを持つ。これらの特徴を理解し、自らの研究の問いに適した方法論を探求することが、学際的な行政・政策研究の難しさであり、面白さとも言える（篠原・小林・白取 2021）。現代の社会科学は多くの分野に細分化しており、分野ごとに方法論を発展させている。しかし、社会科学が人間社会全体に貢献するためには、学問分野を超えて社会問題を議論し分析するための方法論を探求することが欠かせない（Gerring 2012）。

　本章では方法論の厳密性や複雑性をできる限り削り、まずは社会科学における研究方法論の全体像を大まかに記述する。そして、市民と行政の関係を分析した筆者の論文を実例に、研究目的に沿ってどのように分析手法を選択し、多様な手法をどのように組み合わせることができるのか、具体的に示したい。

I 社会科学の研究方法論

　研究方法論とは、端的に言えば「どう研究するのか」探求することだ。社会科学にも自然科学にも、研究方法論は必須となる。ただし、研究対象が異なれば、研究する方法も変わる。例えば、社会における人間の行動を研究するとき、無断で個人のデータを収集することはできない。自然における地質を研究するとき、岩石の収集は労力がいるが、データの取得を断られることはない。社会科学の目標を人間の幸福とするならば、主観的な人の考えや行動を切り離すことはできない。だからこそ、社会科学は、新しい発見を提示するための手法を、注意深く議論しなければならないとも言える。本章では、Gerring（2012）に従い、方法論（methodology）を「科学的問いに対する研究の全ての段階における課題、戦略、基準」、手法（methods）を「研究主題に沿ってデータを収集し、分析する特定の手続き」と定義し、両者を区別する（篠原・小林・白取 2021）。

　現代社会科学は、教育学、行政学、経営学、経済学、公共政策学、公衆衛生学、政治学、社会学、心理学、文化人類学など多数の分野に分かれている。これらの分野ごとに異なる科学的基準や手続きで発見が提示されれば、社会科学全体で新しい発見を評価し共有することができなくなる（Gerring 2012）。細分化が進む社会科学において、学際的研究は社会科学全体を繋ぐ役割が期待される。言い換えれば、社会科学全体で評価され、共有しうる方法で発見を提示しなければ、分野横断型の研究はその役割を果たせない。

1　社会科学の方法論枠組み

　学際的研究は、社会科学全体で共有されうる方法論の基準や手続きなしには成立しえない。Gerring（2012）は社会科学全体で共有しうる方法論枠組みの確立を標榜し、研究目的別の方法論全体の分類を提示した。表6-1は、Gerring（2012）の分類のうち、社会科学全体に関する最も包括的な枠組みを示している。Gerring（2012）は、自然科学及び社会科学を問わず、科学全体の目的は新しい発見（discovery）を提示し、発見の真価を評価（appraisal）することと定義する。新しい発見は、真実性、正確性、一般性などの基準をも

表6-1　社会科学全体の方法論枠組み

全体（Overall）	
基準 （Criteria）	発見（Discovery）；評価（Appraisal）
議論（Arguments）	
基準 （Criteria）	真実性（Truth）；正確性（Precision）；一般性（Generality）；有界性（Bounded-ness）；単純性（Parsimony）；一貫性（Coherence）；調和性（Commensurability）；関連性（Relevance）
分析（Analyses）	
基準 （Criteria）	精密さ（Accuracy）；サンプリング（Sampling, 例：代表性、サイズ）；蓄積（Cumulation, 例：標準化、透明性、再現性）；理論との合致（Theoretical fit）

出典：Gerring（2012）の Table 1.1 の一部を筆者翻訳。

とに理論的に提示され、既存の理論に対する議論を創り出す。理論はある事象における関係、仕組み、条件などを理性的に説明する。新たに提示された理論は、可能な限り精密で、代表性のある十分に大きいサンプルを使用し、透明性が高く再現可能な手続きを経て分析される。分析の結果、新しい発見の真実性、正確性、一般性などが評価されれば、証明された理論として議論に貢献する。議論と分析は、相互補完的な関係にある（篠原・小林・白取2021）。

2　議論、概念・測定、分析

　自然科学も社会科学も、議論のある課題を分析し、課題解決に向けた新たな発見を目指す。特に社会科学は、幸福、正義、人権、平等、発展など基準となる概念と関連付け、社会のあり方を議論してきた。議論は、中心となる概念の定義なしには成立しない。また、概念の質的あるいは量的測定なしに、データによる議論の分析はできない。本節は、Gerring and Christenson（2017）に基づき、社会科学の研究方法論を議論、概念・測定、分析の3つに分類し、それぞれについて簡潔に解説する。

(1) 議論（Arguments）

　社会科学における議論は、論理的思考（logic）をもとに提起される。具体的には、議論の中心となる人権、平等、発展などの概念を基準に、ある事象

表 6-2　議論の類型

記述的議論 （Descriptive）	A（ある事象）とは何かに関する議論
因果的議論 （Causal）	A の原因と結果に関する議論
予測的議論 （Predictive）	A の未来に関する議論
規範的議論 （Normative）	A が正しいか間違っているか、あるいは、良いか悪いかの議論
処方的議論 （Prescriptive）	A に対する対処法に関する議論

出典：Gerring and Christenson（2017）の Table 2.3 をもとに筆者作成。

を構成する関係、仕組み、条件などを説明した理論（theory）が提示される。そして、理論のうち検証可能な特定の関係あるいは仕組みが、仮説（hypothesis）として提起される。例えば、環境政策を議論するために、太陽光発電システム設置に補助金を支給すれば CO_2 が減るという因果関係に着目し、仮説として提示することが挙げられる。つまり、議論は常に理論と仮説を包含する。Gerring and Christenson（2017）は、表 6-2 のとおり、議論を 5 つに分類する。議論の各類型は、完全に区別されるものではなく、いくつかの類型が融合されて提示されることもある。

（2）概念・測定（Concepts & Measures）

　概念は、議論を構成する言語的道具と言える。言語的に定義された概念は、指標（indicator）を通じて、実証可能な側面が与えられる（Gerring and Christenson 2017）。例えば、民主主義には自由で平等な選挙の存在が欠かせないと定義すれば、自由で平等な選挙の有無という指標を用いて、各国が民主主義を導入しているか測定することが可能となる。さらに、民主主義には選挙に加えて、市民生活における自由が欠かせないと定義すれば、市民が享受する自由の程度を測る指標により、民主主義の現状についてより正確で真実性のある議論ができる。社会科学研究の多くは、民主主義のような大きな概念だけでなく、ジェンダー平等や市民参加などより具体的な概念を選択して、ある事象を議論する。しかし、これら社会科学の概念は完全に定義されることは

なく、時代背景や文脈によって異なる意味を持つ。抽象的な概念を扱うから
こそ、社会科学は概念を言語的に定義するだけなく、どのように概念を測定
しうるのか示されなければならないとも言える。定義された概念に実証可能
な側面がないのであれば、概念とともに提起された議論の正確性や真実性を
評価することはできない。

(3) 分析（Analyses）

　分析は、概念・測定によって実証可能な側面を持った議論を、証明あるい
は反証するためのものである。分析は、明示されたデータの選択及び分析の
手法である研究デザイン（research design）を必要とする。研究デザインは、
推定手法の正確性及び妥当性、サンプルの代表性、サンプルの大きさ、デー
タの欠損などの基準をもとに構築されなければならない（Gerring and Christen-
son 2017）。分析は、サンプル数及び分析単位により分類できる。例えば、サ
ンプル数が 1 あるいは少数の分析を、事例研究（case study）と呼ぶ。また、
個人を分析単位とするミクロレベル分析（micro-level analyses）、組織やグルー
プを分析単位とするメゾレベル分析（meso-level analyses）、国や地域を分析単位
とするマクロレベル分析（micro-level analyses）、個人と組織など複数の分析単
位を扱うマルチレベル分析（multi-level analyses）などに分類できる。

　そして、社会科学において、これまで最も広く用いられてきた研究区分が、
扱うデータの種類に基づく質的手法（qualitative method）と量的手法（quantita-
tive method）という分析の 2 分類である。質的手法は主に会話、文書、画像
などのデータを扱い、量的手法は主に数値化されたデータを扱う。データの
違いは研究手法だけでなく、論理的思考の違いにも大きく影響し、2 つの異
なる手法を扱う研究者間でしばしば論争がある（King, Keohane, and Verba
1994＝2004）。一方で、社会科学における量的データのほとんどは、質的デー
タを簡略化し、数値化したものでもある。前述の民主主義の例を使えば、各
国の選挙制度を政府文書などから確認し、自由で平等な選挙の有無（1 か 0）
という数値指標を作成できる。また、市民が享受する自由の程度も、数名の
市民へのインタビューをもとに、より単純化した質問と選択肢を作成し、こ
れを記載した調査票をより多くの市民に配布することで、量的データを収集

することができる。社会科学全体の方法論という視点からは、質的手法も量的手法も、新たな発見を提示し評価する手法であり、互いに補完しあう関係にあるとも言える。近年は、質的データと量的データを組み合わせて分析する混合手法（mixed methods）も発展しており（Creswell 2013）、データによる研究手法は二極化から融合に向かう可能性がある。

II　市民と行政の研究方法論

　市民と行政との関係には、多様な側面がある。市民は、行政サービスの消費者でありながら、行政の主権者でもあり、行政サービスの提供を補助する協力者でもありうる（Smith and Huntsman 1997; Thomas 2012）。また、行政も財・サービスの提供、法の執行、政治・行政参加の促進など市民生活に欠かせない役割を担っている（Rosenbloom, Kravchuk, and Clerkin 2022）。本節では、前節で提示した社会科学の研究方法論の枠組みをもとに、市民と行政がどのように関わり合い、影響し合っているのかを分析するための研究方法の実例として、拙著 Shinohara（2022）"Bad Government Performance and Citizens' Perceptions: A Quasi-experimental Study of Local Fiscal Crisis"（政府の悪い業績と市民の認識：地方財政危機の疑似実験研究）を紹介する。前節で定義したとおり、方法論とは研究の全ての段階における課題、戦略、基準であり、研究が分析する議論の選定、概念の定義と測定、分析手法のデザインについて無数の組み合わせがある。同論文も行政・政策分析を目的とした方法論の一例に過ぎないが、行政学の理論に心理学の理論を取り入れ、市民への質的インタビューを量的指標の作成に用いるなど多様な理論と手法を組み合わせた。これから学際的な行政・政策研究に取り組む方にとって、一助になれば幸いだ。

1　分析する議論の選定

　ある課題に対する既存の議論を客観的に評価するのが、分析の目的である。どの課題に取り組み、課題解決に向けてどの議論を分析するのか選定することが、研究方法論の始まりと言える。取り組む課題を選定する際には、専門性、関心、実現性の3つを考慮するのが基本と考える。学生も実務家も学者

も、知識もなく経験もない課題に取り組むのは難しい。また、本格的な社会科学研究は数年かかる長い旅路で、興味関心のない研究を続けるのは苦痛だ。そして、たとえ専門性があり、関心が強くても、限られた時間と財源の中で実施しうる研究でなければならない。筆者は行政に関する実務を約8年経験した後、アメリカの大学院で行政学を学んだ。公務員時代に夜遅くまで働いているのに、メディアで毎日のように批判されることが辛かった。そんな経験から、市民と行政のより健全な関係構築に資するべく、行政研究を志すようになった。行政学を学んだラトガース大学（Rutgers University）からは、博士課程4年間の授業料免除と毎月約25万円の生活費を支給頂き、裕福とは言えなくとも本研究に従事するための十分な時間があった。一方で、現職に就いてからは大学院時代と比べ財源はあるが、事務や授業のため時間は限られている。それぞれの環境に合わせて、実現可能な研究課題を選択する必要がある。

Shinohara（2022）は、市民の行政に対する評価は実際の業績（performance）に影響されているのか、という議論を分析した。民主主義下において、政府が市民から信頼され、行政サービスに満足してもらうことは目標の1つと言える。言い換えれば、市民と行政の信頼関係なくして、行政・政策による公共の福祉は実現できない。しかし、行政への信頼低下は、1970年代以降日本だけでなく世界各国の課題となっている（Van de Walle, Van Roosbroek, and Bouckaert 2008）。直感的には行政の業績が改善されれば、市民の行政に対する信頼も回復されると考えられる。近年の行政研究はこの仮説に反し、市民が元来の信条や行政との過去の経験に基づき行政を評価するため、実際の行政の業績はあまり影響しないという理論や分析結果を提示している（e.g., Van de Walle and Bouckaert 2003, Yang and Holzer 2006, Van Ryzin 2006）。一方で、心理学研究は、人間は良いことより悪いことに強く反応するネガティビティ・バイアス（negativity bias）があることを示してきた（Baumeister et al. 2001, Rozin and Royzman 2001）。そこで本論文は、財政危機のような悪い業績は市民の行政に対する評価を悪くするだろうと仮定し、行政の業績が良いときと悪いときでは市民の行政評価のメカニズムが異なることを示そうとした。方法論的に言い換えると、「行政の業績が悪くなれば、市民の行政に対する評価も悪く

なる」という理論的仮説を分析することで、「市民と行政の関係」に関する議論に貢献しようと試みた。

2　概念の定義と測定

　上記理論的仮説を分析可能にするために、中心となる概念「悪い行政の業績（bad government performance）」を定義し、測定する必要がある。行政研究において常に留意すべきことは、行政活動の多面性である。市民からの税金を効率的に用い行政サービスを提供する経営的側面、市民の声を反映しながら政策・サービスを実施する政治的側面、そして、行政手続きに基づき許認可をする法的側面がある（Rosenbloom, Kravchuk, and Clerkin 2022）。教育、福祉、防犯を含めどの行政活動もこれら3つの側面を多かれ少なかれ包含しており、1つを完全に切り離すことはできない。一方で、たとえ小規模な地方自治体であっても、多種多様な行政活動全てを業績として評価することは不可能に近い。研究目的に従って、関連性の高い行政活動の側面を特定し、業績として測定することになる（Andersen, Boesen, and Pedersen 2016）。

　Shinohara（2022）の目的は、「悪い行政の業績」が、「市民の行政に対する評価」に影響するか分析することである。市民が意識し認識している行政活動でなければ、市民は当該行政の業績を評価に組み入れることはない。そこで、行政の多様な側面のうち、市民の税金を効率的に使用する財政運営については市民の関心が高いと仮定した。また、日本の地方自治体は、総務省所管「地方公共団体の財政の健全化に関する法律」（平成19年法律第94号）に基づき、財政状況を統一的な指標で評価されている。実質赤字比率あるいは実質公債費比率が一定の基準を超えると、「財政再建団体」に指定され、増税や行政サービスの削減を含めた財政再建を実施することが求められる。「悪い行政の業績」とは、地方自治体の財政運営が悪化し財政再建団体に指定されることと特定した。

　次に、財政再建下の自治体において、市民がどのように行政を評価するかの指標を作成し、市民の評価を測定した。Shinohara（2022）は、リッカート尺度（Likert scale）と呼ばれる7段階の質問項目を用いて、量的に市民の評価を測ることとした。先行研究がデザインした質問票を用いる研究も多いが、

住民間での財政再建の認知度の高さは仮説検証において必須の条件であり、質問票作成前に現地で確認する必要があると判断した。分析対象自治体に滞在し（対象自治体の選定手法については後述）、人づてにインタビュー対象住民の紹介をお願いする雪だるま式サンプリング（snowball sampling）によって、20代から70代の男性8名及び女性6名計14名に対面インタビューを実施した。インタビュー手法には、事前に基本的な質問項目を準備し、インタビュー対象者の応答に合わせて質問を変更可能とする半構造化インタビュー（semi-structured interview）を採用した。インタビュー実施の際は、財政再建については直接言及せず、対象者に対し財政再建前後の行政の業績について質問した。

　インタビューの結果、対象住民全員が行政の業績に関する質問に対し、財政再建について自ら言及した。一方で、自治体が実施する行政サービスについて関心の低い住民も多いため、質問票に簡単な説明を付すことにした。また、各住民が財政再建に対して異なる側面に注目していた。例えば、財政危機に陥った責任を首長など個人に求める住民もいれば、不適切な政策決定の過程全体を問題として指摘する住民もいた。これらの結果を踏まえ、市民の行政評価の制度的側面（institutional aspect）と人的側面（personal aspect）に着目した Christensen and Lægreid（2005）の分類を用い、制度的側面は「公共サービスの質」と「決定過程の適切さ」の2項目、人的側面は「首長への信頼」、「議会への信頼」、「公務員への信頼」の3項目、合計5項目から成る行政評価指標を作成した。

3　分析手法のデザイン

　理論的仮説を量的に分析するために、作成した質問票を対象住民に配布し、データ（回答）を収集する必要がある。サンプリング（sampling）と呼ばれるデータ収集の手法は、収集されたデータの分析手法より重要とも言える。厳密な統計手法を用いて仮説を立証しても、収集されたデータに瑕疵があれば、分析結果は信頼性のあるものになりえない。本項では統計の知識を必要とするデータ分析の手法にはほとんど触れず、サンプリングを含めた研究デザインについて説明する。

Shinohara（2022）は、「悪い行政の業績」である財政再建が、「市民の行政に対する評価」に影響を与えるかの因果的議論を分析することを目的にする。因果関係の検証に適した分析手法の1つが、実験手法（experimental methods）である（Blom-Hansen, Morton, and Serrizlew 2015）。実験手法のうち疑似実験（quasi-experiment）に分類される差の差分法（difference-in-differences analysis）を、分析手法に採用した。具体的には、財政再建下の自治体住民と財政再建下にない自治体住民の行政評価を、財政再建前後で比較することで、財政再建の有無が市民の行政評価に与える影響を特定できるようデザインした。厳密には財政再建の前後2回質問票を配布し、対象住民に行政評価をしてもらうのが理想だが、財政再建を事前に予測し調査を実施するのは不可能に近い。そこで、心理学で開発された記憶を喚起する質問順序法などを用い、対象住民には回想により財政再建前の行政を評価して頂いた。また、疑似実験手法で重要なことは、比較する2つの自治体が似たような特徴を持っていることである。財政再建の有無がもたらす市民の評価の違いを検証する際に、比較する自治体間の元来の差異が大きいと、財政再建の影響なのか他の異なる差異の影響なのか検証が難しくなってしまう。疑似実験手法の詳細については、中室・津川（2017）『「原因と結果」の経済学』が分かりやすい日本語で説明している。

　上記研究デザインを実現するために、調査を実施した2015年当時財政再建団体に指定された21の自治体の中から、青森県南津軽郡大鰐町を分析対象に選定した。選定の主な基準は、比較に適した近隣自治体の有無であった。同郡に人口規模及び産業構造も類似しているが、財政再建下にない田舎館村があった。図6-1のとおり、大鰐町と田舎館村は、津軽地方の中心都市弘前市と隣接しており、ベッドタウンとしての性質を共有している。一方で、大鰐町と田舎館村は地理的に隣接しておらず、両自治体住民間の相互作用は比較的弱いと仮定でき、財政再建の影響を抽出する条件を満たしていた。

　また、大鰐町及び田舎館村の双方から選挙管理名簿の使用許可を頂けたことが、青森県南津軽郡を分析対象とする決め手となった。選挙管理名簿には選挙権のある住民の年齢、性別、住所が記載されており、層化無作為サンプリング（stratified random sampling）を可能にする。具体的な手続きは、まず管

図 6-1　青森県津軽地方の地図
出典：Shinohara（2022）の Figure 2 を筆者翻訳。

理名簿から地区ごとに世代別男女別の人口構成を求め、自治体全体の人口を層化する。次に、層化した人口構成に基づき、偏りのないよう大鰐町及び田舎館村それぞれ 300 名（合計 600 名）の住民を無作為抽出した。質問票の回収率を上げるため、質問票を郵送し、対象住民の自宅に回答を直接取りに伺う手法を取った。さらに、データ回収の過程で、選挙登録はしているが実際には居住していない住民や身体的制限から回答の難しい住民を対象から除外した。最終的に、対象住民の総数 547 名のうち 241 名から回答を得た（回収率 44.12％）。

　収集したデータを統計分析した結果、「公共サービスの質」「決定過程の適切さ」「首長への信頼」「議会への信頼」「公務員への信頼」の行政評価指標5 項目のうち、大鰐町の住民が田舎館村の住民より悪く評価したのは「決定過程の適切さ」のみであった。他の項目の違いは、誤差の範囲の違いしか発見されなかった。つまり、「悪い行政の業績」である財政再建は、「市民の行政に対する評価」に負の影響を与えるとする仮説は部分的にしか証明されなかった。仮説は市民にはネガティビティ・バイアスがあり、悪い行政の業績

に強く反応することを前提にしていた。しかし、政治家や公務員にもネガティビティ・バイアスはあり、行政の業績が悪いときには市民からの非難を避けようとする（Hood 2011）。財政再建の事例では、政治家や公務員は増税や行政サービスの削減を具体的に説明するよりも、財政再建が将来的にもたらす利益を強調する。財政再建下の住民も、財政再建による増税や行政サービス削減の詳細を理解するより、政治家や公務員の将来的利益を強調した説明を信じたい心理状態にあると考えられる。Hood（2011）は、悪い業績を隠そうとする政治家や公務員の行動パターンを、非難回避戦略（blame avoidance strategy）と名付け理論的に体系化した。一方で、財政再建が「決定過程の適切さ」に負の影響を与えていた理由としては、政治家個人の非難回避戦略は財政再建の迅速な集団決定を妨げ、財政運営が円滑に進まない様子が住民の印象に残ったと議論した。たとえ仮説は証明できなくとも、分析結果をもとに行政が市民といかに財政再建のような業績悪化を乗り越えるのかについて議論を発展させることができる。提示した理論的仮説を支持するために分析手法をデザインするのではなく、正確性や真実性の高い分析を通じて議論に貢献することが方法論の目的であることを理解して頂けたら幸いだ。

おわりに

　社会科学が、人間社会の抱える課題に対し、正確性、真実性、一般性の高い議論と分析をすることで課題解決への貢献を目指すならば、学問分野を超えた研究方法論の発展が欠かせない。社会科学の分野が細分化し、それぞれの分野で独自の方法論を発展させている現状は、多面的な課題を社会全体で解決しようとするときの障壁になる。変化の速い現代社会の新たな課題は、既存の学問分類ごとには対応できない性質を持つ可能性が高い。課題の性質を見極め、分野横断的に理論と手法を組み合わせるための研究方法論の探求が今後より一層必要とされるだろう。

　一方で、学際的研究は、分野に特化した研究よりも多くの知識を必要とし、無数の組み合わせから手法をデザインする難しさがある。異なる分野の基準や手続きを組み合わせた結果、議論や分析の正確性、真実性、一般性が失わ

れれば、対象とする課題の解決に貢献することはできない。本章で学際的行政研究の例として紹介した Shinohara（2022）は、「市民と行政」の多面的で複雑な関係の議論に新たな貢献をすべく、心理学と行政学の理論を組み合わせた。さらに、「市民の行政に対する評価」を量的に測定するために、市民への質的インタビューをもとに概念を定義し、数的指標を作成した。本論文の方法論が、異なる分野の理論は分断されているわけでもなく、質的手法と量的手法は対極的な分析手法として対立するものでもないことを少しでも示せたなら幸いだ。分野を超えて評価されうる研究方法論の探求は困難極まるが、それゆえにダイナミックで新しいことができる。総合政策学の方法論とは、固定的に定義されたものではなく、分野を超えて常に新しい方法論を探求することであろう。

参考文献

篠原舟吾・小林悠太・白取耕一郎（2021）「行政学における方法論の厳密化と多元的共存」『年報行政研究』56、145-164。

中室牧子・津川友介（2017）『「原因と結果」の経済学——データから真実を見抜く思考法』ダイヤモンド社。

Andersen, Lotte Bøgh, Andreas Boesen, and Lene Holm Pedersen（2016）"Performance in Public Organizations: Clarifying the Conceptual Space," *Public Administration Review* 76（6）, 852-862.

Baumeister, Roy F., Ellen Bratslavsky, Cartin Finkenauer, and Kathleen D. Vohs（2001）"Bad is Stronger than Good," *Review of General Psychology* 5（4）, 323-370.

Blom-Hansen, Jens, Rebecca Morton, and Søren Serritzlew（2015）"Experiments in Public Management Research," *International Public Management Journal* 18（2）, 151-170.

Christensen, Tom and Per Lægreid（2005）"Trust in Government: The Relative Importance of Service Satisfaction, Political Factors, and Demography," *Public Performance & Management Review* 28（4）, 487-511.

Creswell, John W.（2013）*Research Design: Qualitative, Quantitative, and Mixed Methods Approaches*, Thousand Oaks, CA: SAGE Publishing.

Gerring, John（2012）*Social Science Methodology: A Unified Framework*. 2nd ed., New York, NY: Cambridge University Press.

Gerring, John and Dino Christenson（2017）*Applied Social Science Methodology: An Introductory Guide*, New York, NY: Cambridge University Press.

Hood, Christopher（2011）*The Blame Game: Spin, Bureaucracy, and Self-Representation in Government*, Princeton, NJ: Princeton University Press.

King, Gary, Robert O. Keohane, and Sidney Verba（1994）*Designing Social Inquiry: Scientific Inference in Qualitative Research*, Princeton, NJ: Princeton University Press（＝2004, 真渕勝監訳『社会科学のリサーチ・デザイン──定性的研究における科学的推論』勁草書房）.

Rosenbloom, David. H., Robert S. Kravchuk, and Richard M. Clerkin,（2022）*Public Administration: Understanding Management, Politics, and Law in the Public Sector*, 9th ed., New York, NY: Routledge.

Rozin, Paul and Edward B. Royzman（2001）"Negativity Bias, Negativity Dominance, and Contagion," *Personality and Social Psychology Review* 5（4）, 296-320.

Shinohara, Shugo（2022）"Bad Government Performance and Citizens' Perceptions: A Quasi-experimental Study of Local Fiscal Crisis," *International Review of Administrative Sciences* doi. org/10.1177/00208523211067085.

Smith, Gerald E. and Carole A. Huntsman（1997）"Reframing the Metaphor of the Citizen-Government Relationship: A Value-Centered Perspective," *Public Administration Review* 57（4）, 309-318.

Thomas, John Clayton（2012）*Citizen, Customer, Partner: Engaging the Public in Public Management*, New York, NY: Routledge.

Van de Walle, Steven and Geert Bouckaert（2003）"Perceptions of Productivity and Performance in Europe and The United States," *International Journal of Public Administration* 30（11）, 1123-1140.

Van de Walle, Steven, Steven Van Roosbroek, and Geert Bouckaert（2008）"Trust in the Public Sector: Is There any Evidence for a Long-Term Decline?" *International Review of Administrative Sciences* 74（1）, 47-64.

Van Ryzin, Gregg G.（2006）"Testing the Expectancy Disconfirmation Model of Citizen Satisfaction with Local Government," *Journal of Public Administration Research and Theory* 16（4）, 599-611.

Yang, Kaifeng and Marc Holzer（2006）"The Performance-Trust Link: Implications for Performance Measurement," *Public Administration Review* 66（1）, 114-126.

第7章 歴史社会学の方法論
社会科学に歴史は必要か

小熊英二

はじめに

　「歴史社会学」とは何だろうか。そもそも社会科学は、歴史を研究する必要があるのだろうか。

　「歴史社会学」に明確な定義はない。2006 年に東京大学社会科学研究所の研究紀要『社会科学研究』が「歴史社会学」を特集したさい、序文で社会学者の佐藤香はこう述べている（佐藤 2006, 1）。「歴史社会学とは何か。歴史社会学の外側からみても，内側にいると思われている研究者からみても，その実像は明らかではない。『歴史社会学』がカバーする領域についても、理論や方法についても、ほとんど合意のないままに数多くの研究が量産されている現状を、どのように捉えるべきなのだろうか」。

　これは日本に限られたことではない。2013 年にはイギリスで *What is Historical Sociology?* という本が出版された。その著者によれば、歴史社会学とは「変動を社会学のディシプリンで主題とする」ことだという（Lachmann 2013, 140）。この本が挙げている歴史的な「変動」には、格差・ジェンダー・家族・文化といった日常的なものから、社会運動・革命・資本主義・国家・帝国など政治的なものもある。これだけでもつかみどころがないが、カナダのレスブリッジ大学・文化コミュニティ研究センターが主催する *Journal of Historical Sociology* の収録論文の多様さは、上記の定義にすら収まらない[1]。

　こうした現状を踏まえつつ、本章では歴史社会学における方法論的立場を三つに類型化することで、研究史の整理を試みたい。「歴史社会学（historical sociology）」という言葉を有名にしたスコッチポル（Theda Skocpol）も三類型を

提示しており（Skocpol 1984a＝1995）、既存の研究史整理もそれに準拠したものが多いのだが（Calhoun 1996 など）、後述するように本章の分類基準はスコッチポルとは異なる。

　本章はまず、そもそも社会科学に歴史研究は必要なのかという問いを提示し、ありうる立場を三つに類型化する。次にこの三つの類型にもとづいて、社会学的な歴史研究の立場と方法論を概観する。最後に、いずれの立場の研究も 1970 年代前後に隆盛した背景を述べたうえで、「歴史社会学」の存在意義を考察する。

I　科学に「歴史」は必要か

　本章の最初の問いを確認しよう。「歴史社会学」とは何だろうか。そもそも社会科学は、歴史を研究する必要があるのだろうか。

　社会科学の方法論を論じるうえでよく言及されるのが、1994 年に出版された『社会科学のリサーチデザイン』である（King et al. 1994＝2004）。三人の共著者の頭文字から「KKV」と略称されるこの本は、「科学とは方法である」と宣言し、その後の社会科学に大きな影響を与えた。そこで望ましい方法論として提起されたのが、独立変数と従属変数を設定して、量的および質的な調査法でそれらを観測し、変数間の因果関係を推論することであった。こうした因果推論の重視は、1960 年代からアメリカ社会科学で広まっていたが、1980 年代のアメリカにおける教育改革でさらに一般化した（高根 1979, 39；渡邊 2004, 147-50）。

　しかし、こうした方法論には異論もあった。その第一は、フィールド調査などで得られた質的な調査結果の記述に、独自の意義を認めるべきだというものであった（たとえば Yin 1994＝1996）。異論の第二は、因果推論の前提に対する疑念であった（George and Bennett 2005＝2013）。後者は歴史研究の意義にも関わるので、少し詳しく検討したい。

　因果関係は、直接には観測できない。それは、観測されたデータから推論されるものである。その推論については、J・S・ミル（John Stuart Mill）の『論理学体系』で論じられた五つの方法があるが（Mill 1843＝1949-58）、それ

を集約した以下の三条件がよく知られている[2]。

　①事象Aと事象Bが関連していること
　②事象Aが事象Bよりも時間的に先行すること
　③事象Bに関わる事象A以外の原因が排除されていること

　たとえば調査によって、「世帯所得（A）」と「子供の学習達成（B）」に有意な相関があるという結果が得られたとする。しかし「AがBに影響する」という因果関係を推論するには、両者が相関している（三条件の①）だけでは不十分である。「AがBに先行する」（三条件の②）を満たし、さらに他の要因（たとえば「家庭の文化資本（C）」など）が制御されていなければ（三条件の③）、「AがBに影響する」という因果関係は推論しえない。社会科学における因果推論の調査設計は、変数間のこうした関係の測定を目的としているともいえるだろう。

　しかしミルは、このような因果推論の前提として、一つの公理を置いている。それが「自然の斉一性の原則（principle of the uniformity of nature）」である（Mill 1843 = 1949–58, Ⅲ 79）。

　たとえば、「リンゴが木から落ちた」という観測結果から「万有引力の法則」を原因として推論したとする。しかし、「今ここ」の観測結果による推論から、「明日の他の場所でもリンゴは木から落ちる」と主張できるのか。そうした主張が成り立つためには、万物が過去から未来まで一定の法則に従っているという「自然の斉一性」が、あらかじめ前提されていなければならない。

　この問題は、18世紀の哲学者であるヒューム（David Hume）が提起したもので、科学哲学上の難問とされている（Hume 1839–40 = 1984）。経験的な観測から普遍的な法則を推論するには、「法則が存在していること」が前提になる。そのためには、神がこの世の法則を設定しており、その法則に万物が過去から未来まで従っていることを信じなくてはならない。ヒュームは無神論者だったともいわれ、その立場からこうした問題を提起したのである。

　その後の自然科学は、この難問を実質的に不問に付して発達した。万物を

支配する法則が存在するのか不明だとしても、それが存在すると仮定して、観測結果から仮説を作り、その仮説の検証をくりかえしていけばよいという仮説演繹法をとったのである（野家 1998）。

　自然科学の場合は、それでも問題が少なかった。「時代や場所が違うと法則が成り立たない」という事例が少なかったからである。しかし、社会科学はそうはいかない。

　一例として、有名な「ピサの斜塔」の逸話を挙げよう。ピサの斜塔から重い球と軽い球を同時に落としたところ、ほぼ同時に着地した。ここから、それまで支配的だったアリストテレスの『自然学』の記述の誤りが示された。これは後世の創作逸話だといわれるが、実験による経験的事実の観測こそが近代科学の礎だとする考え方を示すエピソードとしてよく言及される。

　この逸話に対して「アリストテレスの時代のギリシャでは、重い球は軽い球より早く着地したのではないか」という疑問を呈したら、おそらく非常識に聞こえるだろう。原理的には、古代ギリシャでの物体落下がどうであったかを確かめるのは不可能である。しかし「自然の斉一性」が広く信じられているので、この問いは非常識とされるのだ。

　しかし「アリストテレスの時代のギリシャでは、人々は現代アメリカ人と同じようには行動しなかったのではないか」という疑問は、それほど非常識には聞こえない。「人間行動の斉一性」はあまり信じられていないからである。

　ここから、社会科学と歴史に関する、一つのジレンマが発生する。「人間行動の斉一性」を信じるか信じないかによって、歴史に対する立場が分かれるのである。

　自然科学では、歴史を研究することにあまり意味はない。重い球と軽い球を同時に落としたら、紀元前 4 世紀のギリシャでも、16 世紀のイタリアでも、21 世紀の日本でも、同じ結果が出ると考えられているからだ。違う結果が出ないなら、場所や時代を変えて実験することに何の意味があるだろう。いうなれば、自然科学に歴史は不要なのである。

　それでは、社会科学はどうか。もしも人間が、時代や社会が違っても同じ法則性に従って行動しているなら、社会科学にも歴史は必要ないことになる。

せいぜい、現代の社会科学の知見が、歴史上の事例をも説明できることを追試する事例研究として意味がある程度だろう。

　歴史を研究することにそれ以上の意義があるとすれば、「人間行動の斉一性」を受け入れない場合である。つまり、時代や社会が違えば人間は違った認識や行動をとるかもしれない、と考える場合である。だがそうなると、人間行動に関する時空を超えた法則性はありえないことになる。そうなれば、「社会科学」は「科学」たりえないか、大きな限定を付されることになる。

　つまり問題は、以下のようになる。社会科学に歴史は必要なのか。必要だとすれば、どういう理由で必要なのか。これに対して、三つの立場が考えられる。

　　立場①：人間行動には斉一性があり、時代や地域が違っても普遍的な法則性にもとづく因果推論が可能である。歴史を研究する意義は、理論が普遍的に適合することを追試するためか、理論の発展に寄与する未知の変数の組み合わせを発見することにある。

　　立場②：人間社会には普遍的な法則性はあるが、それは歴史の発展の法則性である。現代において観測されたデータも、その法則性と照合し、歴史研究と連関させることで初めて意味をもつ。それゆえ、社会科学は必ず歴史を研究しなくてはならない。

　　立場③：人間の認識や行為規範は時代や社会によって異なる。しかし、特定の時代における特定の社会が共有する規範体系は、一つの構造として記述することが可能である。歴史研究の意義は、そうした固有の構造を記述し、現代との対比を行うことにある。

　この三つの立場は、あくまで理念型である。しかし以下ではそれぞれ、①アメリカ社会科学の応用として行われた歴史社会学、②マルクス主義を基盤に行われた歴史社会学、③人類学などの影響を受けて行われた歴史社会学、に対応させて概観していきたい。

ただし②と③の研究者たちは、必ずしも「歴史社会学」を自称していなかった。「歴史社会学（historical sociology）」というカテゴリーは、1980年代のアメリカで戦略的に造られた可能性が高いことは結論の考察で述べる。

II　立場①──歴史は因果推論の実験場

　この立場では、人間は多少の相違はあったとしても、どの社会でも同じ法則性をもって行動する。そのため歴史上の事象についても、現代の理論的知見を応用した因果推論のモデルをあてはめることが可能だと考える。

　もっともこの考え方を徹底するなら、歴史研究は不要である。スコッチポルは1984年の論文で、1950年代から60年代のアメリカ社会学で歴史研究の地位が低かったのは、パーソンズ（Talcott Persons）の機能構造主義ですべて分析できると考えられていたことが一因だと述べている（Skocpol 1984a＝1995, 15）。

　スコッチポルは、1979年の『国家と社会革命（State and Social Revolution）』で一躍注目を集め、「歴史社会学」という言葉を広めた人である。彼女は1980年の共著論文と1984年の単著論文で、独自の視点から歴史社会学の研究史を三つの類型から整理した（Skocpol and Sommers 1980＝2001, Skocpol 1984b＝1995）。

　第一の類型は、スコッチポルが1980年の共著論文で「理論の平行的論証としての比較歴史学」と呼ぶ立場である[3]。これは、普遍的な理論モデルを歴史的事例にあてはめようとする立場だ。その例としては、ジェフリー・ペイジ（Jeffrey Page）の『農業革命』が挙げられている（Skocpol and Sommers 1980＝2001, 31-32）。ペイジはこの著作で、農業階級闘争の因果関係を推論する理論モデルを提起し、それを70の低開発国における135の農業輸出セクターのデータに適用して、自分のモデルの有効性が統計的に論証されたと主張した。

　これに対し第二の類型は、歴史的事象の個別性の記述を重視し、普遍的なモデルを生み出そうとする「野望」をもたない歴史研究である。この事例としては、クリフォード・ギアツ（Clifford Geertz）やラインハルト・ベンディ

ックス（Reinhard Bendix）の著作が挙げられている（Skocpol and Sommers 1980 = 2001, 33-35）。

　スコッチポルはこの二つの立場を批判し、第三の類型として「マクロ因果分析のための比較歴史学」を挙げ、これが彼女自身の立場だと主張した（Skocpol and Sommers 1980 = 2001, 41）。この立場の事例としては、バリントン・ムーア（Barrington Moore）の『独裁と民主政治の社会的起源』が挙げられている。そこでムーアが行ったのは、歴史上の諸変数を観測し、その変数間の関係の相違によって、各地域で異なる政治体制が結果するに至ったという分析であった。そうした変数には、地主層とブルジョア層の力関係、農業の商業化の様式、農民共同体のあり方、農民と地主の関係などが含まれる。スコッチポルによれば、これは「一種の多変量解析」であり、「既存の理論仮説の妥当性を検証し、妥当性のない理論仮説に代える新たな因果的一般化を展開するために歴史上の比較を使う」という立場だという（Skocpol and Sommers 1980 = 2001, 39）。

　ここでいう「マクロ因果分析のための比較歴史学」とは、実験結果からアブダクションによって仮説的な理論を作り、それを仮説演繹によって検証する物理学者のような立場だと考えることができる。理論から想定される仮説を実験で検証することだけが、物理学者の任務ではない。実験によって多変量の新しい関連パターンを発見し、それによって既存の理論の限界を指摘して、新しい理論を形成するのだ。スコッチポルはその方法として、ミルの因果推論の一致法と差異法を用いて、国際的な比較分析を行うことを提唱した（Skocpol and Sommers 1980-2001, 40; Skocpol 1984a = 1995, 352）。

　この場合の歴史研究は、いわば自然実験にあたるといえるだろう。歴史研究者は、事例研究の山を築くだけの没理論的な職人でもなければ、理論研究者の下僕でもない。仮説演繹によって最先端の理論を実地から生み出すという、正統な科学のあり方をとることができる。これが、スコッチポルの主張だったといえるだろう。このタイプの「歴史社会学」とは、各種の変数を計測して、制度や政治的機会構造と関連させ、比較分析にとって因果推論を行う学問である。

　とはいえ本章の視点からいえば、異なる社会を共通の指標をとって比較分

析し、ミルの方法をとって因果推論を行うには、「人間行動の斉一性」が暗黙の前提として必要になる[4]。若干のスタンスの違いを類型化しているとはいえ、スコッチポルの主張は、「歴史社会学」を正統な社会科学として、アメリカ社会科学の文脈に位置づける試みだったといえるだろう。そこでの「歴史社会学」は、各種の変数を計測して、制度や政治的機会構造と関連させ、比較分析によって因果推論を行う学問である。以下に述べるマルクス主義を下敷きにした歴史研究や、人類学に影響された歴史研究との相違は大きい。

III　立場②——歴史の法則性

　社会科学の歴史に対する第二の立場は、歴史の法則性を前提とするものである。マルクス主義がその代表だが、欧州ではその影響は今でも根強い。

　もっともマルクスに限らず、社会学は少なくともその初期には歴史研究と不可分であり、歴史から現代を解明しようとする学問だった。なぜなら社会学は、19世紀の欧州でおきた急激な社会変動を、歴史的文脈で説明する学問として生まれたからである。「社会学」という言葉を創始したとされるコント（Auguste Comte）をはじめ、ウェーバー（Max Weber）もデュルケム（Emile Durkheim）も、みな「近代化」や「社会進化論」という問題にとりくんだ。彼らは共通して、欧州のどこの社会でも共通しておきている変化を、歴史的変動という視点から説明しようとしたのである。

　こうした研究者のなかで、良くも悪くも影響力をもったのがマルクス（Karl Marx）である。マルクスの思想の詳述は本章の任務ではないが、一点だけ指摘しておきたいのは、彼が依拠した弁証法哲学が因果推論ときわめて相性が悪いことである。

　前述のように因果推論を行う調査では、事象Aと事象Bの相関性や前後関係を観測し、事象Cなど他の変数の影響を制御しようとする。そこでは事象A、事象B、事象Cなどが、独立の事象として観測できることが前提となっている。

　ところがヘーゲルが唱え、マルクスが受け継いだ弁証法では、こうした発

想をとらない。そもそも弁証法では、「A＝B」と「A≠B」を二律背反に考えない（Hegel 1817＝1978）。事象A、事象B、事象Cなどは、全体の歴史過程のなかで、絶対精神や歴史法則が一時的に顕現した個別具体的な現象形態だとみなされる。

　たとえば「種」「葉」「花」とは、植物の生育過程が、特定の時期に特定の形態として表れた現象にすぎない。それに対し、「独立変数である『種（A）』が『原因』となって、従属変数である花（B）に『結果』する」といった見方をするのは、個別の現象形態に目を奪われ、その背後にある生育の歴史法則を見逃した皮相な見方にすぎない。たしかに種は花になるが、歴史が進めば花は種になる。ある時点の観測では「葉」「花」「根」「茎」が分立しているようにみえたとしても、それらは独立してはおらず、生育の歴史過程のなかで対立は止揚され、すべては土となり種となる。

　こうした考え方は理解不能とも扱われがちだが、現代のジェンダー理論やレイシズム批判などではよく応用される。たとえば17世紀の北米では、人間は肌の色では区分されておらず、「白人」「黒人」という区分は18世紀以降に発生したことがわかっている（Smedley 1993）。それ以前は、欧州のさまざまな地域のさまざまな身分の人間を、「白人」と総称する分類は存在しなかった。すなわち「白人（A）」「黒人（B）」とは、歴史過程のなかで表れた一時的な分立であり、現象形態にすぎないと考えることができる。

　またこの立場では、人間の行為や価値に時代を超えた斉一性はなく、発展段階によって変化する。封建制の段階では、商人の価値は金銭で表されるだろうが、王の価値は威厳で表される。すべての人間の価値が貨幣（賃金）で測られるようになるのは、身分が解消された近代資本制の段階である。身分を超えたナショナリズム（国民意識）が生じるのも、近代になってからである。アリストテレスは近代の経済学者と異なり労働価値説をとらなかったが、マルクスによればその理由は、古代ギリシャ社会が市民と奴隷から構成されており、均質な「人間労働」という概念が存立しえなかったからだった（Marx 1867＝1969, I 110）。

　こうした弁証法的歴史哲学を応用した社会学の歴史研究としては、ハーバーマス（Jürgen Habermas）の『公共性の構造転換』が挙げられる（Habermas

1962 = 1973)。この著作によれば、17 世紀の「具現的公共性」の段階では、人間は王や平民という現象形態で表れた。そして彼らの公共圏は、身分にふさわしい威厳ある立ち居振る舞いとして、身分によって区切られた閉鎖的な社交関係として、その空間的な現象形態である中庭という閉鎖的建築様式として表れた。それが 18 世紀の「市民的公共性」の段階では、人間は対等な有産市民という現象形態として表れ、彼らの公共圏はカフェという開放的な空間において、新聞という公開メディアから得た情報をもとに、公開で討議するという現象形態として表れた。ここには明らかにマルクスの影響がみてとれるが、メディア研究や公共哲学、歴史社会学では、この著作は今でも古典とされている。

　他の例として、ナショナリズム研究の古典とされるアンダーソン（Benedict Anderson）の『想像の共同体』がある（Anderson 1983）。この著作でもっとも知られた「出版資本主義（print capitalism）」とは、活版印刷を通じて大量生産された均質な出版物が、その出版物の市場圏内に均質な言語と観念をもつ共同意識を作り出すという考え方である。もともとマルクス主義では、国民意識は近代資本制の段階で発生するもので、それは共通の生産関係を取り結んだ市場圏を基盤として形成されると考えられていた。アンダーソンはそれを応用し、近代の大量複製技術と出版市場がナショナリズムを形成したという説を唱えたといえる。

　マルクスを応用した歴史社会学でもっとも有名なのは、アメリカ社会学会の会長も務めたイマニュエル・ウォーラーステイン（Immanuel Wallerstein）の「世界システム論」だろう（Wallerstein 1974 = 2013）。ウォーラーステインは 1970 年代から 90 年代にかけて、15 世紀に西欧で発生した「史的システムとしての資本主義」が、どのように世界に拡大し、植民地と帝国主義の段階に至ったかを歴史的に記述した。彼の基本的な理論的枠組みは、アメリカ社会学の主流だったパーソンズのシステム論と、マルクスの理論を接合したものだったともいえる。

　方法論という観点からいえば、このタイプの研究は、変数間の因果推論を行わない。経済指標やメディアの普及率などが言及されるとしても、それらは独立した変数ではなく歴史過程に表れた現象形態であり、相互に連関しな

がら特定段階の社会構成体をなしているとみなす。重視されるのは、たとえば賃金労働者（プロレタリアート）の発生や出版資本主義の台頭といった、理論的に次の発展段階の萌芽となるだろう動向を観測して、その動向がどのように全体としての社会構成体を変容させていくかを記述することである。

　たとえばハーバーマスの著作でも、有産市民の台頭が原因となって、新聞やカフェが従属的に結果した、というような因果関係が検討されているわけではない。有産市民も新聞もカフェも、市民的公共性という歴史段階において表れた諸現象だからである。そこでの目的は、そうした個別の現象どうしの因果関係を明らかにすることではなく、公共性の歴史が一定の法則性をもって発展していく過程を記述することにある。

　このような広い意味でマルクスを下敷きにした歴史研究は、欧州では根強いが、アメリカでは主流とはいえない。しかしマルクスの思想は、現象学と並んで欧州の社会学に影響を残しており、たとえばギデンズ（Anthony Giddens）やベック（Ulrich Beck）などの理論を通じてアメリカの構築主義（constructivism）の進展にも影響を与えた。

　またマルクスに批判的なアメリカの社会科学者も、中長期の歴史については、案外に素朴な近代化論に依拠していることがある。冷戦終結後しばらくは、経済成長した社会は自由民主主義に移行するといった、今から考えれば根拠の乏しい楽観的な近代化論も散見していた。経験的観測と因果推論にもとづく社会科学は、歴史を必要としないというよりも、実は歴史が苦手なので、素朴な近代化論に依存しがちなのかもしれない。

IV　立場③――歴史は現代の他者

　歴史に対する第三の立場は、異なる時代や社会に、現代と異なる価値や規範の体系が存在したことを示そうとするものである。これは歴史を現代の他者、すなわち現代を反照する契機として記述することを志向する立場だともいえる。

　人間の認識や規範の体系が、地域や時代で異なることを示す事例研究は少なくない。たとえば虹の色は、日本語圏は7色と数えるのが主流だが、英語

圏では6色、ドイツ語圏は5色と数えるのが主流で、2色と数える言語圏もある（鈴木 1978）。日本でも蘭学が入ってくる前は、3色や5色と数えることが多かった（吉野 2011）。虹は色が連続して変化しているので、どこで色を区切ったとしても「間違い」ではない。人体機能としては同じ視覚情報を捉えていたとしても、藍色と青を区切って七色と数える言語圏もあれば、区切らずに六色と数える言語圏もあっても不思議ではない。

　ちなみにホメロスの詩『オデュッセイア』には「ワイン色の海」という表現がある。これは、当時の色彩認識を示しているという説がある（Deutscher 2010）。つまりアリストテレスの時代のギリシャの人々は、現代アメリカ人と違う色彩認識をしていた可能性があるのだ。

　社会学の始祖とされるウェーバーも、資本主義が勃興した地域としなかった地域では価値体系が異なっていたと考えていた。その仮説をもとに、彼は欧州や世界各地の宗教――というよりも宗教テキストに集約的に表現された価値体系――を歴史的および国際的に比較研究したのである。

　さらにデュルケムを一つの起源として発達したフランスの人類学は、社会ごとに規範体系の構造があるとする構造主義を生み出した。一見すれば「非合理」「野蛮」にしかみえない社会にも、西欧とは異なった構造をもつ規範体系があること、その規範体系の内部では人々が「合理的」な認識と行為をしていることを、こうした人類学は示したのである。

　また科学史の成果として、自然科学も単線的に進歩してきたわけではなく、地域や時代によって異なる支配的価値観に束縛されながら、不連続的に変化していたことがわかってきた（中山 1974）。こうした不連続な変化は「パラダイム」の転換などとも俗称された。いわば科学史の研究は、「科学」そのものも地域や時代で異なっていたという、不都合な歴史を発見してしまったのである。

　こうした人類学や科学史の成果は、人間の行動はどこでも斉一だという見方に疑問を投げかけた。またそれは、単線的な「進歩」や「発展」を歴史の法則性だとみなしていた近代化論やマルクス主義に対する異議にもなった。こうした刺激をうけて、現代とは異なる規範体系の構造をもつ社会として、歴史を記述する研究が台頭することになった。

アリエス（Philippe Ariès）やフーコー（Paul-Michel Foucault）の一連の著作は、こうした歴史研究と位置づけることができる。この立場での方法論は、人々の認識や行為や言説の体系を、一つのまとまった構造として記述することである。

　人類学者が一つの社会の規範体系を記述するにあたっては、その社会の人々がどのような神話やシンボルを共有しているか、誰が「上座」に着席し誰が「下座」に着席するかといった、「テキスト」「言葉遣い」「立ち居振る舞い」などを質的に調査する。それらは必ずしも、数値で表せる量的データとしては取得されない。また一つの構造のなかではすべてが連関しているため、どれが独立変数で、どれが従属変数だともいえない。経済指標や識字率などが調査されるとしても、その社会を支える物質的・制度的な条件としての補足情報となる。

　アリエスやフーコーの著作では、中世の人々が8歳の人間をどう形容していたかに関する文章や画像、あるいは17世紀の医学や植物学における分類体系の変化などが、詳細に記述されている。その目的は、ある社会が共有していた支配的な体系を一つの構造として抽出し、その体系がどう変動していったかを記述することである。

　フーコーの『監獄の誕生』でいえば、身体刑から監禁刑への変化が、支配的な言説秩序の変化を示すものとして対象とされている。そして法規の変化、刑罰の種類、執行の形態、受刑者の反応、獄舎の建築様式などが詳細に記述される（Foucault 1975＝1977）。経済や人口などの動態は言及はされるが、それらが原因で一連の変化がおきたのかは推論されない。体系の変化は「進歩」としてではなく、科学史の「パラダイム転換」と同じように、原因不明の不連続的な変化として記述される。「独立変数」や「因果推論」といった方法論も、歴史的発展の法則性という考え方も、ここではとられていない。

　このような歴史研究、とくにフーコーの一連の著作は、さまざまな領域に影響を及ぼした。1980年代から90年代に「新しい歴史学」や「ポストコロニアリズム」などと通称された歴史研究は、こうした背景もあって出現した。アリエスやフーコーは長期かつマクロな分析を行ったが、人類学者のフィールド調査がそうであるように、一時代のミクロな対象に対してもこうした方

法論は応用可能である。

おわりに——「歴史社会学」とは何だったのか

　本章では、科学と歴史の関係を三つの立場として類型化し、その立場から派生する方法論の相違をもとに研究史を整理した。この節ではこうした整理を踏まえ、「歴史社会学」とは何だったのかを考察したい。

　歴史社会学を「歴史化」してしまえば、1970年代前後に台頭した、社会学的な歴史研究の総称とみなすことができる。本章の三類型で言及した主要な研究は、いずれも1960年代から80年代に集中している。

　周知のようにこの時期は、ベトナム戦争や公民権運動、パリ五月革命などを契機として、社会科学の批判的検討が行われた時期だった。アメリカ政府は「ベスト・アンド・ブライテスト」とも呼ばれた人々を集め、ベトナム側の兵力と経済力を測定し、目的達成に必要な軍事力と援助計画を算定したが、最終的には無惨に失敗した。このことは、アメリカ社会に深刻な内省をもたらし、社会科学の予見可能性に対する懐疑が広まった。社会学においては、1960年代まで支配的だったパーソンズの理論は静態的かつ保守的すぎるという批判が強まった。その文脈において、マルクスの再評価があり、人類学や科学史の成果が注目され、アメリカを中心とした西洋社会の価値体系が問い直された。

　こうした動向と、歴史研究への関心の高まりは無縁ではなかった。スコッチポルも1984年の論文で、1970年代のアメリカ社会学で歴史が再注目されたのは、「現在から未来に向けての傾向や関係が継続するかどうか不明確な時代」であるからだと述べている（Skocpol 1984a＝1995, 15）。1947年生まれの彼女自身、公民権運動に刺激され、革命の成功条件に関する歴史研究を行っていた研究者だった。

　とはいえ本章で言及した研究者、とくに欧州の研究者の多くは、「歴史社会学」を自称していたわけではない。日本で「歴史社会学」という言葉を広めた筒井清忠は、以下のように述べている（筒井 1997, 2）。「『歴史社会学（historical sociology）』が社会学内部の下位領域として最初に確立したのは1970

年代のアメリカにおいてであり、社会学者による（ないしは社会学的アプローチにもとづいた）歴史研究を総称する意味で『歴史社会学』という名称が用いられているのは、今日に至るまで主として英語圏である」。

　現在からふりかえるならば、「歴史社会学」とは、スコッチポルが戦略的に創設したカテゴリーであったといえなくもない。たしかに歴史社会学（historical sociology）という言葉の初出は、1906年のギディングス（Franklin H. Giddings）の著作だといわれる（Giddings 1906）。そしてスコッチポルは、歴史社会学こそが社会学の正統で、アメリカ社会学から一時的に歴史への関心が失われていたにすぎないと主張した。しかしその論拠とされたのは、彼女が「近代社会学の創始者」と形容したウェーバー、デュルケム、マルクス、トクヴィル（Alexis de Tocqueville）などが歴史に強い関心をもっていたことであった（Skocpol 1984a = 1995, 11）。いうまでもなくこれらの人々は、全員が「社会学者」を自称していたわけでも、「歴史社会学」を唱えていたわけでもない。いわばスコッチポルは、みずから「歴史社会学」の「歴史的起源」を創造することで、自分の学問的立場を正当化したともいえるだろう。

　スコッチポルがこうした戦略をとった背景を推測することは難しくない。彼女は当時のアメリカ社会科学の世界では、女性研究者のパイオニア的存在であった。彼女は1980年にハーヴァード大学の教授資格を得ることができず、女性差別が原因だと訴えて再審査を要求し[5]、1984年にハーヴァード初の女性社会学者の教授となった。彼女が歴史社会学の三類型を1980年と84年の論文で提唱し、歴史社会学は変数測定と国際比較によって社会変動の因果推論を行う正統な社会科学であると主張したのは、まさにこうした時期だった。

　その後の彼女はアメリカ政治学会（APSA）の会長にも就任し、アメリカ社会科学界に歴史研究への理解を広めた。「歴史社会学（Historical Sociology）」というカテゴリーが認知されるに至ったのは、彼女の政治力と戦略性によるところが大きかったといえる。近年でも「歴史社会学の方法」といえば、1980年代前半にスコッチポルが提唱した国際比較分析が挙げられることが多い（たとえば赤川 2017）。

　とはいえスコッチポルは、自分が提唱した国際比較の方法論にこだわるこ

とはしなかった。彼女が湾岸戦争後の 1992 年に出版した『兵士と母を守る』
では、若干の国際比較やアメリカ国内の州の比較は行われていたが、基本的
にはアメリカ一国内における社会政策史であった（Skocpol 1992）。さらに
2003 年の『失われた民主主義』は、アメリカにおける市民参加の衰退をデー
タと歴史記述によって示す著作であり、国際比較という方法はとられてい
ない（Skocpol 2003＝2007）。総じて彼女は、その時々のアメリカにおける政
治課題に即した主題を歴史的に研究する点では一貫していたが、方法論の一
貫性にこだわっていたとは言いがたいのである。

　つまり狭義の「歴史社会学」は、1980 年代のアメリカ社会科学の文脈の
なかで、戦略的に造られたカテゴリーだったともいえる。では、そのような
カテゴリーは別として、社会学的な歴史研究は現在どのように行われている
のだろうか。

　2022 年 8 月現在、英語で閲覧できる歴史社会学（historical sociology）の学術
団体のウェブサイトには、アメリカ社会学会（American Sociological Association）
のサブセクションである比較・歴史社会学（comparative and historical sociology）
の部会がある 6)。またイギリス社会学会（British Sociological Association）も His-
torical and Comparative Sociology の研究グループを設けている 7)。欧州を中心
とした国際社会学会（International Sociological Association）には、歴史社会学
（Historical Sociology）の Research Committee がある 8)。さらに本章冒頭で述べた
ように、カナダのレスブリッジ大学・文化コミュニティ研究センターは
Journal of Historical Sociology という学術誌を主催している。

　とはいえこれも本章冒頭に述べたように、これらの研究動向を一言で言い
表すのはむずかしい。上記の名称からもわかるように、英米での歴史社会学
は、比較社会学や国際政治学に近い学問と位置づけられている。ウェブサイ
トから確認できる限りでは、トピックにおいても革命や政変の要因分析、政
党政治や貿易政策の長期的変動など、国際政治学や国際経済学と重なるもの
が多い。このことは、スコッチポルが 1980 年代前半に提唱した線に沿って、
歴史社会学がアメリカ社会科学に定着した表れとみなせるだろう。

　それに対し、カナダの *Journal of Historical Sociology* に掲載されている諸論文
は、国際比較による巨視的な政治経済分析よりも、一国内のミクロな社会史

的トピックを扱う論文が目立つ。ウェブサイトからは、経済や教育や階層などの計量研究もあれば、知識社会学やポストコロニアル研究などの論文があることも確認できる。欧州を中心とした国際社会学会は、上記の諸潮流を包含しながら、マルクス主義の系譜を継ぐ帝国主義分析やグローバリズム研究なども重視しているようだ。ただしアメリカの歴史社会学も、人種差別やマイノリティといったトピックを扱う場合には、マルクスやフーコーなどに影響されたポストコロニアル研究のアプローチが見受けられる。

　日本はどうか。1990年代以降、「歴史社会学」を冠した日本の研究者による書籍や論文は増加した。それらは明治以降の家族、人口移動、教育／学校、格差、文化、住宅、ナショナリズム、植民地や周辺地域、マイノリティ、さらに性や精神疾患についての言説などを扱ったものが多い[9]。方法としては、過去の統計指標や個票データの分析と同時代の象徴的エピソードを組み合わせた歴史記述や、フーコーなどに影響された画像や言説の分析がみられる。

　こうした日本の歴史社会学に特徴的なのは、アメリカや欧州の歴史社会学に多い国際比較、マクロな政治経済分析、数世紀の長期変動などを扱う研究がほとんどみられないことである。因果推論もあまり行われない。これは、日米欧における「社会学」の違いによるものだろう。

　日本で初の社会学の講義は、1881年に東京大学文学部でフェノロサ（Ernest F. Fenollosa）によって行われた。一方で政治学は、1885年に東京大学文学部から法学部に移管され、社会学は政治学との関係を絶たれた形となった。アメリカ社会学会では政治と国際関係は有力な部会だが、日本社会学会ではこの分野の研究者は少ない（Oguma 2021）。総じて、アメリカの社会学は政治学や経済学と隣接した社会科学として発達したが、日本の社会学は異なる発達を遂げたといえる。

　また日本の社会学は、欧州と異なりマルクス主義の影響が少なく、資本主義の長期変動を対象とするような機運が薄かった（Oguma 2021）。日本の歴史社会学が、もっぱら明治以降を対象とし、国際比較やマクロな政治経済分析、あるいは因果推論への志向が薄いのは、こうした背景からだろう。つまり日本の歴史社会学は、日本の社会学の歴史的文脈に即して発達したのである。

このように「歴史社会学」といっても、国や地域でトピックも方法も異なっている。というより、それぞれの国や地域にはそれぞれの歴史的文脈に即した社会学があり、それぞれの「歴史社会学」があるのだ、と考えたほうがよいかもしれない。本章が挙げた三つの方法論的立場も、このような各地域の「歴史社会学」ごとに、それぞれの形で取り入れられていると考えてよいだろう。

ここで本章の最初の問いに戻ろう。「歴史社会学」の現状は明らかとなった。それでも社会科学に歴史研究は必要なのか。本章の答えは「必要だ」である。

1970年代を中心に広義の「歴史社会学」が台頭したのは、未来への不安感と、社会科学に対する疑念が生じていた時代背景からだった。その後に冷戦が終結し、自由民主主義の勝利と「歴史の終焉」がささやかれ、「歴史社会学」は各国における社会科学の一分野として定着した。いわば「歴史社会学」は、70年代にもっていた衝撃力を失うことと引き換えに、それぞれの国の学問分野の一つとして安定した地位を得たともいえる。

だが2020年のCovid-19拡大や、2022年のロシアによるウクライナ侵攻は、大部分の社会科学者の予想を超えた説明不能の事態だった。予期せぬ事態に人々は動揺し、1920年代のスペイン風邪の歴史や、ロシア革命期の歴史に答えを求めた。それまでの「科学」の常識では説明できない事態が生じたとき、人間は歴史を必要とする。冷戦終結後に広まった楽観論が消え、世界が不透明感を増してきたなかで、歴史研究はいったん定着した「歴史社会学」をも乗り超え、ふたたび活性化するかもしれない。

社会科学は歴史から逃れられない。歴史など必要としないほうが、人類は幸福なのかもしれないとしても、である。

---

1) "Journal of Historical Sociology," Wiley Online Library, https://onlinelibrary.wiley.com/journal/14676443. Accessed on August 21st, 2022.
2) この三条件は（高根 1979）や（久米 2013）など広く採録されている。
3) Skocpol（1984b）では三つの類型は「一般理論適用型」「解釈型」「分析型」とされているが趣旨に違いはない。
4) ただしスコッチポルは、パーソンズに代表される「各社会パターンの量的な分析」を

「経験主義的な反歴史主義」と形容し、「そこにおいては当時〔1950年代〕の合衆国の現実が文脈から切断され、素朴にもすべての人間の社会生活において代表的存在として取り扱われる」とも述べていた（Skocpol 1984b = 1995, 13）。しかしこうした視点は、歴史社会学を因果推論を行う社会科学と位置づけるさいには重視されていない。

5) 一連の経緯は "A Question of Sex Bias at Harvard," *New York Times*, October 18, 1981. https://www.nytimes.com/1981/10/18/magazine/a-question-of-sex-bias-at-harvard.html. Accessed on August 21st, 2022.

6) "Comparative and Historical Sociology," http://chs.asa-comparative-historical.org/. Accessed on August 21st, 2022.

7) "Historical and Comparative Sociology Study Group," https://www.britsoc.co.uk/groups/study-groups/historical-comparative-sociology-study-group/. Accessed on August 21st, 2022.

8) "RC56 Historical Sociology," https://www.isa-sociology.org/en/research-networks/research-committees/rc56-historical-sociology/. Accessed on August 21st, 2022.

9) 紙幅の都合で具体的な著作／論文を挙げることは省略する。

参考文献

赤川学（2017）「社会問題の歴史社会学をめざして」『社会学評論』68（1）、118-33。

久米邦男（2013）『原因を推論する—政治分析方法論のすゝめ』有斐閣。

佐藤香（2006）「序文」『社会科学研究』57（3）、1-3。

鈴木孝夫（1978）「虹の色は何色か」『慶應義塾大学言語文化研究所紀要』10、107-28。

高根正昭（1979）『創造の方法学』講談社現代新書。

筒井清忠（1997）「序論」筒井清忠編『歴史社会学のフロンティア』人文書院、1-7。

中山茂（1974）『歴史としての学問』中央公論社。

野家啓一（1998）『クーン—パラダイム』講談社。

吉野政治（2011）「なぜ虹は七色か」『同志社女子大学総合文化研究所紀要』28、138-52。

渡邊雅子（2004）『納得の構造—日米初等教育に見る思考表現のスタイル』東洋館出版。

Anderson, Benedict（1983）*Imagined Communities: Reflections on the Origin and Spread of Nationalism*, London: Verso（= 1987, 白石隆・白石さや訳『想像の共同体—ナショナリズムの起源と流行』リブロポート）.

Calhoun, Craig（1996）"The rise and domestication of historical sociology," McDonald, Terrence J. ed. *The Historic Turn in the Human Sciences*, Ann Arbor: The University of Michigan Press, 305-38.

Deutscher, Guy（2010）*Through the Language Glass: Why The World Looks Different In Other Languages*, New York: Henry Holt and Company.

Foucault, Paul-Michel（1975）*Surveiller et punir*, Paris: Éditions Gallimard（= 1977, 田村俶訳『監獄の誕生—監視と処罰』新潮社）.

Georg, Alexander L. and Andrew Bennett（2005）*Case Studies and Theory Development in the Social Sciences*, Cambridge: MIT Press（= 2013, 泉川泰博訳『社会科学のケース・スタディ—理論形成のための定性的手法』勁草書房）.

Giddings Franklin H. ed.（1906）*Readings in Descriptive and Historical Sociology*, New York, Macmillan.

Habermas, Jürgen（1962）*Strukturwandel der Öffentlichkeit: Untersuchungen zu einer Kategorie der bürgerlichen Gesellschaft*, Belrin: Suhrkamp（＝1973, 細谷貞雄訳『公共性の構造転換』未來社）.

Hegel, Georg Wilhelm Friedrich（1817）*Enzyklopädie der philosophischen Wissenschaften im Grundrisse*, Heidelberg: Oßwald（＝1978, 松村一人訳『小論理学』岩波文庫）.

Hume, David（1839–40）*A Treatise of Human Nature: Being an Attempt to Introduce the Experimental Method of Reasoning into Moral Subjects*, London: John Noon（＝1984, 大槻春彦訳『人性論』岩波文庫）.

King, Gary, Robert O. Keohane, and Sidney Verba（1994）*Designing Social Inquiry: Scientific Inference in Qualitative Research*, Princeton: Princeton University Press（＝2004, 真淵勝監訳『社会科学のリサーチデザイン―定性的研究における科学的推論』勁草書房）.

Lachmann, Richard（2013）*What is Historical Sociology?*, Cambridge: Polity Press.

Marx, Karl（1867）*Das Kapital. Kritik der politischen Oekonomie*, Hamburg: Verlag von Otto Meisner（＝1969 向坂逸郎訳『資本論』第 1 巻、岩波文庫）.

Mill, John S.（1843）*A System of Logic: Ratiocinative and Inductive*, London: J.W. Parker（＝1949–58, 大関将一・小林篤郎訳『論理学体系』全 6 巻，春秋社）.

Oguma, Eiji（2021）"Sociology of the Japanese, by the Japanese, for the Japanese: A short history of unintentional indigenization of sociology in Japan," *International Sociology* 36（5）, 684–96.

Skocpol, Theda and Margaret Sommers（1980）"The Uses of Comparative History in Macrosocial Inquiry," *Comparative Studies in Society and History* 22（2）, 174–97（＝2001, 牟田和恵監訳，中里英樹・大川清丈・田野大輔訳「マクロ社会分析における比較歴史学的方法の利用」『現代社会革命』岩波書店）.

Skocpol, Theda（1984a）"Sociology's Historical Imagination," Theda Skocpol ed. *Vision and Method in Historical Sociology*, Cambridge: Cambridge University Press（＝1995, 小田中直樹訳「社会学の歴史的想像力」『歴史社会学の構想と戦略』木鐸社）.

Skocpol, Theda（1984b）"Emerging Agendas and Recurrent Strategies in Historical Sociology," Theda Skocpol ed. *Vision and Method in Historical Sociology*, Cambridge: Cambridge University Press（＝1995, 小田中直樹訳「歴史社会学における研究計画の新生と戦略の回帰」『歴史社会学の構想と戦略』木鐸社）.

Skocpol, Theda（1992）*Protecting Soldiers and Mothers: The Political Origins of Social Policy in the United States*, Cambridge, MA: Harvard University Press.

Skocpol, Theda（2003）*Diminished Democracy: From Membership to Management in American Civic Life*, Norman, OK: University Oklahoma Press（＝2007, 河田潤一訳『失われた民主主義―メンバーシップからマネージメントへ』慶應義塾大学出版会）.

Smedley, Audrey（1993）*Race in North America: Origin and Evolution of a Worldview*, Boulder, Colo.: Westview.

Wallerstein, Immanuel M.（1974）*The Modern World-System, vol. I: Capitalist Agriculture and the Origins of the European World-Economy in the Sixteenth Century*, New York: Academic Press（＝2013, 川北稔

訳『近代世界システムⅠ―農業資本主義と「ヨーロッパ世界経済」の成立』名古屋大学
出版会).

Yin, Robert K.（1994）*Case Study Research: Design and Methods*, 2nd Edition, London: SAGE Publica-
tions（＝1996, 近藤公彦訳『ケース・スタディの方法〔第2版〕』千倉書房).

第 **8** 章 「開かれたオーラルヒストリー」の実践と方法

清水唯一朗

はじめに——文理協働キャンパスと 「開かれたオーラルヒストリー」

研究手法としてのオーラルヒストリーもずいぶんと人口に膾炙するように
なった。科学研究費助成事業データベースで「オーラルヒストリー」を検索
すると、940 件もの研究課題がヒットする[1]。その分野も歴史学や社会学、
文化人類学にとどまらず、政治学、経済学、教育学、言語学、看護学、芸術
実践、建築学など、実に多様な広がりをみせている。

こうした広がりをもつ手法は文理協働キャンパスである SFC とは相性が
よかったのだろう。2008 年に筆者がオーラルヒストリーワークショップを、
翌年からオーラルヒストリーを主題とした研究会（ゼミ）を立ち上げると、
さまざまなテーマをもった学生たちがオーラルヒストリーを用いた研究プロ
ジェクトを実践していった。

試みに、オーラルヒストリーゼミの卒業論文テーマを眺めてみよう[2]。フ
ァミリーヒストリー、ライフコース、ライフヒストリー、地域史といった定
番の研究ももちろん多いが、被災地、LGBTQ、映画館、景観、料理、音楽、
お気に入りなど、学生それぞれの関心に根ざしたテーマが光を放つ。それら
はいずれも一方的な聞き取りにとどまらず、相互理解を深めるコミュニケー
ションとして展開されている。もちろん、インタビューや対話の手法につい
ての研究もある。

分野の広がりは、政策過程分析、まちづくり、医療介護の改善、コーチン
グ、異文化理解、会食、比喩表現、演劇活動など、際限がない。学生はそれ

ぞれの専門分野をサポートする研究会にも所属しながら、この研究会で「聴く」を用いてテーマを深める手法を磨いてきた。

多様なニーズに合わせるかたちで、SFC での「聴く」取り組みは、オーラルヒストリーを掲げながらもこだわらず、さまざまな「聴く」かたちを取り込んで展開してきた。これを研究会では「開かれたオーラルヒストリー」と呼んでいる。本章ではその「開かれたオーラルヒストリー」の実践と方法について、準備、実施、分析の三段階に分けて記していく[3]。

I　「開かれたオーラルヒストリー」の準備

1　ワークショップとゼミ

「聴く」を用いた研究プロジェクトに関心をもつ学生に向けて、春学期の木曜午前に間口の広い「オーラルヒストリーワークショップ」をおき、よりテーマを深めていきたい学生のために木曜午後に「オーラルヒストリーゼミ」（研究会 B2）を開いている。

オーラルヒストリーの手法にこだわらないとしながら、クラスの名称は「インタビュー」とせず「オーラルヒストリー」のままにしている。現実的な理由は受け入れ人数との兼ね合いにある。履修者の話を丁寧に聞きながら進めるには、ワークショップで 24 名、ゼミで 16 名が限界だと感じている。

学問的な理由としては、研究テーマがおぼろげにみえてきて、実践する方法を探しているタイミングで履修してほしいという思いがある。一般的な「インタビュー」ではない「オーラルヒストリー」にしておくことで、自分のテーマに合う方法を求めてシラバスを探して回る学生が集まってくれている（と思っている）。

オーラルヒストリーワークショップでは、インタビューの手法、文字起こしの方法、リサーチデザインの立て方、インタビューの分析について、それぞれエキスパートによる講義と履修者自身による実践を繰り返すことで身につけ、中間報告、中間相談を経て最終成果発表まで漕ぎつける。ワークショップには文系だけでなく、融合分野や理系の学生も参加しており、多くの履修者がここでの経験をそれぞれの研究会にもち帰って研究を進めている。

これに対して、オーラルヒストリーゼミには、より「聴く」を中心において研究やプロジェクトを進めたい学生が参加する。このゼミでは、ワークショップの内容と連動しながら、聴くことの射程、聴き手と話し手の関係性、インタビュー手法の多様性、聴くときの身体性、分析の方法などを文献輪読とディスカッションを通じて学んでいく。

　春学期はワークショップで実践しながらゼミで頭と心を整え、さらに学び続けたいものは夏合宿、秋学期とゼミで個人研究を進めていく。

2　導入——まず実践してみる

　ワークショップの履修希望者には、履修申し込み時に、研究・実践したいテーマについて、その理由と具体的なインタビュー対象を書いてもらっている。ゼミの履修希望者には、これに加えて、自分について、これまで影響を受けたものについてまとめてもらい、面談を行ったうえでメンバーを決めている。

　ここからはオーラルヒストリーワークショップの進行を軸にみていく。第1回は雑誌記事を中心として活動してきたプロの聴き手にお越しいただき、ご自身のインタビューを事例に、アポイントの取り方、準備、インタビュー当日、記事へのまとめ方をお話しいただいている。

　例年、この回の講師は永江朗さんにお願いしている。永江さんは私たちもよく知る話し手や媒体を例に挙げて具体的にお話しくださり、インタビューへの解像度を上げ、学生の心理的な敷居を下げてくれる（永江 2002）。

　学生が驚くのは、永江さんが行う膨大な下調べと、それに裏打ちされた豊富な質問量だ。話し手がこれまで発表してきたものは一通り目を通す。そのレベルの理解がなければよい質問はできないし、話題が及んだときに作品を知らなければ話し手からの信頼を失ってしまうからだ。

　質問は 100 個作り、そこから 3〜5 個に絞り込んでいく。この話にも学生は舌を巻く。これをワークショップでは「質問 100 本ノック」と呼んでいる。多くの学生はメディアなどで目にした問題や課題をテーマにしており、彼らからすれば聞きたいことは決まっているように思われる。しかし、それでは世の中に溢れる情報を上書きするにとどまる。丹念な下調べを経た「質問

100本ノック」は、自分はそのテーマのどこに、なぜ関心をもつのかを探り、自分自身の問いに向き合うプロセスとなる。

　永江さんの講義を経て、第2回は実践となる。前半は文献やネットに比較的情報が出ている学生に話し手役をお願いし、1対3インタビューを行う。3人の聴き手はお互いの下調べと質問を突き合わせ、役割分担をしてインタビューに臨む。

　複数名で聴くことに違和感を覚える方もあるだろう。このワークショップでも、ゼミでも、基本的に複数名で聴くことを勧めている。聴き手が1人だと視点が限られることに加えて、インタビューの間、ずっと集中し聴き続けなければならない。これは現実には不可能だ。2人目、3人目の聴き手がいれば、気がついた者が適切に質問をしていくことができ、インタビューは充実する。もちろん、話の内容がセンシティブである場合などは1人で聴く方がよいだろう。

　3名の聴き手以外の学生は、インタビューを観察して、感想や改善点を聴き手にフィードバックする。インタビューを実践する経験はもちろん大事だが、インタビューの現場をみる機会はほとんどない。他者のインタビューから学べる点は多くある。

　もうひとつ、聴き手が打ち合わせをしている間に、聴き手以外の学生に会場の設営を任せている。聴き手と話し手がどのような位置関係で座るのがよいか、オーディエンスとなる自分たちとどれくらい距離を取れば話しやすいか。そうしたことを考えることで、自身がインタビューを行う場合の環境と身体性がイメージできる。

　第2回の後半は、学生同士で1対1のピアインタビューを行う。テーマは「なぜSFCに入ったのか、どんなことをしたいのか（しているのか）」としている。このテーマで聴くと、自分がわかっているつもりのテーマでも、隣にいるクラスメートは異なるストーリーをもっていることに気づく。さらに、クラスのなかで自己開示をしあった仲間が1人できることで居場所ができ、それぞれが目指すものを共有することでメンバーがつながっていき、クラスがチームになっていく効果がある。

　第3回は文字起こしのプロをお招きして、文字起こしの方法とそこからみ

えるインタビューの意義について学ぶ。講師は、かつては丹羽清隆さんに、丹羽さんが逝去されたのちは彼が指導した「オト研」のみなさんに担当していただいている。

　講義の事前課題として、学生は前回行ったインタビューの文字起こしを行う。このうち、1対3のインタビューの文字起こし原稿は講師に送り、事前に目を通してもらう。講師は学生の文字起こし原稿を題材に、具体的にどのように起こせば話し手の趣旨が適切に伝えられるのかを講じてくれる。

　この際、筆者からは、文字起こしは二度目のインタビューとなると伝えている。文字起こしをしていると、インタビューの現場ではわからなかった相手の意図や感情に気づく。進行を気にせずにひたすら話に耳を傾けられるからだ。そのため、文字起こしを作成しながら、気づいたことや疑問をメモやコメントで入れておく。これがのちに生きてくる。得られた新しい疑問は原稿を話し手に戻す際に追加で尋ねることもできるし、気づきは分析する際のきわめて重要な手がかりとなる。

　1対1インタビューの文字起こし原稿は、事前に話し手の学生に送っておいてもらう。文字起こしの講義を受けたのち、聴き手は講義内容を踏まえて文字起こしを修正し、再度、話し手に送る。このやりとりを通じて、学生はまず聴き手としてどのように文字起こしを行えばよいか、どうすれば改善できるかを体験し、加えて、話し手として、どのように意図が伝わったり、伝わらなかったりするかを理解できる。

3　リサーチデザインを組み立てる

　ここまでの実践を踏まえ、第4回からは自分の関心をリサーチデザインに組み立てていく。多くの学生にとって、テーマはまだ関心をもった入口にとどまったままだ。このため、第4回でリサーチデザインについて説明する。まず、プロジェクトのスタイルとして事実発見型、問題解決型、両者の融合型の3つを説明し、自分のプロジェクトの目的を設定する時間を取る。

　その際、インタビューも含まれる定性的研究の特徴として発見的作用があることを説明し（前田2013）、仮説を証明するためではなく、仮説を発見することにインタビュー調査の大きな特徴があることを伝えている（清水

2019)。

　目的を設定したうえで、自分が取り組むテーマがどのような構造で動いているかを考えていく。そのために政策過程分析で用いられるアクターと 3 つの I を立てる方法を紹介し、それぞれのテーマに即して検討する。具体的にはアクターをできるかぎり挙げ、それぞれのアクターがどのような利害関係（Interest）と信念（Idea）に基づいて、どのような文化や慣習（制度、Institute）のもとで動いているかを考える（秋吉・伊藤・北山 2020）。

　もうひとつ、プロジェクトの組み方もこの段階で決める。1 人にじっくり話してもらうストーリー型、複数の方に同じ話題を伺うテーマ型、多数の方に同時創発的に話していただくグループ型を紹介する。ストーリー型ではライフストーリーを中心に（岸・石岡・丸山 2016）、テーマ型では政策研究を軸に（政策研究院政策情報プロジェクト編 1998）、グループ型では旧華族令嬢へのインタビュー（華族史料研究会編 2011）やオープン・ダイアローグを例示しながら進めている（Seikkula and Arnkil 2006）。

　これを踏まえて、履修者には、さまざまな手法とスタイルのなかでどれが自分の目的に適うかを考えてもらう。ワークショップの到達点としては、ストーリー型であれば 1 人の方に 3 回、テーマ型であれば 3 名の方に 1 回を標準としている。

　アクターと 3 つの I を考え、プロジェクトの組み方を決めるためにはリサーチが必要となる。このため、この回の最後で文献リサーチの方法にも触れている。そのうえで、企画書をまとめることを翌週までの課題とする。企画書は、(1)「問い」を示し、なぜその問いに取り組むのかを明確にし、(2)「問い」をめぐるアクターと場の構造を簡潔に示し、(3) そこから深掘りしていくための話し手の候補とプロジェクトの組み方、なぜその人でなければならないか、なぜその型を選ぶのかを明確にして示すものとしている。

　第 5、6 回は、履修者それぞれの企画をブラッシュアップするため、企画書検討会を行う。履修者 24 名を発表者 6 名と聴衆 3 名 ×6 グループに分け、6 分間の発表・質疑を 6 セット行う。聴衆は対面で質疑を行うだけでなく、スプレッドシートを用いてコメントを記入する。これを 1 セッションとして第 5 回前半・後半、第 6 回前半・後半の 4 セッション行い、24 名全員が発

表する。次から次へと攻撃する車掛かりの陣を思わせるハードな発表である。

　あまりに多くの、せわしないスケジュールに驚かれるかもしれない。このクラスでも初期には発表者が1人ずつ演壇に立ち、全員の前で発表する形式を取っていた。しかし、その形式では質問の数も得られるフィードバックもごく限られてしまう。また、発表が1回のみだと、自分自身での修正も利かない。

　これに対して、車掛かりスタイルであれば、発表者は6回の発表を行うことで自分のリサーチデザインの長所と短所、不足している点、自分の本来の目的との違和感などを明確にできる。聴衆も18名の発表を聴くなかで、自分自身のリサーチデザインを顧みて、リバイズする。せめて10分取れればとも考えるが、その場合には3回分の講義時間が必要となり、その分、インタビューに取り掛かる時期が遅くなってしまう。このため、現状では6分でなんとか進めてもらっている。

　この企画書検討会を踏まえて、履修者は企画書を改善し、いよいよインタビューに臨むこととなる。

II 「開かれたオーラルヒストリー」の実施

1 インタビューの方法を選び、コンタクトを取る

　企画書検討会を経て、いよいよオーラルヒストリーの実施に入る。実施に先立つ第7回は、オーラルヒストリーを中心に、構造化インタビューや半構造化インタビューといった一般的なものから、アクティヴ・インタビュー（Holstein and Gubrium 1995）やインタラクティブ・インタビュー（忽滑谷・諏訪 2012）といった特徴的なもの、聞き書き、ナラティブ、傾聴といった自由度の高いものまで、さまざまなインタビューの方法とその特徴を紹介する。それを踏まえて、履修者は自分のプロジェクトに適したインタビュー手法を選択する。

　そのうえで、事前リサーチの方法、話し手と目的を共有すること、そのために質問表を作成すること、安心して話せる場づくり、質問の方法、身体性など、具体的なインタビューの進め方について講じる。

以下、実際のプロセスに沿って紹介していこう。まずは話し手とアポイントを取ることになる。通常、インタビューの教科書では古いメディアほど話し手の信頼を得やすいとして、紹介や手紙でのコンタクトが推奨されている。

　しかし、紹介の場合、話し手は常に紹介者を意識して話すことに注意が必要だ。社長とのコンタクトを経て、その指示を受けた担当部署の社員に話を聴くことを想像すれば、問題点はわかりやすいだろう。手紙の場合も届いたかどうかのやりとりが煩雑になり、こちらからの返答が遅れて迷惑をかけてしまうことも多い。そのため、このクラスではメールでのコンタクトを勧めている。

　コンタクトの際のポイントは、何を聴きたいのかと同時に、なぜあなたに聴きたいのかを明確にして伝えることだ。そのテーマにかかわる人は多くいる。なぜあなたなのか、あなたでなければ答えられないのか。そのことを考え抜いて届けられたアポイントには、相手も時間を割いて応じる気持ちになれるし、目的にかんする誤解も生じにくくなる。長すぎない文面で、「なぜ」を明確に伝えることに注力したい。

　もうひとつ、コンタクトを取る前に再確認していることがある。それは、履修者が行うインタビューは、このクラスの課題だから取り組むものではなく、自分自身のプロジェクトを進めるためにあること、そのうえでプロジェクトをよりよいものにするために相手の時間をいただいて話を聞かせてもらうという大きな前提である。この手続きを踏んでコンタクトに臨むことは、学生がインタビューを用いた研究にしっかりと責任をもって取り組むうえで欠かせない。

2　事前リサーチと質問表の作成

　アポイントをいただけたら、事前リサーチを進めながら具体的な質問表を作成していく。研究者が行うオーラルヒストリープロジェクトでは、第0回と称される事前の顔合わせがあり、そこでお互いの雰囲気をつかみ、基礎的な資料提供を受け、目的の丁寧な説明と共有が行われる。学生が行うインタビュー調査ではそうもいかない。このため、質問表が話し手とインタビューの目的を共有するための貴重なコミュニケーションツールとなる。

質問表の第一の機能は、聴き手自身が準備し安心することにある。インタビュー中は相手の話を理解し、応答することで頭がいっぱいになる。質問100本ノックの蓄積をもとに、全体の流れを示す3〜5つに絞った大枠の質問を記しておけば、安心して相手の話に沿って進め、ときに100本ノックの成果を生かして深められる。

　第二の役割は、話し手の準備と安心のためである。もちろん、話を聴きに伺う側はとても緊張する。では、話し手の側はどうだろうか。学生が自分に関心をもって話を聴きにくる。うれしいけれども、もし答えられない質問が来たらどうしようか。緊張する要素には事欠かない。安心して当日を迎えてもらうために、どのようなことを聴かれるのかを示した質問表を事前に渡す意味がわかるだろう。準備が生じる可能性も考えて、おおよそ10日前までにはお送りするようにと勧めている。

　もうひとつ、こちらの理解度を明らかにしておくことも意味をもつ。話し手には、あらかじめ聴き手がどれくらい理解しているのかを知る術はない。聴き手の側から自分がどれくらい理解しているのかを伝えなければ、話し手が親切心から基本的な話を始めたり、過度に専門的な話を続けてしまい、貴重な時間が過ぎていってしまう。

　これを避けるために、質問項目に続けて、関連する人名や用語、すでに参照した文献名などを付記することを勧めている。そうすることで理解の度合いが伝わり、限られたインタビュー時間のなかで、お互いに話したいこと、聴きたいことを理解しつつ進められる。

　リサーチした資料を話し手と共有すべきかという質問もよく聞かれる。聴き手の学生は頑張って調べてインタビューに臨むのだから、その全てを話し手にみてほしいと願う。しかし、いきなり膨大な資料が送られてきたら話し手は閉口してしまうし、逆に資料から勉強して話す恐れもある。

　このため、資料は念のためもっていくが、話し手と共有するのは記憶を喚起するために役立つものに限定する。年表や人事表、新聞記事が一般的だが、回想法の研究を参考に写真や映像、当時流行った音楽や道具を持参した履修者には驚かされた。写真をカラー化しながらインタビューする方法も開発されてきており、参考になる（庭田・渡邊 2020）。

インタビューの前日は、午前中のうちにリマインドメールを送っておく。曜日、時間（午前か、午後か、24時間表記か、12時間表記か）、場所の誤りもしばしば起こっているので、気をつけたい。

前日の夜は、よほど大胆な人でない限り、緊張して寝られない。こんなことを聴きたい、相手はどう反応してくれるだろう、そうしたらこう返して……どうしてもシミュレーションを始めてしまう。時計は進み、気持ちは焦る。そういうときは、存分にすればいい。頭を使って疲れるので、そのうち眠りに落ちてしまうから。

3　いよいよ当日

当日は、交通事情などで不測の事態が起きても慌てないよう、早めに現地に到着しておく。近くの喫茶店でひと息ついてもよいし、周囲を散策すれば気持ちも落ち着き、インタビュー前の雑談のタネにもなる。

手土産をもっていくかは、謝礼と並んで学生が悩むポイントのようだ。研究費を取得していれば別だが、そうでない場合は謝礼より手土産が妥当なように思われる。高額なものより、なにか自分や相手につながるエピソードがあるものを選びたい。

インタビューを実施する場所は想像以上に聴き取りに影響するので、慎重に決めたい。話し手の話しやすさが第一なので、その意向によるのがよい。事務所や自宅などを指定されることが多いだろう。

喫茶店やホテルのロビーは避けた方がよい。隣の席の目線が気になったり、オーダーなどで話が中断されるからだ。ホールに響く声、カップのあたる音、テーブルからくる振動などで録音の環境もよくない。どうしてもこれらの場所で行う場合は、隣から距離のある席を選び、録音機材の下にハンカチーフなどを敷くとよい。

その点、自宅や事務所であれば騒音の心配はなく、相手も話しやすく、資料などをみせてもらえることも多い。ただ、密室空間であることからハラスメントが起こる恐れもあり、その点には気をつけたい。複数名で伺うように勧めているのはこのためでもある。

コロナ禍のなか、リモートによるインタビューも増えた。対面でできるの

であれば対面に越したことはないが、リモートにもメリットがある。

　よく知られているように、リモート会議システムは発話者の声が聞き取りやすくなるようノイズリダクションを行っているため、同時発話がしにくい、相手の呼吸を読み取りにくい問題がある。他方で、遠隔地の方に費用をかけずにお話を伺えることは、学部生にとって研究の可能性を大きく開くものとなる。

　ただ、まったく面識のないまま初回からリモートでインタビューを行った場合は、なかなか座が温まらず、インタビューは形式的なものにとどまりやすい。他方で、すでに信頼関係がある相手の場合や話の内容が機微にわたる場合、カメラオフの方が話しやすく、深いインタビューが行えることもわかってきた（清水 2021）。この点については現在準備している別稿で改めて論じたい。

　場所と同様に、座り方も語りに大きく影響する。通常、インタビューというと机を挟んで正面で向き合うイメージがあるだろう。しかし、この正対の関係は話し手にも聴き手にも緊張を強いる。話し手からみて正面より少し左に位置取り、やや低い位置から相手の鼻のあたりを見上げて話すのが双方にとって話しやすいとされる。真摯に聴くには相手の目をみるのは礼儀としては正しいが、聞き取りでは緊張関係を解くことが、開かれた語りを導いてくれる。

　複数名で伺う場合には相手の正面に、左右に分かれて座るとよいだろう。着席したら、許可を得ながら相手の声が入りやすい位置に録音機材をおき、録音されていることを確認してインタビューがはじまる。

　話し手は聴き手の反応をみながら誠実に話してくれる。聴き手は、話し手が話したいことを大切にしながら、自分の関心を明確に伝える責任ももつ。そのため、ただただ熱心に聴くのは得策ではない。同意を示すときにはしっかり頷き、興味をもった話にはきちんとあいづちを打つ。丹念に反応を返すことで、話し手は安心して話を続けられる。

　聴き方は、大きくは質問表でガイドしつつ、話し手のストーリーに沿って聴いていけばよい。気をつけたいのは「閉ざされた質問」を避け、「開かれた質問」を重ねることだけだ。Yes か No で答えることを求める「閉ざされ

た質問」では、聴き手の描く認識構造のなかで仮説を証明するための聞き取りになってしまう。話し手はよほど強く主張をもつことでない限り、「まあ、そうですね」とあいまいに話を合わせ、自ら語らなくなってしまう。きちんと聴いていないのだから、当然だろう。

　これに対して、「開かれた質問」であれば、何を、なぜ、誰が、いつ、どのようにといった、いわゆる5W1Hを軸とし、話し手の認識構造に依拠して進む。こうして導かれる語りから、特に話し手が大切にしている言葉を聞き逃さないようにする。そうした言葉は音が大きくなったり、高くなったり、間をおいて語られたりする。

　このクラスではそうした言葉を「温度のあることば」と呼んでいる。話し手が大切にしている言葉であるから、聴き手はそれをオウム返しして、もっと語ってほしいという気持ちを伝える。それだけで話は深まり、広がる。

　かつて、オーラルヒストリーでは、質問を恣意的・誘導的にしないために、聴き手はできるだけ客観的に質問することが求められていた。しかし、客観的な質問には客観的な回答しか返ってこないものだ。客観的な見方を知りたいのであればそれでよい。

　他方、主観を知りたい場合は違う方法が必要だろう。主観的であることを前提として、誘導だけは避けるように質問すれば、相手も主観的に語ってくれる（清水・諏訪 2014）。目的に応じて選択するべきだろう。誘導的になっていないかの検証は分析の際に行えばよい。一方的な聞き取りではなく、アクティヴ・インタビューのような対話の手法も検討してよいだろう（Holstein and Gubrium 1995）。

　話し手が向く方向に沿って聴いていると脱線することもよくある。時間に制約がなければそのまま聴いたらいい。予期せぬ発見があるはずだ。時間がない場合は、脱線している話題と質問表の次の項目に架橋できるタイミングを探る。脱線している場合、話し手自身も戻れなくなっていることもある。こうした場合は、遠慮をせずに「そろそろ次の話題にしましょうか」と伝えてよいだろう。

　もうひとつ、聴く際に気をつけたいのはスピードと呼吸だ。インタビューを始めるときには、緊張をほぐすように深呼吸し、ゆっくりと聴いていくの

がよい。緊張したまま早口で質問すると、相手も早口で答えるようになり、落ち着かないインタビューになる。ゆっくりはじめ、相手のスピードに合わせ、同じタイミングで呼吸をしていく。こうすると、質問もしやすくなり、リラックスしたペースで話が進む。

　時間は1時間半、できれば2時間はみておきたい。お互いの感覚が合い、共感が進むのは開始30分あたりからと考えられている。他方、1時間半を過ぎると集中力は落ちていく。注意が逸れたところで面白い話が出てくることもあるので、2時間が妥当だろう。30分だけと区切られている場合でも、しっかりした姿勢で聴いていれば時間を延ばしてもらえることもある。

　聴き洩らしや、時間切れはそれほど恐れなくてよい。インタビューは話し手と聴き手の関係性のはじまりであり、終わりではないからだ。聴き洩らしたことはあとでもう一度尋ねることもできる。まだ聴きたいと思えば、もう一度アポイントをお願いすることもできる。そこで受けてもらえるかどうかは、そのインタビューに自分がどれだけ真摯に向き合えたかにかかっている。その意味も含めて、お礼の連絡は当日中に送っておきたい。

Ⅲ　「開かれたオーラルヒストリー」の分析

1　インタビューのあとの関係性

　インタビューが終われば次は分析だが、分析は直後から始まっている。インタビューのあいだ、聴き手は実に多くのことに気がつくが、2時間聴き続ければヘトヘトだ。そのまま帰って寝てしまえば、すべて忘れてしまう。このため、終わったらすぐに喫茶店に駆け込んで、質問表を辿りながら、もう少し聴きたかった部分、コミュニケーションがうまくいかなかった部分、本音かどうか疑われる部分など、聴き手の気づきを書き留めておく。インタビューに続けて録音しておいてもよい。

　帰ってよく寝たら、翌日から文字起こしにかかる。先に述べたように、文字起こしは第二のインタビューの意味をもつ。起こしていくなかで、さらにリサーチが必要な部分や、追加の聴き取りが必要な箇所に気がつく。なにより、大小合わせた仮説を発見する過程を楽しめるだろう。気づきは手元に残

す文字起こしファイルにメモしておく。

　文字起こしは2週間以内に話し手に送り、確認、可能であれば加筆修正を
お願いする。このことはインタビュー終了時と、お礼の連絡の際に伝えてお
く。聴き手と同様に、話し手も、インタビューのあとに、あれも話しておけ
ばよかった、こう説明すればよかったと、自らの語りを振り返っている。後
日、文字起こしを確認、加筆修正する機会があるとわかっていれば、思いつ
いたことを書き留めて、文字起こしに反映してもらえる。

　話し手と聴き手の関係性は、インタビューではじまったばかりだ。やりと
りをし、お礼をしっかり伝え、大切につなげていきたい。

2　先達に聞く——卒プロ生、ゲスト講師から学ぶ

　ワークショップの履修者は、テーマも多様だが目的も多様だ。このため、
第8回からは、さまざまなテーマ、目的で「聴く」プロジェクトを続けてい
る先達を招いて、どう「聴く」を活用しているかを話していただいている。

　第8回は、研究プロジェクトの進め方をより身近に、具体的に感じ取って
もらうため、オーラルヒストリーゼミの4年生に卒業プロジェクトの中間報
告をお願いしている。

　SFCの学生は複数の研究会に所属して、それぞれの研究会がもつ専門性を
掛けあわせ、専門性に研究手法を加えながら、よりオリジナルで実践的な研
究プロジェクトを進めている。このため、4年生による中間報告では、手法
に軸足をおく学生と、分野に力点をおく学生、研究を進める学生とプロジェ
クトを展開する学生にそれぞれ話してもらっている。講師となる4年生たち
は、かつてこのワークショップに参加してから、研究、プロジェクトを続け
てきた。履修者たちが何を難しいと感じ、何を知りたいかを教員以上によく
理解している彼らとのやりとりは、よい先達、ロールモデルの声として履修
者に届く。

　このころになるとインタビューを実施した学生も増え、先達との話のなか
でのモヤモヤも出てくる。このため、第9、12回を中間相談会として個別の
相談を受けている。もちろんLMSやメールでも随時相談は受けている。も
っとも、具体的に像を結んでいる疑問はテキストのやりとりで解消されるが、

モヤモヤしたわからなさは対話しなければ像を結んでいかない。他の学生が
もっている疑問も参考になるし、学生同士の対話で解決することも多い。こ
のため、教員と相談する順番を待つあいだ、履修者同士で相談するよう促し
ている。

　第10、11回は、聴くことを中心に研究に取り組んでいる研究者と、聴い
たことを発信している実践者にお話しいただいている。ここ数年は前者であ
れば、生活史調査に取り組む岸政彦さん、戦争の記憶を聴き取る久保田智子
さん、若者の社会運動を研究する富永京子さん、後者であれば仕事に関する
インタビューを続ける野村愛さん、多彩なインタビューを発信している土門
蘭さん、ウェブメディアで注目されるインタビュー記事を展開する徳谷柿次
郎さんに講師を務めていただいた。

　いずれの方も文献やウェブ記事が豊富に存在するので、ただゲスト講師と
してお迎えするのではなく、インタビューさながらに、事前にそれらの資料
を読み込み、質問事項をまとめてゲスト講師にお送りしている。このため、
ゲスト講師のお話は「ピントを合わせない集中はどうすればできるのか」
「どうすればロングインタビューでも読んでもらえるのか」など、より具体
的で実践的なものとなる。

　ゲスト講師の選定は、オーラルヒストリーゼミの学生に委ねている。オー
ラルヒストリーゼミでは、ここ数年、春学期の輪読カリキュラムをゼミ生が
相談して組み上げている。もちろん前年のものがベースになるが、それぞれ
の年の個性が出る。このなかでゲスト講師の枠を2名用意してあり、ゼミ生
が話を聞きたい、話したい方を見つけてきてくれる。

　こうしてお名前の挙がった候補に筆者がコンタクトして、出講を打診して
いる。その際、ワークショップでは講義を、ゼミでは学生との対話をお願い
している。ゼミの学生はゲスト講義回のワークショップを聴講し、それを踏
まえてゼミで講師との議論に臨む。同様にワークショップ参加者にもゲスト
回のゼミへの参加を歓迎している。議論は尽きず、ゼミは延長。懇親会まで
続く。毎年、この日は終電を覚悟している。

3　分析の方法

　ワークショップでは1人の方に3回か、3人の方に1回お話を伺うことを標準としていると書いた。前者はライフストーリーとして意味をもち、後者はテーマ分析の入口となる。

　後者の場合、いつ分析を行うかという問題がある。1人目の方への聞き取りを終えてまとめていると、新しい仮説が生まれてくる。自分が当初もっていた仮説も多くは棄却されるように感じる。

　しかし、それはまだテーマオーラルの入口に過ぎない。履修者には、1人目のあとに分析したり仮説を変えることはせず、ひとまず3人目まで話を伺ってから分析をはじめるのがよいと伝えている。分析には個別へのアプローチだけでなく、相対化が必要となるからだ。もちろん、それはそれぞれの語りの個性を無視するという意味ではない。まず全体を捉え、そのうえで個性をみていく順番を採る。

　分析の手法は目的によってさまざまだ。できるだけ目的に適う方法と出会えるように、サトウタツヤらの文献をもとに、ナラティブ分析、ディスコース分析、会話分析、KJ法、テキストマイニング、M-GTAなどを紹介している（サトウ・春日・神崎編 2019）。

　いずれもネット上に簡単な紹介記事があるが、KJ法をはじめ著名な分析手法ほど、誤った解説が多い。このため、履修者には必ず入門書を参照するように強く勧めている。なかでもM-GTAは取り組むものが多いことから、これを用いている大学院生に特別講義を依頼し、フォローしている。

　こうしたやりとりを経て、いよいよ、第13、14回は最終成果報告会となる。従来は2週に分けて行っていたが、コロナ禍の前年度から、通常講義日最終週の6・7限（18:10–21:25）に連続して行うように変えた。4・5限に実施しているオーラルヒストリーゼミの学生も加わって、議論を盛り上げてくれる。

　発表者はポスターを作成し、学会のポスター報告と同じ要領で成果を伝える。システムは企画書検討会と同様の車掛かり型で、6名の発表者にそれぞれ5名の聴衆が回り、6ターンで1セッション。これを4回行う。終わるころには会場はやりきった充実感に包まれる。

コロナ前は学内の宿泊研修施設を借りて、最終成果報告会が終了してもそのままそれぞれのテーマを語り、希望者は宿泊して朝まで議論を続けていた。学期を通じてそれぞれのテーマを議論することで、履修者には自分のテーマ以外にも「推しテーマ」ができており、そうしたSFCらしいつながりが、その後のプロジェクトの進展や創発、新しいつながりの構築に寄与していくからだ。

　こうしてワークショップに参加し、「聴く」を軸に据えた研究への関心を深めた学生は、オーラルヒストリーゼミに参加したり、他の研究会で「聴く」を用いた研究やプロジェクトを展開していく。オーラルヒストリーゼミに参加した学生は、9月の夏合宿以後、10月、11月、12月と月例の研究報告（もしくは相談）をゼミ生の前で行い、11月下旬のSFC Open Research Forumを中間発表として、翌年2月に行われるゼミ最終報告会に向けて調査と分析を重ねていく。

　年度末、3年生以下のゼミ生は成果をタームペーパーにまとめ、翌年につなげていく。4年生は卒業プロジェクトをまとめ、卒業する。そうしているうちに、また新しい春と新しいメンバーがやってくる。

おわりに──「開かれたオーラルヒストリー」の　発展に向けて

　「聴く」を軸に据えたワークショップを進めていくと、学生たちは実に意欲的に研究とプロジェクトに取り組んでいく。このことに、当初は驚きを隠せなかった。私自身は伝統的な教育と研究を進める学部と大学院で育ち、文献資料を重視して研究を進めてきた。そのため、SFCに着任した当初はフィールドワークを重視する姿勢にあまりなじめなかった。

　そうした固定観念を変えてくれたのは、楽しんで自分自身でテーマを切り拓いていく学生たちの姿だった。文献を相手に進める研究を好むものもいれば、人を相手にする研究を好むものもいる。学術論文を書くことだけではなく、机上で専門性を学び、それをフィールドで実践し、得たものを生かしていくことも学びなのだと気づかせてくれた。

多くの大学で学生が最終成果を論文として書くのは、教員の側がプロフェッショナルとして指導できるアウトプットの方法が論文しかないからであることにも気づいた。本学が掲げる半学半教の精神を重視するなら、アウトプットの方法についても学生と共に学び、開拓していくことがあるべき姿勢だろう。

こうした学びを続けていると、多くの学生が卒業後もそのプロジェクトを自分自身のテーマとして発展させていく。「学生時代の学びは役に立たない」という大人に出会うこともある。役に立つ知識はすぐに役に立たなくなるともいわれるが、ただ暗記するだけでなく、自ら手を動かして学び取った知識は裏切らないことを、卒業生たちが教えてくれる。

「学生時代にもっと学んでおけばよかった」という学部時代の仲間も多くみてきた。卒業論文とその後の仕事が自分のなかで結びついていない友人も多い。自分自身の「マイプロジェクト」をモヤモヤと向き合いながら追い求める機会がなかったのだろう。

「聴く」を軸に据えたプロジェクトは、話し手の方から多くの時間をいただき、迷惑をかける。「教育を外部化して楽をしている」といわれる方もある。確かに外部の方には多くを頼っている。それだけに、それらの方にしっかりとお返しできるよう、学生はその方々の顔を思い浮かべながら研究に、プロジェクトに邁進する。そうしてひとりひとりが「マイプロジェクト」を悩みながらはぐくんでいく姿は、話し手の方にも希望をもたらすのではないか。そんな期待をもちながら、この実践を続け、発展させていきたい。

1) 2022 年 8 月現在。https://kaken.nii.ac.jp/ja/search/
2) https://shimizulab.wordpress.com/研究成果/
3) このとおり、本章はオーラルヒストリーを用いた研究・教育の実践報告である。方法論としてのオーラルヒストリーについて関心がある方は、清水（2019）を参照されたい。

参考文献
秋吉貴雄・伊藤修一郎・北山俊哉（2020）『公共政策学の基礎　第 3 版』有斐閣。
大門正克（2018）『語る歴史、聞く歴史―オーラル・ヒストリーの現場から』岩波書店。
華族史料研究会編（2011）『華族令嬢たちの大正・昭和』吉川弘文館。
岸政彦・石岡丈昇・丸山里美（2016）『質的社会調査の方法―他者の合理性の理解社会学』

　有斐閣。

サトウタツヤ・春日秀朗・神崎真美編（2019）『質的研究法マッピング』新曜社。

清水唯一朗（2019）「オーラル・ヒストリーの方法論」御厨貴編『オーラル・ヒストリーに何ができるか──作り方から使い方まで』岩波書店。

清水唯一朗（2021）「リモート・オーラル・ヒストリーメソッドの開拓」『学事振興資金研究成果実績報告書』2021年度。

清水唯一朗・諏訪正樹（2014）「オーラル・ヒストリーメソッドの再検討」『KEIO SFC JOURNAL』14-2。

政策研究院政策情報プロジェクト編（1998）『政策とオーラルヒストリー』中央公論社。

永江朗（2002）『インタビュー術！』講談社。

庭田杏珠・渡邉英徳（2020）『AIとカラー化した写真でよみがえる戦前・戦争』光文社。

忽滑谷春佳・諏訪正樹（2012）「創造思考のナラティブを創出するインタラクティブ・インタビュー」『人工知能学会全国大会論文集』26。

保苅実（2004）『ラディカル・オーラルヒストリー──オーストラリア先住民アボリジニの歴史実践』御茶ノ水書房。

保城広至（2015）『歴史から理論を創造する方法──社会科学と歴史学を統合する』東京大学出版会。

前田健太郎（2013）「事例研究の発見的作用」『法学会雑誌』54-1。

Holstein, James A. and Jaber F. Gubrium（1995）, *The Active Interview*, New York: SAGE Publications（＝2004, 山田富秋・兼子一・倉石一郎・矢原隆行訳、『アクティヴ・インタビュー──相互行為としての社会調査』せりか書房）.

Portelli, Alessandro（1991）, *The Death of Luigi Trastulli: Form and Meaning in Oral History*, New York: State University of New York Press（＝2016, 朴沙羅訳『オーラルヒストリーとは何か』水声社）.

Seikkula, Jaakko and Tom Erik Arnkil（2006）, *Dialogical Meetings in Social Networks*, Routledge: London（＝2016, 高木俊介・岡田愛訳『オープン・ダイアローグ』日本評論社）.

Thompson, Paul（1988）, *The Voice of the Past: Oral History*, Oxford: Oxford University Press（＝2002, 酒井順子訳『記憶から記録へ──オーラル・ヒストリーの世界』青木書店）.

第*9*章 働くことを通じたウェルビーイングの推進
産業保健心理学にもとづく実証研究と実践活動

島津明人

はじめに

　社会経済状況の様々な変化にともない、心理学では、働く人の健康と幸福を支えるための新しい研究領域が必要となってきた。このような背景から生まれたのが、産業保健心理学（Occupational Health Psychology）である。

　産業保健心理学は、労働生活の質を高め、労働者の安全・健康・幸福（well-being）の保持・増進のために心理学の知見を適用する心理学の応用領域である。産業保健心理学が扱う「対象」は多岐にわたっており、労働者個人だけでなく、労働者が所属する組織や労働者を取り巻く職場環境も、研究や実践の対象とする。また、取り上げる「内容」も、ストレス、疾病、けがなどのネガティブな側面だけでなく、生産性、動機づけ、キャリアなどのポジティブな側面も含まれる（図9-1）。さらに、理論的研究と実践活動の両方を重視している点も、産業保健心理学の大きな特徴である。

　本章では、産業保健心理学を学問的基盤としながら、働く人のウェルビーイングを推進するために、実証研究と実践活動をどのようにつなげるかについて言及する。具体的には、職場のメンタルヘルスとワーク・エンゲイジメント（第Ⅲ節で詳述）を鍵概念としながら、科学的根拠の内容や、それらの根拠にもとづく支援方策の開発、支援方策を職場に実装するためのマニュアル作成、ガイドラインによる政策提言の内容を紹介する。最後に、ウィズ／ポストコロナにおける働き方の変化とウェルビーイングの推進について、産業保健心理学の視点から言及する。

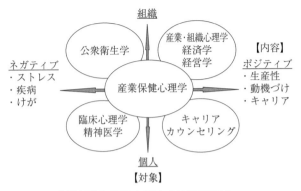

図 9-1 産業保健心理学と関連する学問領域

I 職場のメンタルヘルス対策

1 職場のメンタルヘルス対策の概要

　職場のメンタルヘルス対策は、第一次予防、第二次予防、第三次予防という 3 つの側面に分けることができる。日本を含め各国での職場のメンタルヘルス対策は、第三次予防対策から始まった。第三次予防は、メンタルヘルス不調になり休業した人たちのスムーズな職場復帰と再発予防を目的とした活動である。第二次予防は、メンタルヘルスの不調を早期に発見し、早期に対応することで重症化を防ぐ活動である。たとえば、健康診断やストレスチェックなどでメンタルヘルスの不調を見つけ、事後フォローや治療につなげることが挙げられる。第一次予防では、メンタルヘルスの不調を未然に防ぐとともに、メンタルヘルスの増進を図る活動を行う。日本での第一次予防対策は、2000（平成 12）年に「事業場における労働者の心の健康づくりのための指針」が出されたことにより、大きく前進した。

2 第一次予防としてのセルフケア

　職場のメンタルヘルス対策における第一次予防には、大きく分けて 2 つのアプローチがある。1 つは、労働者個人に向けたアプローチ、もう 1 つは、組織に向けたアプローチである（Ganster and Murphy 2000）。このうち、労働者個人に向けたアプローチでは、従業員一人ひとりがストレスに早期に気づき、

気づいたストレスに適切に対処する、すなわちセルフケア能力の向上を目的としている。個人向けアプローチでは、主に「セルフケア教育」と言われる教育研修を通じてセルフケア能力の向上を図ることが多い。

3　セルフケア支援に関する科学的根拠

セルフケア教育を含む職場でのメンタルヘルス対策の効果は、プロセス（対策の実施）とアウトカム（健康）の2つの視点で評価されること、これら2つの効果を高めるためには、科学的根拠にもとづき教育効果の確認された内容を、適切な形式で運用することが必要である。このことは、単に科学的に有効性が確認された内容を提供してもその運用が適切でない場合や（例：専門用語の羅列、参加者の興味関心をひかない話題、一方的な講義形式など）、「面白く、楽しい」研修であっても科学的根拠が乏しい内容では（例：講師の個人的体験のみにもとづいた内容）、本当に効果的な教育とは言えないことを意味している。

職場でのセルフケア教育の効果については、数多くの研究成果が国内外で蓄積され、どのような対策を行えば、セルフケア能力の向上やストレス反応の低下につながるかについての科学的根拠が整理されてきた（Ganster and Murphy 2000; van der Klink et al. 2001; Richardson and Rothstein 2008）。しかしながら、これらの科学的根拠を参照するだけでは、対策を実際に事業場で実施することが難しい状況にあった。なぜなら、どのような工夫が事業場での実効性の向上に役立つかについての情報が不足していたからである。

4　セルフケア教育のためのガイドライン

このような背景を踏まえ、厚生労働省の研究班「労働者のメンタルヘルス不調の第一次予防の浸透手法に関する調査研究」（主任：川上憲人東京大学教授［当時］）では、セルフケア教育の効果を無作為化比較試験ないし比較対照試験[1]によって評価した研究、およびそれらの研究をメタ分析した研究を、研究分担者の筆者（島津）らがレビューし、セルフケア教育を普及・浸透させるためのガイドラインを、2012年5月に公表した。

このガイドラインでは、実際の事業場でセルフケアを企画・実施するにあ

表9-1　個人向けストレス対策のガイドライン（概要版）

要素	No.	項目	
計画・準備	[推奨1] 実施回数		心理的ストレス反応の低減を目的としたプログラムの場合、最低2回の教育セッションと1回のフォローアップセッションを設ける。
	[推奨2] ケアの提供者		職場のメンタルヘルスの専門家、もしくは事業場内産業保健業スタッフが実施する。
	[推奨3] ストレス評価の事後対応		労働者のストレス状況を評価する場合、評価結果を返却するだけでなく、ストレス軽減のための具体的な方法（教育や研修）を併せて提供する。
	[ヒント1] 対象の設定		時間、費用、人的資源などに制約がある場合には、優先度の高い集団から実施する。
	[ヒント2] 1回あたりの実施時間		1回あたりの実施時間は2時間程度とすることが望ましい。
内容	[推奨4] プログラムの構成		プログラムでは、認知・行動的アプローチにもとづく技法を単独で用いるか、リラクセーションと組み合わせて実施する。
	[推奨5] プログラムの提供形式		事業場や参加者の特徴・状況に応じて、提供形式（集合教育、個別教育）を選択する。
形式	[ヒント3] セルフケアとその他の対策との組合せ		学習内容の活用を促進させるための職場環境づくりを行う（裁量権を上げるための対策を併用する）。
事後の対応	[推奨6] フォローアップセッションの設定		教育セッションの終了後にフォローアップセッションを設け、プログラムで学んだ知識や技術を振り返る機会や日常生活での適用を促進する機会を設ける。
	[ヒント4] 活用促進のための工夫		知識や技術を定着させ、日常生活での活用を促進するための工夫を行う。

たって推奨されるべき項目やヒントとなる項目がまとめられている（表9-1）。ガイドラインは、「計画・準備」「内容」「形式」「事後の対応」の4つの要素について、6つの「推奨内容」と4つの「ヒント」から構成されている。推奨内容では、「実施回数」「ケアの提供者」「ストレス評価の事後対応」「プログラムの構成」「プログラムの提供形式」「フォローアップセッションの設定」のそれぞれについて、その根拠と実施のポイントが提示されている。また、ヒントでは、「対象の設定」「1回あたりの実施時間」「その他の対策との組合せ」「活用促進のための工夫」のそれぞれについて、裏づけとなるコンセンサスと実施のポイントが提示されている。

　本ガイドラインについては、厚生労働省の研究班「ストレスチェック制度による労働者のメンタルヘルス不調の予防と職場環境改善効果に関する研究」（主任：川上憲人東京大学教授［当時］）により、ガイドライン内容のアップデート作業が行われ、2018年6月に公表された。この作業は研究分担である筆者（島津）らが行い、2012年のガイドライン作成後に新たに発表された科学的根拠のレビューを行ったが、内容については大きな変更はない。

5　セルフケア教育のためのマニュアル

　上述した厚生労働省の研究班では、セルフケア教育のガイドラインで提示された内容に関して、事業場で実施するためのポイント（留意すべき点、工夫点）をマニュアルとしてまとめ、2012年5月に公開している（https://kokoro.mhlw.go.jp/wp-content/uploads/2017/12/tool-self01.pdf）（2022年11月2日アクセス）。このマニュアルは、セルフケア教育の基本的な考え方とセルフケア教育を効果的に行うためのポイントを紹介したうえで、ガイドラインの概要（作成手順、内容）と実施上のポイントを提示している。

　このマニュアルは、セルフケア教育の企画・実施に直接的・間接的に関わる可能性のある産業医、保健師、看護師、心の健康づくり専門スタッフ（臨床心理士、産業カウンセラーなど）、衛生管理者、人事労務担当者、および事業場内教育研修担当者・メンタルヘルス推進担当者などが活用できるようになっているほか、職場のメンタルヘルス対策に関わる各専門施設（地域産業保健センター・産業保健推進センター）やEAP（Employee Assistance Program：従業

員支援プログラム）の担当者、THP（Total Health Promotion：トータルヘルスプロモーション）の心理相談担当者なども活用できるように工夫されている。

　なお、研究班では、このマニュアル本体のほかに、マニュアル（実践編）も作成し、3つの異なる実践例を提示している。これらの実践例は、参加者が勤務する企業や事業場の規模や業種・職種、プログラムの形式や内容がそれぞれ異なっており、読者がプログラムを提供しようとする企業や事業場の特徴に合わせて、適宜アレンジできるようになっている。また、実践例には、プログラムで用いる各種資料（配布資料、ワークシートなど）が豊富に提示されており、マニュアルの内容と手順にしたがいながら、すぐにでもセルフケア教育が行えるようになっている（島津編著 2014）。

II　ストレスチェック制度とセルフケアの支援

1　ストレスチェック制度

　2014年6月に改正された労働安全衛生法により、50人以上の事業場におけるストレスチェックが義務化された。ストレスチェック制度の目的は以下のように説明されている。

　①本人にストレスチェックの結果を通知して自らのストレスの状況について気付きを促し、個々の労働者のストレスを低減させる。
　②検査結果を集団ごとに集計・分析し、職場におけるストレス要因を評価し、職場環境の改善につなげることで、ストレスの要因そのものを低減する。
　③ストレスの高い者を早期に発見し、医師による面接指導につなげることで、労働者のメンタルヘルス不調を未然に防止する。

　このうち、①では、事業者がストレスチェックの実施後に労働者個人に対して結果をフィードバックするとともに、適切なセルフケアを促すことが推奨されている。これを受け、事業場では労働者へのセルフケア支援を積極的に企画・実施することの必要性が、ますます高まってきた。

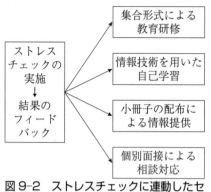

図9-2　ストレスチェックに連動したセ
ルフケアの支援

2　ストレスチェックに連動したセルフケア支援

　ストレスチェック後のセルフケアの支援方法としては、(1) 集合形式によ
る教育研修、(2) 情報技術を用いた自己学習、(3) 小冊子（パンフレット）
の配布などによる情報提供、(4) 個別面接による相談対応、などが想定され
ている（島津 2017）（図 9-2）。

集合形式による教育研修

　集合教育では、一度に多数の参加者を対象にできる半面、受講態度が受身
になりやすい、参加者の多様なニーズに応じることが難しいなどの短所があ
る。そのため、グループを活用した参加型学習を取り入れるなどの工夫によ
り、受動的な受講態度を防ぐことが重要になる。参加型学習では、参加者相
互の意見交換が促進され、行動や認知を修正するためのフィードバックが得
られやすくなるほか、同じ問題を共有する参加者の行動を観察したり、取り
入れたりする機会が増えることにより、受講態度がより積極的になることが
期待される（島津編著 2014）。また、研修前にあらかじめ参加者のニーズを
把握し、ニーズに応じて研修内容を構成することも、効果的な研修を行うう
えで重要である（Umanodan et al. 2009）。

情報技術を用いた自己学習

　Web などの情報技術を用いた自主学習（e- ラーニング）は、個別教育や集

合教育で問題となる時間や場所の制約を受けることなく各自のペースで学習
できる反面、他の参加者との相互交流の機会がない、コンピュータのある場
所でしか学習できないなどの短所がある（van der Klink et al. 2001）。そのため、
学習者の困りごとと類似した労働者の事例を提示する、学習者相互のコミュ
ニケーションを促す仕組みを設定する（掲示板の活用）、オフラインでも学習
できる資料をダウンロードできるようにする、などの工夫が必要と考えられ
る。

小冊子（パンフレット）の配布などによる情報提供

　ストレスチェック後のフォローとして最も多用されていると考えられるの
が、小冊子（パンフレット）による情報提供である（島津 2016）。この方法は、
簡便かつ安価な方法であるものの、配布した小冊子が読まれなければ、対象
者のストレスに関する知識は向上しない。そのため、文字数を減らしイラス
トや写真を多くする、難解な表現は避けるなど、対象者に「読んでもらえ
る」工夫が重要になる。
　また、仮に小冊子を読んで知識が向上しても、ストレスに対処できるとい
う「自己効力感」（Bandura 1989）が高まらなければ、実際のストレス対処行
動にはつながらない。したがって、対象者の困りごとやニーズに応じた知識
や対処スキルを提供したうえで、それらのスキルを日常生活の中で「適用す
る」ためのワークを含めるなどの工夫が必要と考えられる。

個別面接による相談対応と面接マニュアル

　産業保健スタッフなどが労働者に対して1対1で対応する個別面接では、
対象者のニーズに応じた柔軟な支援が可能になる。島津・種市（2016）は、
産業保健スタッフがストレスチェックに連動した個別面接を行うためのマニ
ュアルを作成している。このマニュアルでは、ストレスチェク制度（第1
章）と職業性ストレス簡易調査票（第2章）の概要を解説し、ストレスチェ
ック結果の読み取り方と面談・相談対応の進め方を解説したうえで（第3
章）、個人ごとにフィードバックされるプロフィールの典型的なパターンを
7種類挙げ、結果の読み取り方と面接例を提示し（第4章）、面接対象者のニ

はじめに　　*i*

図9-3　個別支援マニュアル（クイック版）の目次

ーズに合わせたセルフケアの支援方法を支援ツールとともに提供している（第5章）。

　その後、2016（平成28）年度から2017（平成29）年度にかけて、厚生労働省の研究班「ストレスチェック制度による労働者のメンタルヘルス不調の予防と職場環境改善効果に関する研究」（主任：川上憲人東京大学教授［当時］）では、上記のフルマニュアルの主要な内容を抽出したクイックマニュアルを、分担研究者の筆者（島津）が中心となり作成した。クイックマニュアルは、ストレスチェック結果をもとに面談・相談対応をする際に最小限必要な情報に絞りこみ、解説編（ストレスチェックの読み取り方と面談・相談対応の進め方

の一般的な流れを解説）と事例編（個人ごとにフィードバックされるプロフィールの典型的なパターンを7種類挙げ、結果の読み取り方と面接でのポイントを提示）の2部、合計30ページ弱から構成されている（図9-3）。クイックマニュアルの効果評価研究では（島津他 2018）、高ストレス者以外の従業員のストレス状態の改善にも役立つことが示唆されており、本マニュアルは高ストレス者以外の幅広い従業員に適用できる可能性が示唆された。

III　職場のメンタルヘルスの新しい概念——ワーク・エンゲイジメント

1　職場のメンタルヘルス対策の変遷

　第Ⅰ節と第Ⅱ節では、職場のメンタルヘルス対策の内容を概説し、対策を推進するために開発された科学的根拠にもとづくガイドラインとマニュアルを紹介した。これらのツール類により、日本では、従業員や管理監督者への教育・研修、相談体制の整備、職場復帰支援体制の整備など、メンタルヘルス対策に取り組む企業が増えてきた。最新の調査（厚生労働省 2022）では、全国の事業所のうち 59.2％ が何らかのメンタルヘルス対策を行っており、特に、従業員数 1,000 人以上の事業所では、その実施率が 98.6％ 以上に達している。

　一方、わが国では、日本再興戦略において、従業員などの健康管理を経営的な視点で考え、健康の保持・増進につながる取組を戦略的に実践する健康経営[2] の推進が重点化されるなど、経営戦略の一部として労働者の健康支援に取り組む動きが加速している。その他、働き方改革、治療と就労の両立支援、仕事と子育て・介護との両立支援、高齢者や女性の就労促進などの動きが活発化しており、多様な人材が「いきいきと働く」ことができる環境整備が、これまで以上に求められるようになった。

　国際的に見ると、国際連合（国連）[3] による持続可能な開発目標では、「3. すべての人に健康と福祉を」「8. 働きがいも経済成長も」に見られるように、健康、働きがい、経済成長は世界共通の開発目標に位置づけられている。また、世界保健機関[4] は、2017 年の世界メンタルヘルスデーのテーマとして「職場のメンタルヘルス」を取り上げ、経営者や管理職は、健康の増進と生

産性の向上に関わる必要があると述べている。

　これらの変化は、職場のメンタルヘルス活動の目的を、精神的不調への対応やその予防にとどめるのではなく、組織や個人の活性化も視野に入れ、広い意味での労働者の「こころの健康」の支援につなげることの重要性を示唆している。

2　ワーク・エンゲイジメントへの注目

　心理学では 2000 年前後から、人間の有する強みやパフォーマンスなどポジティブな要因にも注目する動きが出始めた。このような動きの中で新しく提唱された概念の 1 つが、ワーク・エンゲイジメント（Schaufeli et al. 2002；島津 2022）である。ワーク・エンゲイジメントとは「仕事に誇りややりがいを感じている」（熱意）、「仕事に熱心に取り組んでいる」（没頭）、「仕事から活力を得ていきいきとしている」（活力）の 3 つがそろった状態であり、バーンアウト（燃え尽き）の対概念として位置づけられている（Maslach and Leiter 1997）。バーンアウトした従業員は、疲弊し仕事への熱意が低下しているのに対して、ワーク・エンゲイジメントの高い従業員は、心身の健康が良好で、生産性も高いことが明らかにされている（Goering et al. 2017; Halbesleben 2010）。

　図 9-4 は、ワーク・エンゲイジメントと関連する概念（バーンアウト、ワーカホリズム）との関係を図示したものである。図 9-4 では、ワーカホリズムとバーンアウトとが、「活動水準」と「仕事への態度・認知」との 2 つの軸によって位置づけられている。図 9-4 を見ると、ワーク・エンゲイジメントは、活動水準が高く仕事への態度・認知が肯定的であるのに対して、バーンアウトは、活動水準が低く仕事への態度・認知が否定的であることが分かる。つまり、ワーク・エンゲイジメントの高い人は、仕事に誇りややりがいを感じ、主体的に取り組み、いきいきと働いているのに対して、バーンアウトした人は、仕事でエネルギーを使い果たし、疲れ果て、仕事への熱意や自信が低下しているのである。

　また、「過度に一生懸命に強迫的に働く傾向」を意味するワーカホリズム（Schaufeli, Shimazu, and Taris 2009）は、活動水準は高いものの仕事への態度が否

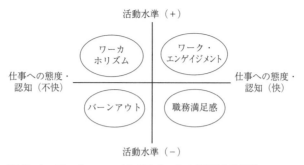

図9-4 ワーク・エンゲイジメントと関連する概念

定的である点で、ワーク・エンゲイジメントと異なることが分かる。両者の違いは、仕事に対する（内発的な）動機づけの相違によっても説明することができる（Schaufeli et al. 2002）。すなわち、ワーク・エンゲイジメントは「仕事が楽しい」「I want to work」という認知によって説明されるのに対して、ワーカホリズムは「仕事から離れた時の罪悪感や不安を回避するために仕事をせざるをえない」「I have to work」という認知によって説明される（Shimazu and Schaufeli 2009; Shimazu et al. 2012; 2015）。ワーク・エンゲイジメントは「夢中型の努力」によって、ワーカホリズムは「我慢型の努力」によって記述されると言ってもよいだろう。

3 仕事の要求度―資源モデル

ワーク・エンゲイジメントは、心身の健康と生産性の両方に関連する概念である。つまり、ワーク・エンゲイジメントを高めることで、健康の維持増進と生産性の向上を同時に進められる。そのため、ワーク・エンゲイジメントは、産業保健と経営とをつなぐ鍵概念として、近年、特に注目されている。

図9-5は、ワーク・エンゲイジメントを鍵概念とする「仕事の要求度―資源モデル」（Schaufeli and Bakker 2004）を示したもので、「動機づけプロセス」と「健康障害プロセス」の2つのプロセスから構成されている。

従来の産業保健では、上半分の「健康障害プロセス」に注目し、仕事の要求度（ストレス要因）によって生じたストレス反応を低減させ、健康障害を防ぐことに専念していた。つまり、仕事の中でストレスの症状を引き起こし

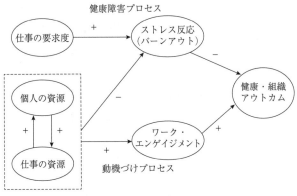

健康障害プロセス

仕事の要求度 → ＋ → ストレス反応
（バーンアウト）

個人の資源

仕事の資源

ワーク・
エンゲイジメント

健康・組織
アウトカム

動機づけプロセス

図9-5　仕事の要求度―資源モデル

そうな要因を同定し、それらを取り除くことで、健康への悪影響を防ごうとしていたのである。しかし、今後、持続可能な働き方を実現するには、下半分の「動機づけプロセス」にも注目し、仕事の資源[5]や個人の資源[6]を伸ばすことでワーク・エンゲイジメントを高め、一人ひとりがいきいきと働き、組織の活性化につなげることが重要と考えられる。

Ⅳ　ワーク・エンゲイジメント支援方策の開発と政策への展開

1　支援方策の科学的根拠

ワーク・エンゲイジメントの向上を目的とした支援方策の開発は国内外で増えているものの、その効果を科学的に検証した研究数は、多いとは言えない。ワーク・エンゲイジメントは生産性だけでなく労働者の健康にも関わることから、適切な方法で有効性が確認された方策を採用することが重要である。

どのような支援方策がワーク・エンゲイジメント向上にどの程度有効かを検証したものに、Knightら（2019）の系統的レビューがある．系統的レビューとは、明確に設定されたクエスチョン（例：ある支援方策はワーク・エンゲイジメントの向上にどの程度有効か？）に対して、適切に計画された研究を同定・選択し、評価を行うことを言う。Knightら（2019）によると、ワーク・

エンゲイジメントの向上を目的とした支援プログラムを計画する際には、集団で行う要素（グループワークやディスカッションなど）と個人で行う要素（個人ワーク）の両方を含め、専門家が参加者のニーズを取り入れ、参加・継続しやすく満足度を高める工夫が必要である。グループワークやディスカッションは、自らの経験を客観視する機会、他の参加者の意見や生活上の工夫を見聞きする機会、周囲から意見やアドバイスを得る機会などを提供してくれる。支援プログラムの計画や実施に際しては、このような集団が持つ利点を十分に活用することが重要である。

2　科学的根拠にもとづく支援方策の開発

　ワーク・エンゲイジメントを高めるための方法は、組織ができる工夫と従業員個人ができる工夫とに整理することができる。組織ができる工夫では、従業員の「外的資源」、つまり職場内の仕事の資源を増やすことで、従業員一人ひとりの、さらには組織全体のワーク・エンゲイジメントを高めることをねらいとしている。これに対して、従業員個人ができる工夫では、一人ひとりが「内的資源」、つまり個人の資源（心理的資源とも言う）を強化することで、ワーク・エンゲイジメントを高めることをねらいとしている。

　厚生労働省の研究班「労働生産性の向上に寄与する健康増進手法の開発」（主任：島津明人）では、ワーク・エンゲイジメントの向上を目的とした組織と個人の活性化手法を開発し、その成果物としてガイドラインとマニュアルを公表している（島津 2020）。この研究班では、ワーク・エンゲイジメントの先行要因である仕事の資源と個人の資源に注目し、これらの資源を高めるための介入が、ワーク・エンゲイジメントの向上を通じて、健康と生産性の向上につながることを仮定している（図9-6）。

　マニュアルは全部で4種類開発されており、仕事の資源に注目した「職場環境へのポジティブアプローチ」「CREW（Civility, Respect, and Engagement in the Workplace）プログラム」、個人の資源に注目した「ジョブ・クラフティング研修プログラム」「思いやり行動向上プログラム」がある。

　職場環境へのポジティブアプローチでは、ストレスチェック制度を活用し、仕事の資源の向上を図るための活動を従業員参加型で行う。CREW プログ

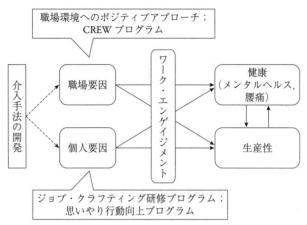

図 9-6　研究班で仮定した概念モデルと新しく開発したマニュアル

出典：平成 28-30 年度厚生労働科学研究「生産性の向上に寄与する健康増進手法の開発」（研究代表者：島津明人）。

ラムでは、職場内の継続的なミーティングを通じて、メンバーが相互に尊重し合う関係構築を目的としている。ジョブ・クラフティング研修プログラムは、やらなければいけない仕事を、従業員自身がやりがいのある仕事となるよう工夫を加えるアプローチである。思いやり行動向上プログラムは、職場内のメンバーが利他的な行動を増やし、職場全体の相互支援を高めることを目的としている。これら 4 種類のプログラムの実施マニュアルは、筆者の研究室ウェブサイトから無料でダウンロードできる（https://hp3.jp/project/php）（2022 年 11 月 2 日アクセス）。

3　労働経済政策への展開

　2018 年 7 月に成立した「働き方改革関連法案」（正式名称「働き方改革を推進するための関係法律の整備に関する法律案」）により、わが国における働き方の見直しが加速した。その背景の 1 つに、労働力人口の減少があり、治療と就労の両立支援、仕事と子育て・介護との両立支援、高齢者や女性の就労促進なども含めて、多様な人材が「いきいきと働く」ことができる環境整備が、これまで以上に求められるようになった。さらに、2019（令和元）年度の労

働経済白書（https://www.mhlw.go.jp/wp/hakusyo/roudou/19/19-2.html）（2022 年 11 月 2 日アクセス）では、「ワーク・エンゲイジメント」が特集で組まれ、健康でいきいきとした働き方への注目が、一段と高まった。

　健康経営に関しては、2016 年度から経済産業省の認定制度「健康経営優良法人」が開始され、年々認定企業数が増えている。この制度は、特に優良な健康経営を実践している大企業や中小企業などの法人を「可視化」し、従業員や求職者、関係企業や金融機関などから評価を受けることができる環境整備を目的としたものである。健康・医療新産業協議会健康投資ワーキンググループ（日本健康会議健康経営 500 社ワーキンググループおよび中小 1 万社健康宣言ワーキンググループ合同開催）で定められた評価基準にもとづき、企業などからの申請内容を審査したうえで、日本健康会議が「健康経営優良法人」を認定する。2021 年に申請・審査された「健康経営優良法人 2022」では、大規模法人部門 2,299 法人、中小規模法人部門 12,255 法人が認定されている（https://www.meti.go.jp/press/2021/03/20220309002/20220309002.html）（2022 年 11 月 2 日アクセス）。

　2022 年 8 月に申請受付が開始された「健康経営優良法人 2023」では、業務パフォーマンス指標を活用し、健康経営の効果の可視化を促進することが重視されている（https://www.meti.go.jp/press/2022/08/20220822002/20220822002. html）（2022 年 11 月 2 日アクセス）。具体的にはアブセンティーイズム（傷病による欠勤）、プレゼンティーイズム（出勤はしているものの健康上の問題によって完全な業務パフォーマンスが出せない状況）とともに、ワーク・エンゲイジメントの経年変化や測定方法に関する開示状況について設問が追加されている。

　その他、2022 年 6 月 7 日に政府が発表した「経済財政運営と政策の基本方針 2022」（以下、骨太の方針：https://www5.cao.go.jp/keizai-shimon/kaigi/cabinet/2022/decision0607.html）（2022 年 11 月 2 日アクセス）では、人への投資と分配が、新しい資本主義に向けた重点投資 5 分野の 1 つに挙げられ、働く人のエンゲイジメントと生産性の向上を目指して働き方改革を進めることが記載されている。

4 障碍者雇用への展開

ワーク・エンゲイジメントは、働くすべての人が、障碍の有無にかかわらず、その人なりの強みや持ち味をいかに高めるかに関わる考え方である。厚生労働省では、障碍者雇用を促進するために、「障碍者雇用中小事業主認定」制度を、2020 年 に 制 定 し た（https://jsite.mhlw.go.jp/tokyo-roudoukyoku/new page_00603.html）（2022 年 11 月 2 日アクセス）。この制度では、障碍者雇用について、取り組み（アウトプット）と成果（アウトカム）から構成される一定の基準を満たす場合に、厚生労働大臣から認定を受けられる制度である。この制度では、障碍者雇用についてどのような取り組みをしているかだけでなく、取り組みの結果、どのような成果が得られているかを重視しており、成果の質的側面の項目として、ワーク・エンゲイジメントが取り上げられている。

おわりに──ウィズ／ポストコロナ時代の働き方と　ウェルビーイング

本章では、産業保健心理学を学問的基盤としながら、働く人のウェルビーイングを推進するために、実証研究と実践活動をどのようにつなげるかについて、職場のメンタルヘルス研究、ワーク・エンゲイジメント研究を例にしながら言及した。

新型コロナウィルス感染症（COVID-19）のパンデミックにより、テレワークや在宅勤務、時差出勤、ローテーション勤務、人と人との距離を保ったオフィス、会議のオンライン化など、新しい働き方が急速に広がっている。これらの変化は、従来の集合型の働き方から非接触型の働き方へと変革を促すものであり、時間や場所に制限されない働き方、そして、自律・分散・協働型の働き方を促している。このような新しい働き方に直面している現在、どのようにしてウェルビーイングを高めることができるか、これまでの産業保健心理学の枠を超えたさらなる学際的な挑戦が求められている。

---

1) 無作為化比較試験とは、介入するグループと介入しないグループとを無作為に割り当て、介入前後の指標を 2 つのグループ間で比較することで効果を検証する方法を言う。

一方、比較対照試験とは、介入するグループと介入しないグループとの割り当てが無作為ではないものの、介入前後の指標を 2 つのグループ間で比較することで効果を検証する方法を言う。

2) 特定非営利活動法人健康経営研究会「健康経営とは」（http://kenkokeiei.jp/whats）（2022 年 11 月 2 日アクセス）。

3) United Nations：Sustainable development knowledge platform（https://sustainabledevelopment.un.org/sdgs）（2022 年 11 月 2 日アクセス）。

4) World Health Organization「World Mental Health Day 2017: Mental health in the workplace」（https://www.who.int/news-room/events/detail/2017/10/10/default-calendar/world-mental-health-day-2017）（2022 年 11 月 2 日アクセス）。

5) 仕事の資源：仕事が有する強み。ストレス要因の低減、目標達成の促進、個人の成長や発達を促進する機能を有する。

6) 個人の資源：個人が有する心理的な強み。環境のコントロール、粘り強さ、肯定的な自己評価などを含む。

参考文献

厚生労働省「令和 3 年労働安全衛生調査（実態調査）」https://www.mhlw.go.jp/toukei/list/r03-46-50.html（2022 年 8 月 30 日アクセス）

厚生労働省「令和元年版　労働経済の分析―人手不足の下での「働き方」をめぐる課題について」https://www.mhlw.go.jp/wp/hakusyo/roudou/19/19-2.html（2022 年 8 月 30 日アクセス）

日本生産性本部「第 10 回働く人の意識調査」https://www.jpc-net.jp/research/detail/005947.html（2022 年 8 月 30 日アクセス）

島津明人（2013）「科学的根拠に基づいた職場のメンタルヘルスの第一次予防のガイドライン―職場のメンタルヘルスのためのセルフケア教育のガイドライン」『産業ストレス研究』20、127–33。

島津明人編著（2014）『職場のストレスマネジメント（CD 付き）―セルフケア教育の企画・実施マニュアル』誠信書房。

島津明人（2016）『新ストレスマネジメントハンドブック―1. ストレスを知ろう』全国労働衛生団体連合会。

島津明人（2017）「ストレスチェック制度とセルフケア支援」『医学のあゆみ』263、246–250。

島津明人（2020）「特集「労働生産性の向上に寄与する健康増進手法の開発」特集にあたって」『産業精神保健』28、3–4。

島津明人（2022）『新版ワーク・エンゲイジメント―ポジティブ・メンタルヘルスで活力ある毎日を』労働調査会。

島津明人・種市康太郎編著（2016）『産業保健スタッフのためのセルフケア支援マニュアル』誠信書房。

島津明人・種市康太郎・井上千恵・外山浩之・渡辺真弓・櫻谷あすか（2018）「分担研究報告書「教育研修、ストレスマネジメントの工夫の検討」」In：平成 29 年度厚生労働科学研究費補助金（労働安全衛生総合研究事業）「ストレスチェック制度による労働者のメンタルヘルス不調の予防と職場環境改善効果に関する研究」（H27-労働--一般-004：主任：川上憲人）。

Bandura, Albert（1989）"Regulation of cognitive processes through perceived self-efficacy," *Developmental Psychology* 25, 729-735.

Ganster, Daniel C. and Murphy Larry R.（2000）"Workplace interventions to prevent stress-related illness: Lessons from research and practice," L. Cary, and Edwin A. Locke eds. *Industrial and Organizational Psychology*, Oxford Blackwell, 34-51.

Goering, Daniel D., Akihito Shimazu, Feigu Zhou, Tyki Wada, and Ryutaro Sakai（2017）"Not if, but how they differ: A meta-analytic test of the nomological networks of burnout and engagement," *Burnout Research* 5, 21-34.

Halbesleben, Jonathon R. B.（2010）"A meta-analysis of work engagement: Relationships with burnout, demands, resources and consequences," Bakker, Arnold B and Michael P. Leiter eds. *Work engagement: Recent developments in theory and research*, Psychology Press, 102-117.

van der Klink, Jac J. L., Roland W. B. Blonk, Aart H. Schene, and Frank J. H. van Dijk（2001）"The benefits of interventions for work-related stress," *American Journal of Public Health* 91, 270-276.

Knight, Caroline, Malcolm Patterson, and Jeremy Dawson（2019）"Work engagement interventions can be effective: A systematic review" *European Journal of Work and Organizational Psychology* 28, 348-372.

Maslach, Christina, and Leiter, Michael P.（1997）. "The truth about burnout: How organizations cause personal stress and what to do about it," Jossey-Bass.

Richardson, Katherin M., and Hannah R. Rothstein（2008）"Effects of occupational stress management intervention programs: A meta-analysis," *Journal of Occupational Health Psychology* 13, 69-93.

Schaufeli, Wilmar B., and Arnold B. Bakker（2004）"Job demands, job resources and their relationship with burnout and engagement: A multi-sample study," *Journal of Organizational Behavior* 25, 293-315.

Schaufeli, Wilmar B., Marisa Salanova, Vicente González-Romá, and Arnold B. Bakker（2002）"The measurement of engagement and burnout: A two sample confirmatory factor analytic approach," *Journal of Happiness Studies* 3, 71-92.

Schaufeli, Wilmar B., Akihito Shimazu, and Toon W. Taris（2009）"Being driven to work excessively hard: The evaluation of a two-factor measure of workaholism in The Netherlands and Japan," *Cross-Cultural Research* 43, 320-348.

Shimazu, Akihito and Wilmar B. Schaufeli（2009）"Is workaholism good or bad for employee well-being? The distinctiveness of workaholism and work engagement among Japanese employees," *Industrial Health* 47, 495-502.

Shimazu, Akihito, Wilmar B. Schaufeli, Kazumi Kubota, and Norito Kawakami（2012）"Do workaholism and work engagement predict employee well-being and performance in opposite directions?," *In-*

dustrial Health 50, 316–321.

Shimazu, Akihito, Wilmar B. Schaufeli, Kimika Kamiyama, and Norito Kawakami（2015）"Workaholism vs. work engagement: The two different predictors of future well-being and performance," *International Journal of Behavioral Medicine* 22, 18–23.

Umanodan, Rino, Yuka Kobayashi, Mai Nakamura, Kazuyo Kitaoka-Higashiguchi, Norito Kawakami, and Akihito Shimazu（2009）"Effects of a worksite stress management training program with six short-hour sessions: A controlled trial among Japanese employees," *Journal of Occupational Health* 51, 294–302.

第10章｜「よく生きる（ブエンビビール）」という理念を問い直す
先住民の言葉と視点から何を学ぶことができるか

藤田　護

はじめに

　国際開発協力政策においては、それまでの枠組みが先進国（新しい言い方ではグローバル・ノース）によって決定されすぎてきたのではないかとの反省の下に、途上国（グローバル・サウス）との連携関係を構築し、他なる考え方に開かれなければいけないという問題関心が高まっている。これは、1980年代から1990年代にかけ、開発における参加（participation）が注目を集め、開発の過程において当事者の視点を知り、当事者が取り組みに十分に参加することが重視された流れを引き継いでいるといえよう。これは、国際開発協力政策（Cornwall 2020; Appfel-Marglin and Marglin 1996）に限らず、人類学（Comaroff and Comaroff 2012）、歴史学（Mallon ed. 2011）、社会言語学／応用言語学（Pennycook 2021）、大学教育とカリキュラム編成（Bendix, Müller and Ziai eds. 2020; Bhambra, Gebrial, and Nişancıoğlu eds. 2018）、調査方法論（Denzin, Lincoln, and Smith eds. 2008）など、多数の分野で同時進行している取り組みであり、「脱植民地化（decolonization）」と呼ばれたり、「南からの理論（theories from the South）」と呼ばれたりしている。ラテンアメリカにおいては、特に先住民やアフリカ系住民の視点や経験を重視すべきことが議論されてきた。

　しかし、これらの取り組みにおいて、当事者の視点や経験やそれを表現する言葉は、果たしてどこまで耳を傾けられてきたのだろうか。

　国際開発協力において、表面上は「参加（participation）」がうたわれつつも、実際には様々な組織的な要因が組み合わさり、人々の言葉が都合よく利用されているに過ぎないのではないかという指摘が、これまでもなされてきた

（例えば Cornwall and Fujita 2012 を参照）。だとすれば、同様の慎重な視線が、近年の脱植民地化と南からの理論をめぐる取り組みに対しても、向けられなければならないのではないだろうか。そのような丁寧な批判的検討を踏まえることで、これらの取り組みが一過性のものとなることを防ぎ、またその深い可能性を引き出すことが可能になるのではないだろうか。

　この論考では、このような問題関心の下で、ラテンアメリカの特にボリビアとエクアドルを中心としたアンデス地域から、「開発／発展」（英語では development、スペイン語では desarrollo）に代わる先住民発の理念として提唱され、存在感を増してきた「よく生きる（ブエンビビール）」に着目する（スペイン語で buen vivir）。以下、Ⅰにおいてその経緯を跡づけるとともに、その限界をⅡにおいて指摘する。そのうえで、Ⅲにおいてはこの「よく生きる」の理念を、アンデス先住民の言語であるアイマラ語からあらためて考察する。

　この論考は、筆者が 2003 年よりその活動に協力してきている、ボリビアの行政上の首都ラ・パス市に本拠地を置くアイマラ先住民を中心とした先住民知識人団体「アンデス・オーラルヒストリー工房（Taller de Historia Oral Andina, THOA）」での議論を背景にしている。特に 2012 年を通じて、この「よく生きる」という理念を検討するための定例の研究会が開催され、筆者もこれに継続的に参加していた。そこでの議論や、各参加者の思考の一端が、本章を通じて明らかになることも目指している[1]。

Ⅰ　「よく生きる（ブエンビビール）」をめぐる政策議論の展開

　ラテンアメリカにおいては、1970 年代から主にボリビアとエクアドルで先住民と先住民運動の組織化が進む。また 1990 年代には、グアテマラ内戦における悲惨な経験を通じたマヤ先住民意識の醸成や、メキシコ南部チアパスにおけるサパティスタの反乱などが起き、21 世紀にはいるとアメリカ大陸全域で先住民の存在感が高まり、先住民出身の知識人らの存在が脚光を浴びるようになる。

　20 世紀から 21 世紀へ移行する頃から、南アメリカの特にボリビアにおいては、先住民にとっての開発／発展とは何かについて議論が行われるように

なった[2]。特にドイツの国際開発協力機関である GTZ が資金協力を行い、異文化間対話として、先住民の文化的観念のなかに「開発／発展」に相当するものは存在するのか、そして存在するとすれば、それは西洋的な観念とどのように異なるのか、という問いが立てられ、先住民に親近的な立場をとる非先住民知識人ハビエル・メディナ（Javier Medina）とアイマラ先住民知識人らとのあいだの対話が行われた。そこでは、富の概念が財の蓄積に限定されないことが強調され、共同体の役割の重視、社会による経済の統制、物質面と象徴面（＝宗教・儀礼面）の複雑かつ豊かな相互作用が重視されることになる（Medina 2006; Medina compil. 2001）。

　その後、定式化され流通するようになった「よく生きる」の定義は、調和（armonía）の価値を重視し、自然と、宇宙と、それぞれの宗教と、共同体と、家族との調和の下に「よく生きる」ことであるとされた。これが（従来の開発／発展の理念を想像させる）「よりよく生きる（vivir mejor）」とは異なる理念であることも強調された（Huanacuni 2010）。同時に、これに対応する先住民の言葉が、アイマラ語のスマ・カマーニャ（suma qamaña）に加えて、渓谷部で話されるケチュア語のスマック・カウサイ（sumaq kawsay）、そして東部低地で話されるグアラニー語のニャンデ・レコ（ñande reko）に見いだされることが喧伝されるようになった。

　ボリビアにおいては、2003 年 10 月に大きな政変が生じ、それと前後して天然資源の管理や先住民アイデンティティの重視が新たな政策アジェンダとして提示されるようになり、2005 年 12 月の総選挙において歴史上初めて先住民出身の候補エボ・モラレス・アイマ（Evo Morales Ayma）が大統領に選出された（藤田 2009）。このような先住民アイデンティティを後押しするような情勢の推移のなかで、2006 年に策定されたボリビア政府の国家開発計画においては、その中心理念として「よく生きる」が据えられることとなった。この国家開発計画においては、「よく生きる」ことは、共同体的（comunitario）で文化間相互的（intercultural）でもある、権力の非対称性のない共生であると定義され、この理念のもとに尊厳（dignidad）、主権（soberanía）、生産性（productividad）、民主主義（democracia）という四つの柱が置かれた（Gobierno de Bolivia 2007）[3]。

1990年代に地方分権化が進んだボリビアでは、この理念が地方自治体の開発計画にも反映されている。その一例として、ラパス県オマスーヨ郡アチャカチ市の開発計画を概観する（Gobierno Municipal de Achacachi 2007）4)。ここでは、中心理念であるスマ・カマーニャ（suma qamaña）が、実際の政策の運用においてはコミュニティ企業の創出を通じて、新たな自己運営（autogestión）のモデルを作り出すべきであると主張されている。ここでは経済面の構想が民族自治の意識と強く結びついているといえよう。また、アイユ（ayllu：アンデス地域におけるコミュニティの呼称）の論理にもとづいたシステムを再興し、チチカカ湖周辺の地域全体で大ウマスーユ圏（Jach'a Umasuyu）という領域単位を構築すべきであるという主張が展開される。このような生き方において、アンデスの人間（hombre andino）とは、様々な地理的環境、技術、伝統的薬草、精神世界、母なる大地が生み出す作物などとの関係のなかで統一された人格をもつ（integral）ものと認識されている。

II 「よく生きる（ブエンビビール）」をめぐる議論の限界

　前節で見たように、地域レベルの議論においては、この新しい「よく生きる（スマ・カマーニャ）」の理念が、それまでのアイマラ先住民運動を通じた思考の蓄積のなかで再解釈され、位置づけられていた。しかし、国家開発計画においては、その中心理念として据えられてはいても、これが計画の全体あるいは個別の政策に特定の影響をもたらしているとは判断しづらい。狐崎（2013）は「これまでのところ、「善く生きる」がマクロレベルで経済開発のあり方に顕著な変化を及ぼした形跡はみられない」と指摘している（同、105）。

　ここまでの経緯を見てきて、いくつかのことが指摘できるであろう。この「よく生きる」の理念は、非先住民知識人と先住民知識人の対話を通じて見いだされ、提示されてきたのであり、先住民の世界だけから生まれてきたものではない。これ自体は悪いことではなく、むしろ文化接触のなかから新しい理念が鋳造されるという興味深い過程が見て取れるように思う。しかしながら、これが先住民のどのような考え方に本来の土台をもっていたのかにつ

Gráfica 2
Hacia la construcción del índice del Vivir Bien

- Vivienda
- Servicios básicos

- Servicios Sociales
  - Educación
  - Saber, conocimiento
  - Innovación

- Seguridad alimentaria
  con soberanía

Habitar bien

Comer bien

Conocer bien

- Producción
- Empleo

- Servicios Sociales
  - Salud
  - Nutrición

Trabajo e ingreso
digno

VIVIR BIEN

Estar y sentirse bien en
armonía con la sociedad
y la naturaleza

Sentirse bien

Participación
con identidad

Artes, deportes
y recreación

- Poder social y comunitario
- Estado plurinacional
  y autónomo

Convivir bien

- Artes y cultura
- Deportes y recreación

- Derechos ciudadanos
- Seguridad ciudadana
- Seguridad nacional
- Justicia

Fuente: http://www.planificacion.gov.bo/vpc/vivir%20bien%202009/1.pdf

図 10-1　AGRUCO による「よく生きる」の概念図

いては、十分な考察が進んだとは言い難い。Medina（2001）においては、生
きることの質がアイマラ語の「甘さ（muxsa）」と結びつけて語られることや、
生が「養われる（uywaña）」ものであることなどの重要な指摘がなされてい
るが、そのほとんどの議論はアイマラ先住民知識人によるものも含めてスペ
イン語でなされており、とりあげられているアイマラ語の語彙集はわずか2
ページで、しかもその半数弱はアイマラ語ではなくラテン語などの専門語彙
の解説である（同、130-131）。また、検討は語彙のレベルにとどまっており、
文のレベルでの検討はなされていない。

　また、「よく生きる」理念が新しい変化を実際の政策運営にもたらしてい
ないという批判と表裏一体に、それまでの国際開発協力の枠組みが装いを新
たに再生産されているのではないか、という疑念もある。ボリビア中央部の
コチャバンバ市を基盤とする NGO の AGRUCO は、この新しい理念の下で
自身のオペレーションを図 10-1 のような概念図で示している（Delgado, Rist, y
Escobar　2010, 27）。

この図の各項目は、中央に「よく生きる」の標準的な定義（上述）を置きつつ、真ん中の上から時計回りに、住居および基礎サービス、教育と知識、保健と栄養、芸術とスポーツ、共生、共同体と参加と複数民族国家、尊厳ある労働、食糧安全保障、と設定されている。これは、「よく生きる」を従来からの開発課題へと下位分解して、そこにその時点における政治社会の課題として意識されているもの（すなわち共生、複数民族国家など）を付け加えたというかたちになっている。確かにこのようにすれば、理念の形式的な下位分解としてそれまでの取り組みを位置づけ続けることができるであろうが、しかし一体「よく生きる」とは何だったのか、という本来の問いが薄れてしまう。組織の具体的な計画策定のワークショップなどでこれが生じるその直前で、我々の思考は踏みとどまらないといけないのではないだろうか。

　同時に、このAGRUCOによる図式は、1990年代以来の国際開発協力政策の一つの動向を反映したものであるともいえそうである。そこでは、また別のかたちで「生計（livelihoods）」や「ウェルビーイング」を通じて「生きる」ことの捉え直しが行われきた。

　イギリスのロバート・チェンバース（Robert Chambers）は、1990年代を通じて、国際開発協力の枠組みの策定に重要な影響力を及ぼしてきた。Chambers and Conway（1991）は、農村開発の取り組みにおいて、農村における人々の生活を捉える包括的概念として「生計（livelihoods）」が用いられるべきことを提唱した。ここでの「生計」は「生活を成り立たせること（gaining a living）」と定義されており（同、5）、以下のような複数の要素の組み合わせとして捉えるべきことが主張される（Chambers and Conway 1991, 7、和訳は筆者による）。

人々	人々の生計能力（their livelihood capabilities）	} レパートリー
活動	人々が実際に何をするか（what they do）	
資産	有形の資産（資源や貯蔵（resources and stores））と	} ポートフォリオ
	無形の資産（要求とアクセス（claims and	

access））が物質的・社会的手段を提供す
る
アウトプット　生活（a living）、人々が実際に活動から
得られるもの

　これは後に、Scoones（1998）によって定式化が進められ、「生計アプロー
チ（livelihood approach）」としてイギリスの国際開発協力の中心理念に据えら
れることになる。
　また、チェンバースは 1997 年の論文で、経済開発から人間重視の流れが
進むなかで、開発の取り組みにおいて個人の声を重視する「参加（participa-
tion）」と、専門家の個人としての振る舞いや態度の重要性（the primacy of the
personal）が意識されるようになってきたとする。そのうえで、地域ごとに定
義された「よき生（well-being）」と個人の「責任」とを組み合わせ、「責任あ
るよき生（responsible well-being）」という概念を設定し、これを開発の目標で
あると考えてみることを提唱する。そのような責任あるよき生とは、公正
（equity）、持続可能性（sustainability）、生計の安定性（livelihood security）、潜在能
力（capabilities）に支えられており、これらの五つの概念が網状に相互に結び

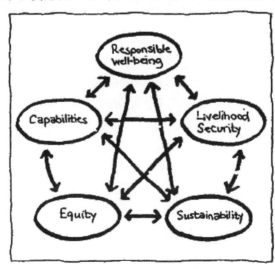

図 10-2　「責任あるよき生」の概念図

ついている（Chambers 1997, 1748-1749）。

　このようなからみ合った網状の概念図（multi-stranded web）によって、開発／発展という過程を包括的（holistic）に捉えようとする姿勢は、1990年代末の世界銀行の副総裁かつ主任エコノミストであったジョセフ・E・スティグリッツ（Joseph E. Stiglitz）による、開発を包括的な転換過程として捉え直す動きと共鳴しつつ、同時代の世界銀行による貧困への包括的アプローチの採用へとつながっていく（Stiglitz 2001; World Bank 2001）。

　このように見てくると、南米アンデスにおける先住民発の理念としての「よく生きる」の提唱は、グローバルな場面においての「生計」や「ウェルビーイング」の捉え直しの流れと、ある種の世界同時性のもとでうまれてきたのだといえそうだ。しかし、「生計」は「生活」について殆ど何も言わず、「生きる」ことについてはさらに何も言わない。またここでの「ウェルビーイング」は、たとえプロセスの中で捉えようとしても静的概念であり、「生きる」ことの動態を捉えきれてもいない。だとすれば、やはり何が先住民発の理念なのかを、あらためて問いなおす必要があるのではないだろうか。

III　「よく生きる（スマ・カマーニャ）」の捉え直し

　ここまでの議論の展開を踏まえると、「よく生きる」が先住民発の理念であるとするならば、その理念の土台となる思想を、先住民の言葉に基づいて丁寧に検討し直すところから再開しなければならないのではないか、と考えることができるだろう。すなわち先住民の思考に耳を傾けることが要請されているのであり、そのようにして初めて、ただ単に伝統を救出するだけでない、また古いワインを新しい革袋に入れるだけでない、再編と創造の過程が発動するのではないだろうか。本節における以下の議論は、特に文献を示さない限りは、2012年の筆者のフィールドノートに基づいている。

　議論の出発点としては、THOAのフィロメナ・ニナ・ワルカッチョ（Filomena Nina Huarcacho）から、「よく生きる」に対応するアイマラ語のスマ・カマーニャ（suma qamaña）を考察する際には、「生きる、暮らす」を意味する動詞がアイマラ語に四つあり、qamaña 以外に、jakaña、utjaña、sarnaqaña それ

ぞれを考察しなければならないのではないかという指摘があった（Nina Huar-cacho 2010）。これまでに、Torres（2001）や Albó（2011）など、suma qamaña をアイマラ語から考察しようとする試みは存在していたが、ニナ・ワルカッチョのこの指摘により、考察の地平が拡大された。なお、アイマラ語では、動詞の原形が不定詞、すなわち名詞として用いられ、これは語尾に -ña がついた形をとる。

　ここでは、まず上述の二つの文献のなかで、より体系的な考察を展開しているハビエル・アルボー（Xavier Albó）の議論を概観するところから始めたい（Albó 2011）。まずアルボーは、qamaña をその派生した形を含めて考察していく。qamaña が「生きる、暮らす」であり、これに再帰の接尾辞 -si がついた qamasiña が「共棲する（convivir）」である。qamaña の現在分詞 qamasa が「あり方」から「勇気、エネルギー」という意味になり、「常に～する」という意味をもつ名詞化接尾辞 -iri がついたかたち qamiri が「裕福な者」という意味になる。また、qamiri の対義語は waxcha「取り残されたもの（huérfano, abandonado）」である。明示してはいないが、アルボーは qamaña の根本に「分かち合う」という意味があることを前提としているようであり、裕福な者とは他者との関係のなかで富を分かち合う者であることになりそうだ。ja-kaña「生きる」は、単に「死ぬ（jiwaña）」の対義語として位置づけられている。また、17 世紀初頭にアイマラ語の辞書と文法書を著したイタリア人ルドヴィコ・ベルトニオ（Ludovico Bertonio）に、muxsaki qamaña「甘みをもって生きる（vivir dulce nomás）」という用例があることや、suma jaqi「よい人、すなわち、愛情をもち寛大で、他人に善意で対する人」という記載があることを指摘している。

　このアルボーの考察は、qamaña の根本となる意味を捉え、jakaña という周辺概念と対照させ、またこの語が伴う形容詞との関係に着目するという点で、このような検討が進むべき道を指し示してくれているといえよう。しかし同時に、単語とその意味の検討にとどまり、実際の文中での用例に着目することがない。また、jakaña を qamaña よりも下位に位置づけ、すなわち qamaña が示す社会関係と、分かち合いのなかでの「ケア」を重視しているが、むしろ jakaña は生命について重要な示唆を与える単語であり、両者を対等の位置

で検討すべきではないだろうか。これに、上述のニナ・ワルカッチョによる、着目すべき単語が十分でないのではないかという指摘を併せると、考察を一歩先へと進める道が見えてくるようだ。

　まず、動詞 utjaña は「存在」を示し、「ある」という意味になる。また、「住む、生活する」を意味するようになる——

　（1）Ch'ixinakax *utjiwa.*「まだら模様のアイデンティティ（ch'ixi）が存在する」

これはボリビアの社会学者であり、THOA の創設者の一人でもあるシルビア・リベラ・クシカンキ（Silvia Rivera Cusicanqui）による書籍の題名である（Rivera Cusicanqui 2010）。この「まだら模様のアイデンティティ」は混血（メスティサヘ）というカテゴリーを先住民の側から捉え返そうとする試みであり、本章での議論と共通する志向をもっている。

　（2）Nayax Oruron *utjtwa.*「私はオルーロに住んでいます」

これはオンライン上のアイマラ学習教材 Ciberaymara からとっている。なお、この（2）は、以下の全ての動詞で置き換えることが可能である。

　次に、動詞 jakaña は「いのち」に関係し、「生きている」という意味になる。また、「住む、生活する」を意味する——

　（3）*Jakaskiwa.*「（その人は）生きているぞ」

　（4）*jakaña*「（名詞として使われた場合に）胎盤」

ここから jakaña は、いのちと、いのちを生み出すもの、いのちを守りケアするもの、という意味範囲をもつと考えられる。これはやはり、アルボーが与えている二次的な位置づけとは異なり、生活あるいは生きることにおいて根本的に重要な位置づけを与えられるべきではないだろうか。

　次に、動詞 qamaña は、「その時間をともに過ごす」なかで「分かち合う」ことであるとされ、同時に「住む、生活する」という意味をもつ。

　（5）Sum *qamartawayañani* jichhürux.「今日は楽しく過ごしましょう」

これはアンデスのスペイン語に翻訳すると Lindo pasaremos hoy. となる。このアイマラ語の sum(a) やスペイン語の lindo は、日本語の「楽しく」では十分に捉えきれておらず、「充実している」あるいは「味が十分にある」といった意味合いまで含む。

（6）*Qamaskañani* jichhürux.「今日はいろいろと分かち合いましょう」

（7）Akanak *qamarasktwa*.「このように私たちは生活してきているのです」

先の動詞 jakaña や後述の sarnaqaña は、（7）で qamaña を置き換えることはできるが、（5）および（6）で置き換えることができない。ここから qamaña は、時間の有限性のなかでの共同体関係や社会関係に関する語であると考えられることになる。

　最後に、動詞 sarnaqaña「歩く、歩き回る」は、スペイン語の andar に対応するが、同時に「住む、生活する」という意味ももつ。この動詞は、20 世紀前半のアイマラ先住民指導者サントス・マルカ・トーラ（Santos Marka T'ula）のオーラルヒストリーにおいて、指導者の活動に言及する際にも、人々の生活に言及する際にも用いられている（話者のセレスティーナ・ワルクはマルカ・トーラの娘である）。

　（8）Ukhamarakiy ast uka turul munt intirut *sarnaqpachächi*. Ukham ast *sarnaqirït* näx kun ast juysyu khuyañ t'äqkiriw *sarnaqt* näx asta.（Capítulo III, 1.1, parr.5, Celestina Warku）「そのようにして［サントス・マルカ・トーラは］全世界を歩きまわったのだろう。そうして、私はとても悲しく暮らしていた、私は悲しく暮らしていたんだ。」（Huanca L., Nina Huarcacho, Condori Quispe y Fujita compil. por publicar 2023）

　（9）Qhip nayr uñtasis *sarnaqapxañani*.「後ろ（未来）と前（過去）の両方を見ながら歩みを進めよう」

（9）は、この議論が行われた場である THOA のスローガンである。アイマラ語では未来が身体の後ろに、過去が前に位置することになっている。これらの例をみると、動詞 sarnaqaña は時間を通じて複数の場所で活動を展開していく動態を指し示すと考えられる。なお、このアイマラ語の動詞 sarnaqaña は、同じアンデス先住民言語であるケチュア語の動詞 puriy にほぼ対応するが、このケチュア語の puriy に同様の多義性があることを Mannheim（2015）が指摘している。

　以上を総合すると、アンデスにおいて「生きる、生活する」ということは、以下の四つの側面の組み合わせとしてあることになる。

　上の（9）は、アイマラ語でエウハ（iwxa）と呼ばれるもので、言い伝え・格言（encargo）という役割を担っている。このようなエウハは、アイマラ語

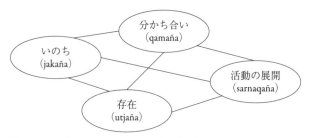

図 10-3 「スマ・カマーニャ」の概念連関図

圏において多く語り伝えられており、人々の考え方を読み取るにあたって重要になる。同じく THOA のゴドルフレド・カイェ・バイェホス（Godolfredo Calle Vallejos）は、自身の出身の村での経験に基づいて以下のようなエウハを示している――

（10）Jaqjam *sarnaqañani.......* Ukhakirakiy *suma qamasiñas utjixa...*「人として<u>歩かなければならない</u>、そこにしか<u>よき生活は存在</u>しない」（Calle 2010, 12）
このように見てくると、動詞 sarnaqaña と qamaña は密接に関係し、そこに人間としての資質（jaqi）と「よさ、充実、甘み」を意味する形容詞 suma が結びつくという連関が見てとれることになる。

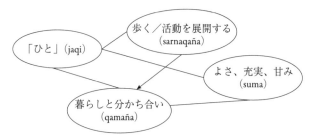

図 10-4 「スマ・カマーニャ」をめぐる概念の展開

おわりに

前節での考察は、「よく生きる（スマ・カマーニャ）」が当初定式化されたよりも、はるかに複雑なかたちで人々の「いのち」「生活」「活動」についての意識が構成されていることを、我々に理解させてくれる。これはおそらく、

「開発／発展」を先住民の見地から捉え直すという当初の課題を越えて、国際開発協力政策における 1990 年代の「生計アプローチ」や「開発の多面性」に関する議論が目指した先に対しても、単なる生計を越えた生活やいのちとは何かという、さらなる考察の深化を求めるものであると言えそうである。これは、様々な開発政策の「枠組み」に対して具体的対案をすぐに示すものとはならないが、政策の枠組みが策定される際に常にこのような異なる言葉と思考のあり方との対話が必要になることを示唆している。

　なお、本来この議論は、アンデスにおける生と死に関する、さらなる議論へとつながるはずのものである。ジャネット・パッツイ（Jannet Patzi）は、ボリビア西南部の村々においては、作物の生育を司る村役の者が作物ごとに定められており、この役職がカマニ（qamani）と呼ばれることを指摘している（Patzi 2017）[5]。そうすると、先に Albó（2011）でみた qamiri「裕福な者」、qamasa「勇気、エネルギー」と併せて、qamaña には「豊かさを生み出す」という意味が同時にあり、「豊かさを生み出しつつ分かち合う」というのがその意味の広がりではないかと考えられる。

　また、アンデスの社会では生者の世界と死者の世界は密接に相互交流しており、そこでは生者が頻繁に死者の助力と助言を求め、死者が生者の活動に介入する（例えば藤田 2018）。また、富を生み出すにあたっては、カトリックのアメリカ大陸への導入にあたって一律に「悪魔（diablo）」として位置づけられることになった一方で、アンデスで信仰され続ける、富を生み出す様々な存在との関係が重要になる。そうすると、アンデスにおける「開発／発展」は、死者や「悪魔」との関係の中で考えることを余儀なくされるであろう（このような試みとして Arnold 2008 を参照）。本章では、このアンデス宗教の側面に入る一歩手前の、言葉の一つ一つの意味を検討し、その連関を明らかにすることを目指した。

　このように先住民の言葉に着目することは、政策と宗教という広い領野をつなぎ、そこでの「生計」、「生活」、「いのち」を再考するきっかけを与えてくれる。これは射程の広い現代的な課題であり、豊かな可能性をもち続けるであろう。

1) 本章の内容は、慶應 SFC で筆者が担当する総合政策系の科目「地域と社会（米州）」および「開発とローカリズム」において、講義の一回分の内容であった。授業で鋭いフィードバックや考察を示してくれた学生たちに感謝したい。
2) その先駆けとなったのは、「アメリカ」というイタリア人の探検家の名前に由来する外来の呼称を、先住民の領域としての「アビヤ・ヤラ（Abya Yala）」という呼称で呼び替えていくことが提案されたことであり、これは既に広く使われるようになっている。
3) 後にエクアドルにおいても 2009 年の国家開発計画に取り入れられた（新木 2014, 241）。
4) この段落の内容は、柳原・清水・藤田（2009）の pp. 139–140 にもとづいている。
5) これはジェラルド・テイラー（Gerald Taylor）が、ケチュア語の qamay（テイラーの書き方では camay）について指摘している点と重なる（Taylor 2000）。

参考文献

新木秀和（2014）『先住民運動と多民族国家—エクアドルの事例研究を中心に』御茶ノ水書房。

狐崎知己（2013）「開発戦略と国際協力—「善く生きる」ための開発とは」眞鍋周造編著『ボリビアを知るための 73 章（第 2 版）』明石書店、102–106。

藤田護（2009）「ボリビアにおける 2000 年代左派アジェンダの検討—先住民による権力獲得、多層的共存、現状を切り開く思想」村上勇介・遅野井茂雄編著『現代アンデス諸国の政治変動—ガバナビリティの模索』明石書店、287–314。

藤田護（2018）「南米アンデスの多言語小説・スペディング『時を経て現れるサトゥルニーナ』における女性たちの口承言語の躍動」『人文研究』第 195 号、33–62。

柳原透・清水達也・藤田護（2009）『アンデス先住民への協力』JICA 客員研究報告書、国際協力機構。

Albó, Xavier（2011）"Suma qamaña = convivir bien. ¿Cómo medirlo?" En Farah H. y Vasapollo coord., 133–144.

Appfel-Marglin, Frédérique and Stephen A. Marglin eds.（1996）*Decolonizing Knowledge: From Development to Dialogue*, Oxford: Clarendon Press.

Arnold, Denise con la colaboración de Elvira Espejo Ayca（2008）*Entre los muertos, los diablos, y el desarrollo en los Andes*, La Paz: ISEAT.

Bendix, Daniel, Franziska Müller, and Aram Ziai eds.（2020）*Beyond Master's Tools: Decolonizing Knowledge Orders, Research Methods and Teaching*, Lanham, Boulder, New York and London: Rowman & Littlefield.

Bhambra, Gurminder K., Dalia Gebrial, and Kerem Nişancıoğlu eds.（2018）*Decolonising the University*, London: Pluto Press.

Calle Vallejos, Godolfredo（2010）... *Esto es... jaqjam sarnaqañax ukäya... o, son un conocimiento de vida, una ética, son opciones de-coloniales, un horizonte de la razón. En tanto, esto es un proyecto de vida...*, Aypa Yauruta, Pacajes: Publicación Personal.

Chambers, Robert （1997） "Responsible Well-Being: A Personal Agenda for Development," *World Development* Vol. 25, No. 11, 1743–1754.

Chambers, Robert and Gordon Conway （1991） "Sustainable Rural Livelihoods: Practical Concepts for the 21st Century," IDS Discussion Paper 296, Brighton: Institute of Devleopment Studies, University of Sussex.

Comaroff, Jean and John L. Comaroff （2012） *Theories from the South: Or, How Euro-America is Evolving Toward Africa*, New York and London: Routledge.

Cornwall, Andrea （2020） "Decolonizing Development Studies: Pedagogic Reflections," *Radical Teacher* no.116: pp.37–46.

Cornwall, Andrea and Mamoru Fujita （2012） "Ventriloquising 'the Poor'? Of Voices, Choices, and the Politics of 'Participatory' Knowledge Production," *Third World Quarterly* Vol.33, No.9, 1751–1765.

Delgado, Freddy, Stephan Rist, y César Escobar （2010） *El desarrollo endógeno sostenible como interfaz para implementar el Vivir Bien en la gestión pública boliviana*, Cochabamba: Agruco.

Denzin, Norman K., Yvonna S. Lincoln, and Linda Tuhiwai Smith （2008） *Handbook of Critical and Indigenous Methodologies*, Los Angeles, London, New Delhi, and Singapore: SAGE.

Gobierno de Bolivia （2006） "Plan Nacional de Desarrollo," Ministerio de Planificación del Dearrollo, Gobierno de Bolivia.

Gobierno Municipal de Achacachi （2007） "Revista Productiva para Vivir Bien. El turismo es articulador de 'Suma Qamaña.' Achacachi: Gobierno Municipal de Achacachi.

Huanacuni Mamani, Fernando （2010） *Buen vivir / vivir bien. Filosofía, políticas, estrategias y experiencias regionales andinas*, Lima: Coordinadora Andina de Organizaciones Indígenas （CAOI）.

Huanca Laruta, Tomás, Filomena Nina Huarcacho, Juana Luisa Condori Quispe y Mamoru Fujita compil. （por publicar 2023） *Historia oral de los caciques apoderados*, La Paz: Aruwiyri.

Ivonne Farah H. y Luciano Vasapollo coords. （2011） *Vivir bien. ¿Paradigma no capitalista?*, La Paz: Posgrado en Ciencias del Desarrollo, Universidad Mayor de San Andrés （Cides-UMSA）, Sapienza, y Oxfam.

Mallon, Florencia E. ed. （2011） *Decolonizing Native Histories: Collaboration, Knowledge and Language in the Americas*, Durham and London: Duke University Press.

Mannheim, Bruce （2015） "All Translation is Radical Translation," William F. Hanks and Carlo Severi ed. *Translating Worlds: The Epistemological Space of Translation*, Chicago: Hau Books, 199–219.

Medina, Javier （2006） *Suma qamaña. Por una convivialidad postindustrial*, La Paz: Garza Azul Editores.

Medina, Javier compil. （2001） *Suma qamaña. La comprensión indígena de buena vida*, La Paz: GTZ y FAM Bolivia.

Nina Huarcacho, Filomena （2010） "Suma Qamaña: El vivir bien en los Andes de Bolivia." Ponencia presentada en el Laboratorio Internacional Estrategias Alternativas al Desarrollismo, Buenos Aires, 12–14 de abril.

Patzi, Jannet （2017） "El cargo del kamani, su papel cultural en la comunidad y su función en el cículo agracio aymara. Estudio realizado en el Cantón Santiago de Llagua, Municipio de Colquencha, Provincia Aroma, La Paz," Tesis de grado, Carrera de antropología, Facultad de Ciencias Sociales, Universidad Mayor de San Andrés.

Pennycook, Alastair（2021）*Critical Applied Linguistics: A Critical Re-Introduction*, New York and London: Routledge.

Rivera Cusicanqui, Silvia（2010）*Ch'ixinakax utjiwa. Una reflexión sobre prácticas y discursos descolonizadores*, Buenos Aires: Tinta Limón.

Scoones, Ian（1998）"Sustainable Rural Livelihoods: A Framework for Analysis," IDS Working Paper 72, Brighton: Institute of Devleopment Studies, University of Sussex.

Stiglitz, Joseph E.（2001）"Development Thinking at the Millenium," Boris Plsecovic and Nicholas Stern eds. *Annual World Bank Conference on Development Economics 2000*, Washington DC: World Bank, 13–18.

Taylor, Gerald（2000）*Camac, camay, y camasca y otros ensaos sobre Huarochirí y Yauyos*, Cusco: Centro Bartolomé de las Casas.

Torres, Mario（2001）"El concepto de Qamaña," En Medina ed., 33–43.

World Bank（2001）*World Development Report 2000/01: Attacking Poverty*, Washington DC: World Bank.

CIBERAYMARA　https://www.ilcanet.org/ciberaymara/contenidos/（最終アクセス 2022 年 8 月 28 日）。

「総合政策学の方法論」をもっと知るためのブックガイド

■ 國領二郎

國領二郎「政策 COE の軌跡と意義」、『KEIO SFC JOURNAL　総合政策学特別号』
　Vol. 8、No. 1、慶應義塾大学湘南藤沢学会、2008 年 11 月、7-54 頁
5 年間にわたって総合政策学のあり方について集中的に議論した軌跡が記録されています。どんな議論を経て博士論文のガイドラインの内容にたどり着いたかを読んでいただくことで、総合政策学のあり方について参考にしていただけると思います。

吉田民人「21 世紀の科学——大文字の第 2 次科学革命」、『組織科学』Vol. 32、No.
　3、組織学会、1999 年、4-26 頁
総合政策学への明示的な言及はないが、SFC の誕生が必然だったことを気づかせてくれる論文。認識科学と設計科学の違いが理解できます。情報化の進展によって複雑系の様相を深めている世界の中で、第 2 次科学革命が起こるとしています。

Hevner, A. R., March, S. T., Park, J., & Ram, S. "Design Science in Informa-
　tion Systems Research," *MIS Quarterly*, 28（1）, 2004, 75-105.
http://search.ebscohost.com/login.aspx?direct=true&db=buh&AN=125819
　35&lang=ja&site=ehost-live
学術としての設計科学（Design Science）の方法論について具体的に記した論文。元々より良いシステムを設計・構築することを志した information systems 分野において、伝統的な認識学的論文が増えてきてしまったことへの危機感を背景に書かれた歴史的な文書。

■ 井庭　崇

イマニュエル・ウォーラーステイン、グルベンキアン委員会『社会科学をひらく』山
　田鋭夫訳、藤原書店、1996 年
社会学、経済学、政治学といった、現在その存在が当たり前だと思われている学問分野は、学問の長い歴史から見れば、実は比較的最近の 19 世紀から 20 世紀にかけて哲学から分化して形成されてきたものです。この本は、その社会諸科学の形成の歴史を概観するとともに、新しい潮流である地域研究や複雑系科学などの展開についても紹介してくれています。学問分野というものを固定的なイメージで捉えるのではなく、変化・形成されていくものだという視点を持つことができるようになる素晴らしい一冊です。

トーマス・クーン『科学革命の構造』中山茂訳、みすず書房、1971 年

科学者が依拠している学問的常識（パラダイム）が大きく覆ってしまう「科学革命」。ふだんの「通常科学」のなかで、あるときちょっとした綻びが生じ、その不可解な謎を追ううちに、「異常科学」と呼ばれる混沌状態に至る。そのなかで新しい展望がひらけ、新たなステージ（パラダイム）へとシフトする。そのような科学革命を起こす人は、非常に若い人かその分野に新しく入ってきた新人なのだという。僕は 20 代の頃、この本から勇気とパワーをもらいました。この本に出会えてよかった。

クリストファー・アレグザンダー『時を超えた建設の道』平田翰那訳、鹿島出版会、1993 年

いきいきとした質を生み出すための生成ルールを言語化する「パターン・ランゲージ」の方法を考案した建築家クリストファー・アレグザンダーの思想・方法論がギュッとつまった一冊。自然界の植物のように調和的に成長し、心地よく安らぎを生むようなまちや建物をつくることは可能だろうか？ この本は、建築の話にとどまらず、広く「デザイン」（設計）について考えるために、また、いきいきと生きていくということについて考えるための必読の一冊だと思います。

■ 金沢　篤

上垣渉『はじめて読む数学の歴史』角川ソフィア文庫、2016 年

数学の歴史を平易に解説した一冊。古代オリエントの数学から近代の微積分の発見までの歴史を、ギリシア、インド、アラビア、中国、日本といった地域的な拡がりも織り交ぜながら解説しています。数学はある意味世界最古の学問であり、文明、政治、科学などと密接に関係しつつ発展してきました。その変遷の歴史はもう一つの世界史とでも呼べます。技術的なことも説明している点は好印象。

小林秀雄・岡潔『人間の建設』新潮文庫、2010 年

文芸評論家の小林秀雄と数学者の岡潔の「雑談」。個性、学問、芸術、政治、教育など、様々な切り口から 2 人の考え方、物の見方を知ることができます。岡潔という非常に特殊な数学者の意見の全てに賛同できるわけではないが、年齢を重ねたらもっと理解できるかもと思わせる不思議な一冊。

『数学セミナー』日本評論社

日本が誇る数学雑誌（月刊）。世界を見渡しても、非専門家向けの数学雑誌は数学セミナーのみです。これが商業的に成立することは日本人の教養の高さの証明だと考えています。主題は大学数学であるが、毎月様々な特集が組まれ、話題は物理、工学、計算機科学、経済、哲学、言語学、芸術、音楽、政治、教育、パズルなど多岐にわた

ります。

■ 加藤文俊

ウィリアム・F・ホワイト『ストリート・コーナー・ソサエティ』奥田道大・有里典三訳、有斐閣、2000 年

版を重ねながら、フィールドワークに求められる態度を問う。調査としてのフィールドワークと、暮らしとしてのフィールドワークについて考えるきっかけになる一冊です。現場とかかわりを執拗に求める「参与観察」には、「参与」か「観察」かという葛藤があります。フィールドでの戸惑いや失敗のエピソードが綴られているアペンディックスを読むと、自責の念にかられながらも、少し励まされるような気分になるかもしれません。

■ 諏訪正樹

ティム・インゴルド『メイキング　人類学・考古学・芸術・建築』金子遊・水野友美子・小林耕二訳、左右社、2017 年

社会人類学者のインゴルドにとって、人類学とは、ひとびととともに生きるなかで、研究者である自身に変化を促し、社会をみる眼を変化させながら観察・記述・洞察・知見を得て、ひとが生きるとはどういうことかを内側から学ぶこと、そして学び方も同時に学ぶことです。諏訪が提唱する一人称研究における「構成的研究手法」、「内部観測視点」という概念と相通じており、異なる分野ながら人間研究がたどり着く先は同じなのかと感動を覚えます。

■ 石川　初

若林幹夫『増補　地図の想像力』河出文庫、2009 年

本文中では触れませんでしたが、フィールドで発見した物事を新しい文脈で物語るためのツールとして「地図」があります。実空間で身体スケールの事象と出会いつつ、地図を眺めてそれらを位置づける、そのようにスケールを行き来することで、見えているものをより広域の事情の兆候とみなす視点を得ることができます。しかし地図は世界そのものではなくあくまで誰かが解釈して表現した媒体です。強力だが危険でもある「地図」を扱うために、社会学者・若林幹夫氏が著したこの異色の地図入門書を推します。

■ 森さち子

工藤直子『まるごと好きです』ちくま文庫、1996 年

本書は、詩人・工藤直子自身による、幼児期から大人になるまでの内的歴史、その振り返りの書です。豊かな感受性、研ぎ澄まされた言葉が、自然との触れ合い、そして

人との関わり合いの中でどのように育まれてきたか。その思索の軌跡は、読者を自己探索、すなわち自分に向かい合う世界に導くことが期待されます。このような過程を経て、「自分を知ること」が中立性に向けての一歩となると思います。

丸田俊彦『間主観的感性——現代精神分析の最先端』岩崎学術出版社、2002 年
人と人が影響を及ぼしあうこと、それはごくあたりまえのことながら、私たちは気づかないままに過ごしていることがたくさんあります。「間主観性」をめぐる理解を深めることは、人間関係、とりわけ情緒を伴う関わり合いにおいて、どういう意味を持つでしょうか。本書は、精神分析という領域にとどまらず、それを超えて人間関係の本質を伝えてくれます。

クリス・ジェニキー『関わることのリスク——間主観性の臨床』丸田俊彦監訳・森さち子翻訳監修、誠信書房、2014 年
ドイツの心理臨床家 Jaenicke が自らの体験も踏まえ、「人と真に関わる」ことを、人はどれほど恐れているかということをまざまざと示しています。「関わること」が、たとえ内的リスクをもたらすとしても、すなわち内面の危機を引き起こすとしても、「関わり合うこと」によって体験するものは何か。そのかけがえのないものに気づかせてくれるでしょう。

■ 篠原舟吾

John W. Creswell『研究デザイン——質的・量的・そしてミックス法』操華子・森岡崇訳、日本看護協会出版会、2007 年
原典の最新版は 2018 年に出版されており、ここで紹介するのは旧版の翻訳です。将来国際的な社会科学の研究者を目指すなら、入門書として手に取ってもいいかもしれません。ただ、原典を読む英語力がないのなら、まずは英語を勉強することが国際的に活躍するための必須条件とも思います。

G・キング、R・O・コヘイン、S・ヴァーバ『社会科学のリサーチ・デザイン——定性的研究における科学的推論』真渕勝監訳、勁草書房、2004 年
質的研究の方法論について大論争を巻き起こした書籍で、著者の頭文字を取り KKV と呼ばれています。政治・行政の研究者は誰もが知っていると言っても過言ではありません。しかし、入門書としては勧め難く、高校生・学部生は翻訳本を眺めながら、国際的な研究方法論の主要な論点を認識すれば十分と思います。

Gerring, John. *Social Science Methodology: A Unified Framework*. 2nd ed. New York, NY: Cambridge University Press, 2012

もし社会科学の研究者になることを決心したのであれば、博士論文を書く前に是非読んでください。社会科学の方法論を最も分かりやすく体系づけていると思います。人間社会から生じる課題に対処するために、既存の理論を分析し、必要であれば新たな理論を提示するのが私たちの目標だと気づかせてくれます。

■ 小熊英二

ロバート・D・パットナム『孤独なボウリング──米国コミュニティの崩壊と再生』柴内康文訳、柏書房、2006 年

アメリカ社会科学の長所は、現状の問題解決を志向した実証的な分析にあります。それに対し短所は、行動や思考の様式が異なる文化体系や歴史的事象への想像力が乏しいことです。それゆえアメリカ社会科学は、現代のアメリカの問題を、過去 100 年ていどのアメリカ近代史に即して追究したときに、もっとも長所が発揮されます。通常は「歴史社会学」には分類されない本ですが、そうしたアメリカ社会科学の長所が感じられます。

ミシェル・フーコー『監獄の誕生──監視と処罰』田村俶訳、新潮社、1977 年

その後の人文社会諸科学に多大な影響を与えた本。フーコーのこの時期までの著作の特徴は、「言説分析」といった名称で語られている表面的な方法よりも、現象学を中心とした哲学を、科学史や社会史と接合したことだったと思います。哲学を歴史記述に応用して、刑罰を通じた近代的労働の創出をテーマとしたことについては、マルクスの『資本論』第 1 巻第 24 章に記された本源的蓄積論の影響が感じ取れます。

マーシャル・マクルーハン『グーテンベルグの銀河系──活字人間の形成』森常治訳、みすず書房、1986 年

近代化以前の社会が持っていた時空間の秩序感覚を、近代の「科学的」な言語で表現するのは難しい。だからこそアンダーソンやフーコー、見田宗介などは、論理の構築だけでなく象徴的事例の紹介を重視しました。この本は論理の構築を放棄し、事例の断片的提示に徹することによって、近代とは異なる時空間の秩序感覚を記述することに成功しています。だが自身の主張を整理して提示するようになった『メディア論』以降、その特徴は失われました。

■ 清水唯一朗

岸政彦・石岡丈昇・丸山里美『質的社会調査の方法』有斐閣、2016 年

フィールドワークの入門書として秀逸。とりわけ生活史について論じられた部分は具

体的で、オーラルヒストリーを用いたプロジェクトにも大いに参考となります。編者が取り組んだ『街の人生』、挑戦的なプロジェクトである『東京の生活史』、打越正行『ヤンキーと地元』などと合わせて読んでみると、ぐっと解像度が上がるでしょう。

御厨貴編『オーラル・ヒストリーに何ができるか』岩波書店、2019 年
方法、実践、分析と、政治学におけるオーラルヒストリーの現状をつかむことができる一冊。若手の政治史学者が、文献一辺倒の研究から脱する方法としてオーラルヒストリーを活用していくようすは学部での研究プロジェクトにも有用です。SFC の卒業生で同書にも執筆している若林悠『日本気象行政史の研究』などと併読すると使い方への理解が深まるでしょう。

ヴァレリー・R・ヤウ『オーラルヒストリーの理論と実践──人文・社会科学を学ぶ
　すべての人のために』吉田かよ子監訳・訳、インターブックス、2011 年
現状、オーラルヒストリーの進め方を最も具体的にまとめているといってよいでしょう。他方、老練の調査者が執筆したテキストであるために、第 8 章が扱った「オーラルヒストリーを活用したプロジェクト」といった発展性には乏しいものです。この点は近刊予定の拙著をお待ちいただければありがたいです。

■ 島津明人
川上憲人・橋本英樹・近藤尚己編『社会と健康──健康格差解消に向けた統合科学的
　アプローチ』東京大学出版会、2015 年
社会格差がどのようにして健康格差につながるのか。この課題に対して社会科学と健康科学の研究者が協力し、脳科学、心理行動科学、公衆衛生学、社会学、経済学などさまざまな視点からの分析を試みています。政策的課題をどのように研究課題に落とし込み、科学的根拠をどのように政策につなげるのか。この点を意識した構成となっています。

島津明人『産業保健心理学』ナカニシヤ出版、2017 年
産業保健心理学は、労働者のウェルビーイング向上のために心理学の知見を適用する心理学の応用領域です。その特徴は、扱う対象が心理学のみならず、公衆衛生学、精神医学、キャリアカウンセリング、経済学、経営学など様々な領域にまたがる学際性にあります。産業保健心理学の日本で唯一のテキストとして、労働者のウェルビーイング向上に関心のある方に、ぜひ読んでいただきたいです。

島津明人『新版 ワーク・エンゲイジメント──ポジティブ・メンタルヘルスで活力
　ある毎日を』労働調査会、2022 年

仕事に誇りを持ち、仕事にエネルギーを注ぎ、仕事から活力を得ていきいきしている
状態である「ワーク・エンゲイジメント」。働く人の弱みを支えるだけでなく、強み
を伸ばすためのエッセンスを、実証研究にもとづきながら提示しています。職場のメ
ンタルヘルス対策の範囲を、ポジティブな内容にまで拡張した書です。

■ 藤田　護

ホセ・マリア・アルゲダス『深い川』杉山晃訳、現代企画室、1993 年

私の論考では二つの、そして複数の言語のあいだを生きることが重視されます。ペル
ーひいてはラテンアメリカの文脈で、ホセ・マリア・アルゲダスは先住民とヨーロッ
パ由来の言語社会の狭間を生き、誠実にそのことと向き合った数少ない一人です。こ
の作品の翻訳者に、私は学部から大学院の入り口でスペイン語を教わり、言葉と思考
と好みの全てで影響を受けました。

清水透『ラテンアメリカ五〇〇年──歴史のトルソー』岩波現代文庫、2017 年

ラテンアメリカのどのような歴史的文脈から私の論考の関心が出てくるのか、本書を
読むとよりよく理解できるようになります。本書の著者は、歴史叙述から「風景」が
立ち上がることを重視しますが、私は、ボリビアやペルーにいるときに自分が参加し
ている社会や政治や歴史についての議論の「匂い」が、この本からは濃密に漂ってく
ると思っています。

藤井貞和『物語文学成立史──フルコト・カタリ・モノガタリ』東京大学出版会、
　1987 年

本書で著者が展開する、古典日本文学における「フルコト」と「モノガタリ」を仕分
けていく手つきから、私は激しい衝撃を受けましたが、今でも到底追いつくことがで
きていません。二項対立的でない思考の展開に魅せられます。価格にビビった人は
……近くの図書館で借りましょう！　購入依頼をかけましょう！　ここまで挙げた著
者や翻訳者の他の本も、すべてお勧めです。

その他、総合政策学をめぐるこれまでの刊行物については、下記のウェブサイトをご
参照下さい。

https://www.sfc.keio.ac.jp/enh-pm/related-publications.html

索　引

編者

桑原武夫（KUWAHARA Takeo）
慶應義塾大学総合政策学部教授。専門分野：マーケティング、消費者研究。
慶應義塾大学大学院政社会学研究科後期博士課程修了。博士（社会学）。
主要著作：『ポストモダン手法による消費者心理の解読―ステレオ・フォト・エッセーで潜在ニーズに迫る』（日本経済新聞社、1999 年）。

清水唯一朗（SHIMIZU Yuichiro）
慶應義塾大学総合政策学部教授。専門分野：日本政治外交史、オーラルヒストリー。
慶應義塾大学大学院法学研究科政治学専攻博士課程単位取得、退学。博士（法学）。
主要著作：『近代日本の官僚』（中央公論新社、2013 年）。

著者（掲載順）
國領二郎（KOKURYO Jiro）
慶應義塾大学総合政策学部教授。専門分野：経営情報システム。
ハーバード大学経営学博士。
主要著作：『サイバー文明論―持ち寄り経済圏のガバナンス』（日本経済新聞出版社、2022 年）。

井庭 崇（IBA Takashi）
慶應義塾大学総合政策学部教授。専門分野：創造実践学、創造哲学、未来社会学。
慶應義塾大学大学院政策・メディア研究科後期博士課程修了。博士（政策・メディア）。
主要著作：『クリエイティブ・ラーニング―創造社会の学びと教育』（編著、慶應義塾大学出版会、2019 年）。

金沢 篤（KANAZAWA Atsushi）
慶應義塾大学総合政策学部准教授。専門分野：数学、数理物理。
ブリティッシュ・コロンビア大学数学博士。
主要著作：Weil-Petersson geometry on the space of Bridgeland stability conditions（Yu-Wei Fan, Shing-Tung Yau（共著）, *Communication in Analysis and Geometry*, Vol. 29, No. 3, 681-706, 2021）.

加藤文俊（KATO Fumitoshi）
慶應義塾大学環境情報学部教授。専門分野：コミュニケーション論、メディア論、定性的調査法。
ラトガース大学大学院コミュニケーション研究科修了。博士（コミュニケーション）。
主要著作：『ワークショップをとらえなおす』（ひつじ書房、2018 年）。

諏訪正樹（SUWA Masaki）
慶應義塾大学・環境情報学部教授。専門分野：認知科学、人工知能、デザイン学。
東京大学大学院工学系研究科博士課程修了。工学博士。
主要著作：『一人称研究の実践と理論―「ひとが生きるリアリティ」に迫るために』（近代科学社、2022 年）

石川 初（ISHIKAWA Hajime）
慶應義塾大学環境情報学部教授。専門分野：ランドスケープデザイン。
東京農業大学農学部造園学科卒業。博士（学術）。
主要著作：『思考としてのランドスケープ―歩くこと、見つけること、育てること』（LIXIL 出版、2018 年）。

森さち子（MORI Sachiko）
慶應義塾大学総合政策学部教授。専門分野：臨床心理学、精神分析。
慶應義塾大学大学院社会学研究科社会学修士課程修了。博士（学術）。
主要著作：『新版 症例でたどる子どもの心理療法―情緒的通いあいを求めて』（金剛出版、2022 年）。

篠原舟吾（SHINOHARA Shugo）
慶應義塾大学総合政策学部准教授。専門分野：地方行政、行動行政学、ジェンダー。
ラトガース大学行政大学院博士課程修了。博士（行政学）。
主要著作："Exit, Voice, and Loyalty under Municipal Decline: A Difference-in Differences Analysis in Japan," *Journal of Public Administration Research and Theory* vol. 28, Issue 1, 2018, 50–66.

小熊英二（OGUMA Eiji）
慶應義塾大学総合政策学部教授。専門分野：歴史社会学。
東京大学大学院総合文化研究科博士課程修了。博士（学術）。
主要著作：*A Genealogy of 'Japanese' Self-images*, Transpacific Press, 2002.

島津明人（SHIMAZU Akihito）
慶應義塾大学総合政策学部教授。専門分野：産業保健心理学、健康科学、行動科学。
早稲田大学大学院文学研究科心理学専攻博士後期課程修了。博士（文学）。
『新版 ワーク・エンゲイジメント』（労働調査会、2022 年）。

藤田 護（FUJITA Mamoru）
慶應義塾大学環境情報学部専任講師。専門分野：ラテンアメリカ研究、アイヌ語・アイヌ語口承文学研究、人類学、スペイン語教育。
東京大学大学院総合文化研究科地域文化研究専攻単位取得退学。
主要著作：『Keio SFC Journal〈Vol. 19 No.2 2019〉特集：多言語多文化共生社会に向けた挑戦』（杉原由美と共同編著、慶應義塾大学湘南藤沢学会、2020 年）。